欧盟教育政策的发展演变与趋势研究

明 珠◎著

北京工业大学出版社

图书在版编目（CIP）数据

欧盟教育政策的发展演变与趋势研究 / 明珠著 . —
北京 ： 北京工业大学出版社，2021.5（2022.10 重印）
ISBN 978-7-5639-7975-2

Ⅰ . ①欧… Ⅱ . ①明… Ⅲ . ①欧洲联盟－教育政策－
研究 Ⅳ . ① G550.0

中国版本图书馆 CIP 数据核字（2021）第 115850 号

欧盟教育政策的发展演变与趋势研究
OUMENG JIAOYU ZHENGCE DE FAZHAN YANBIAN YU QUSHI YANJIU

著　　者：明　珠
责任编辑：张　贤
封面设计：知更壹点
出版发行：北京工业大学出版社
　　　　　（北京市朝阳区平乐园 100 号　邮编：100124）
　　　　　010-67391722（传真）　bgdcbs@sina.com
经销单位：全国各地新华书店
承印单位：三河市元兴印务有限公司
开　　本：710 毫米 ×1000 毫米　1/16
印　　张：11.5
字　　数：230 千字
版　　次：2021 年 5 月第 1 版
印　　次：2022 年 10 月第 2 次印刷
标准书号：ISBN 978-7-5639-7975-2
定　　价：58.00 元

作者简介 | 　　明珠，女，1977年4月出生，重庆人，毕业于四川大学，硕士研究生，现为重庆第二师范学院副教授，曾作为欧盟伊拉斯谟计划访问学者，赴法国、西班牙、英国从事项目研究。研究方向：欧洲教育与文化。

前　　言

在经济全球化的趋势下，欧盟对教育事业更加重视，并制定了一系列保障教育事业发展的合理政策。通过借鉴欧盟教育政策经验，可提升我国基础教育、职业教育以及高等教育的质量和水平，优化教育资源配置，增强教育国际合作，最终更好地实现我国教育事业的发展。

本书共分为六章。第一章为绪论，主要内容包括欧盟教育政策的发展演变与趋势研究的选题背景、文献研究、核心概念界定以及研究思路与方法；第二章为欧盟教育政策的历史进程，主要内容包括欧盟教育政策的孕育与萌芽、欧盟教育政策的拓展与深化以及欧盟教育政策的整合与完善；第三章为欧盟教育政策概述，主要内容包括欧盟教育政策的基本原则、理论基础和影响因素；第四章为欧盟教育政策的主要内容，主要包括欧盟基础教育政策、欧盟高等教育政策以及欧盟职业教育政策；第五章为欧盟教育政策的发展趋势，主要内容包括欧盟教育政策基本的情况、欧盟教育政策面临的挑战以及欧盟教育政策未来的走向；第六章为欧盟教育政策的成效分析和经验借鉴。

笔者在撰写本书的过程中，参考了大量文献资料，在此向涉及的专家学者表示衷心的感谢。另外，由于笔者水平有限，本书尚存在一些不足之处，敬请读者朋友指正。

目　录

第一章 绪 论

欧盟是欧洲联盟的简称，历经几次扩容之后成为一个包括 27 个成员国的超国家联合体，是一个极具特色的区域性一体化组织。为了改善教育质量、提升就业能力、促进欧洲一体化，欧盟先后发布了一系列教育政策。这些教育政策和计划框架既体现了教育与政治和经济协同发展的基本规律，也反映了教育对政治和经济一体化发展的促进作用。这些政策措施对于引导欧盟成员国的教育改革、提升欧盟整体教育竞争实力、促进"欧洲维度的教育"发展具有非常重要的作用。

第一节 选题背景

当今世界经济全球一体化趋势日益显著，在这样一个全球性多元共生的时代，单纯的民族国家已不再是世界大家庭中的唯一单元，区域国家联盟组织应运而生。欧盟在国际事务中越来越表现出其独特的作用和功能，在整个世界政治和经济发展中扮演着举足轻重的角色。作为欧洲一体化的重要成果，欧盟正领导其成员国在政治、经济、文化和教育等领域不断实现发展和超越。

一、经济全球化与欧盟教育政策

21 世纪以来，经济全球化的浪潮席卷而至，其主要的推动力量不外乎以下方面：技术不断发展引发货物运输及信息传递更加经济与快捷，贸易与资本流动的壁垒逐渐被打破，跨国贸易迅速增长。经济全球化扩大了国家之间、地区之间以及世界上各种组织机构之间的交流，世界各国越来越多地融入一个"无国界的世界"。经济全球化意味着经济、科技资源的全球化应用，其主要表现为跨国公司已经成为世界经济的突出现象。跨国公司充分利用自由经济的有利形势，增加跨国投资，迅速拓展其跨国业务的领域。这一过程创造了新的全球网络，时间与空间被压缩到了以往难以想象的程度。随着经济全球化的不断深入，其触角已从最初的劳动力、资本和货物的流动逐渐延伸到知识文化与贸易服务领域，这对教育与培训的需求产生了重大的影响。

经济全球化的发展加大了欧盟国家的经济竞争压力，使其经济联合更加紧密。人们比以往更深刻地认识到，在经济全球化的条件下，所有竞争都将是人才的竞争，国与国之间的差距最根本的是科学技术和人才素质的差距。教育决定一个国家的综合竞争力，包括社会与经济的竞争力。欧盟国家为了提高在国际市场上的竞争力并保持较高的就业率，经济发展迅速由"资源驱动"转化为"知识驱动"。

经济全球化也必将带来产业结构和就业结构的调整。在大多数欧盟国家中，传统产业就业容量迅速萎缩，而在服务行业及公共和社会服务方面的就业率却急速增长。技术、产业结构及工作组织形式的变革对知识和技能产生了不同于以往的、新的需求，即更加多样化和综合化。虽然这些需求由于国家或行业的不同而有所差异，但其总体的不断变革趋势是一致的。

这就要求人们不仅要掌握完成这些工作的现代技术，而且要能承担不同形式的工作。这对青年人的教育与培训提出了挑战。因而，欧盟教育体系必须据此做出回应，加强教育与培训体系的建设，建立起良好的教育与培训政策机制，使教育与培训不但为人们提供完成现行工作所需的专业知识，还要为其适应职业生涯中将面临的转变做好准备。因此，欧盟各国把加强教育与培训作为应对经济全球化的重要策略之一。

二、知识经济与欧盟教育政策

知识经济的提出，最早可以追溯到 20 世纪 80 年代。这是一种继农业经济和工业经济以后的新的社会经济形态，就是以知识为基础的经济。按经济合作与发展组织的说法，就是建立在知识和信息的生产、分配和应用之上的新型经济。知识经济的兴起缩短了技术进步的周期，加快了就业层次和形式的变化，进而加大了对高技能和多技能工人的需求。1996 年，经济合作与发展组织在其《以知识为基础的经济》的报告中指出，在工业经济向后工业经济的转变过程中，经济的知识密集化或高科技化，使产出和就业增长将会具有强大的动力和活力，并由此带动对熟练工人和高技能工人需求量的增长。对个人或企业来说，加强教育与培训、提高职业技能是掌握新技术、开发新潜力、提高个人就业竞争力和企业生产经营竞争力的关键所在。据估计，在不远的将来，超过 30% 的工人将任职于直接从事知识的生产和传播的部门。很明显，工业化国家正转向以知识为基础的经济模式。

这种由新技术革命推动的知识经济的来临，给整个欧洲带来了极大的影响，如生产力性质的变化和产业结构的调整等。这主要体现在生产力结构由传统的物质要素主导结构转向智力要素主导结构；劳动力分配结构的变化，对具有较高文化素质和技能的知识工人的需求不断增加；制造业等传统工业的调整，以新兴服务业为代表的知识产业以及一些以微电子、计算机及信息技术为主的新兴产业不断崛起。欧盟成员国的国民经济正由能源密集型和资金密集型向技术密集型、知识密集型和信息密集型转化。

面对知识经济的崛起，如果欧盟想在经济全球化过程中取得竞争优势，更多地投资于人力资源成为必然选择。欧盟的生产力和竞争力将直接取决于其是否拥有受过良好的教育、具备必要的技能、具有极强适应能力的劳动者。由此，知识经济、知识社会成为欧盟步入新世纪的重要战略目标。早在1997年，欧盟委员会就发表了《迈向知识的欧洲白皮书》，其中明确指出了建设欧洲的六大基本目标，强调要加强欧盟的教育、培训和人才培养。

知识和技能成为提高欧洲竞争力、创造经济增长与就业的关键要素。人力资源成为知识经济时代的第一资源。人力资源的状况，即劳动力素质对欧盟未来的发展有着至关重要的影响。

21世纪头10年，欧盟国家就业情况呈现两极分化的趋势，低技能和高技能工作的就业率都在增长。但与其他发达国家相比，欧盟低技能工作人口所占比例较高，而高技能工作人口所占比例则较低。2001年，欧盟国家25～40岁人口中40%左右还没有获得任何职业资格，这一数字超过了法国、意大利及英国的总人口。19～22岁的青年人中有约45%的人没有接受教育和培训。2003年，欧盟各成员国中低技能劳动力约为8000万人，大约占总劳动力人口的32%。2006年，欧盟国家工作人口大约30%是低技能劳动者（约为7200万人），这一比例远远高于欧盟的竞争对手（加拿大、日本、韩国和美国），这些国家教育与培训的参与比例也高于欧盟。而在欧盟成员国中，约有三分之二的职业属于技能型或高技能型，对高技能人才的需求不言而喻。对欧盟来说，如此高比例的低技能劳动力意味着欧盟要想在高质量人力资本方面成为世界的领先者还有很长的路要走，在这方面欧盟的竞争对手已经走在了前面。为此，一些欧盟国家甚至修改了其移民政策，希望能够吸引大量的外来人才。2007年，欧盟委员会在公布的新移民政策提案中提出，欧盟将向外国技术移民颁发"蓝卡"，以使他们能在特定的时间段到欧盟国家工作和生活。欧盟委员会认为，在国际竞争日益激烈的大趋势下，欧盟对高技术人才并没有多大的吸引力。对高技术移民的吸引力体现了一个国家的国际影响力。然而，在这方面欧盟已远不及澳大利亚、加拿大和美国。

因此，欧盟必须改变工作方法。欧盟成员国都有权根据本国情况决定"蓝卡"的发放数量及允许工作的领域，但"蓝卡"的发放条件必须遵循欧盟统一制定的标准。大量引进人才只能是治标不治本的权宜之计，关键还是要立足于欧盟各成员国自身对人才的培养、对欧盟公民的培养。因此，欧盟不仅要提高它在学术方面的水平，还必须通过调整教育政策，提高劳动者与工作相关的各项技能，从而满足个人发展、劳动力市场升级以及建设有竞争力的、和谐社会的需求，这才是着眼于创造就业机会、有效降低高失业率的最基本措施。这给欧盟及其各成员国的教育与培训体系提出了巨大挑战，加强教育与培训已成为欧盟国家提升国际竞争力的必然选择。

三、人口老龄化与欧盟教育政策

从 20 世纪末期开始，人口老龄化问题几乎影响着所有的发达国家，其主要表现是：人口出生率逐年降低，老年人口所占比例越来越高。欧盟国家面临同样的问题，甚至更为严重。

根据这种人口变化趋势，2005—2030 年，欧盟国家在高等教育、高中后教育及高中教育阶段的青年人将锐减两百万。此外，延长青年人的教育与培训年限将推迟他们进入劳动力市场的时间。这些变化对教育机构以及教师和培训者的供需会产生极大的影响。

人口的发展变化对于教育与培训以及劳动力市场的影响是不可低估的。人口老龄化给社会带来的主要问题是劳动力供给减少、影响经济发展以及给社会保障系统带来压力。人口老龄化就意味着劳动力市场的主力军将转变为老龄劳动者，且需要大量的老年人、移民和妇女重返劳动力市场。而随着在生产和服务部门中技术的更新以及工作方式的不断发展变化，老龄劳动者的技能将远远落后于劳动力市场的需求，如何使其技能得以更新和丰富，经验得到充分利用，如何使老龄劳动者延长其职业生涯，将是欧盟面临的重要议题。如果教育与培训不能为包括青年人和老龄人口在内的劳动者提供及时的技能培训，技能的短缺将不可避免。而在某些比较繁荣的经济部门，如新技术领域，这种青年人口的短缺所带来的消极影响更为严重。面对这种趋势，欧盟教育政策必须做出相应的回应，采取有效的政策措施为老龄人口提供更多的接受教育与培训的机会，提高老龄劳动者的技能水平和就业能力，以适应劳动力市场的需求。

四、欧洲一体化进程与欧盟教育政策

欧洲一体化进程启动于 20 世纪 50 年代，随着欧盟的不断扩大，其一体化进程也不断地深化，并从各个方面影响着欧洲的政治、经济、文化、社会。欧洲的一体化进程由经济上的一体化到政治上的一体化，及至目前已涉及社会、文化、教育等更广泛的领域。欧洲的一体化进程不可避免地要触及教育与培训领域。回溯一体化的进程，在其发展的不同阶段，随着整体目标的变化，对于教育政策有着不同的功能定位。从最早的《罗马条约》开始，欧洲共同体就提出在教育领域内制定实施共同政策的原则，并把教育与培训看作加强经济一体化的重要工具。因此，可以说从一开始欧洲一体化就是推动欧洲教育政策发展的一个主要因素。

应当说欧盟的教育政策产生于欧盟经济、政治一体化的过程之中，与之相伴而生、相伴而发展，并同时为其服务，这也是欧盟教育政策的一个基本特点。具体来说，随着一体化的逐步深入，教育与培训资源在更大范围内实现共享，实现教师、学生和劳动力在欧盟各国内的自由流动，开展广泛的教育与培训合作项目，加强欧洲公民的欧洲意识与公民身份的建构，开展跨国的远程教育，等等，这些都促进了欧盟的进一步稳定和发展以及竞争力的提高。欧盟成员国内部经济和政治的发展不平衡，也需要教育与培训走向合作或在某种程度上的一体化，以发挥它的弥合作用。因此，制定和完善欧盟教育政策是一项必然需求。

五、欧洲劳动力市场状况与欧盟教育政策

知识经济的到来对欧盟国家的影响涉及各个领域，特别是劳动力市场及就业与社会福利政策等。而教育政策领域与诸多其他政策领域有着密切的关系，包括就业政策、社会包容政策、文化政策、企业政策、信息社会政策、经济政策及劳动力市场政策。这些政策领域的发展将为教育政策领域的发展带来有利条件；反之，教育政策领域的发展也将对这些政策领域起到很好的促进作用，形成一种良性循环。作为扫清各种政策领域间障碍的工具和手段的教育政策面临着改革与调整，使其能够承担起应有的责任，切实发挥其应有的功能。

欧盟各国处在工业变革时期，即从传统工业向现代工业过渡的时期，需要大批具有较高文化素质和专门技能的劳动力。而整个欧盟的劳动力市场状况却不容乐观。在欧盟成员国劳动力人口中，具有高中和高中后教育资格证书的约占 47%。与加拿大、日本、俄罗斯和美国相比，欧盟低技能劳动力人口占比相

对较高。2006 年 30% 的劳动力人口（或 24% 的就业人口）所具有的资格水平不能够满足劳动力市场的需求，职业结构的变化状况清楚地表明劳动力市场更倾向于技能型和高技能型的劳动者，低技能人员则面临失业的危机。欧盟各国的各种行业结构也发生了转变，农业和工业中的就业人数不断下降，这使失业状况更趋严重。

对于那些被排斥于社会之外的弱势群体来说，不能接受到必要的基础教育是导致他们最终不能就业的关键因素。因此，相关的教育政策应关注这一群体的实际需求，扫清这一障碍，使他们都能有机会至少进入基础教育体系，为今后的就业打好基础，这也是劳动力市场及一个和谐社会所必需的。

一般来说，青年人的技能水平要高于老一代劳动者，但是由于欧盟人口老龄化趋势日益严重，这对教育领域和劳动力市场都产生了深刻的影响，劳动力市场将越来越倚重于老龄劳动者、妇女和移民。同时，欧盟的统计数据显示，一旦青年人进入劳动力市场开始工作以后，就有相当比例的人不再接受任何教育与培训了。此外，由于欧盟许多成员国均实施高福利的社会保障政策，这就使相当一部分失业者"主动失业"，给国家的财政造成了极大的负担，同时这也是一种极大的浪费。这就要求欧盟及各成员国在改革其社会福利政策的同时，采取有效措施鼓励所有人参与教育与培训，并且积极寻求社会合作伙伴的帮助与支持，扫清教育政策改革之路上的各种障碍。

失业问题一直是摆在欧盟面前的一道难关。在欧盟各成员国中，青年人失业是个很普遍的社会现象。这一方面是由于社会创造的就业岗位在减少，另一方面是由于青年人的知识结构和技能水平不能适应并满足社会生产和劳动力市场的需求，从而导致了一种结构性失业，即大量的劳动力处于长期失业状态，而又有大量的岗位由于无人可以胜任而空缺。

欧盟的统计数字显示，2003 年在所有欧盟国家中，低技能劳动者的失业率为 11.3%，中等技能水平的为 8.3%，而高技能劳动者仅为 4.7%。显然，个人接受教育与培训的状况决定着一个人的就业状况，同时失业给低技能劳动者所带来的影响要远远大于高技能劳动者。这些数据也清楚地表明，劳动力市场对于具有较高技能与能力劳动者的需求是不断增长的。减少结构性失业与技能的不匹配现象就必须鼓励劳动力在地理、职业与社会地位意义上的流动。而要实现这一目标，则需要实施积极的劳动力市场政策并将其与职业教育政策结合起来，使教育与培训体系及政策、与就业和经济政策更加协调，此外，还要充分考虑劳动力市场与劳动者个人的长期需求。因此，在积极的劳动力市场政策下，欧盟亟须制定并实施更具有针对性的教育与培训政策，从而减少结构性或潜在的失业，提高就业率。考虑到未来几十年欧盟的人口老龄化问题，充分开发潜在的劳动力资源，实现充分就业就显得尤为重要。

随着经济全球化的深化和欧盟的扩大，重视劳动力市场中劳动力的流动问题对于欧盟所倡导的"知识欧洲"的建设乃至整个欧洲的长远发展有着十分重要的意义。但是，由于各成员国的教育与培训体系存在很大差异，这将直接影响劳动力在欧盟范围内的流动。这就要求必须在欧盟层面上制定并实施相关的教育政策，开发并采用相应的政策工具，逐步实现培训标准的统一与透明，学历资格与职业资格的互认与灵活转化等，以促进劳动力在整个欧盟劳动力市场中的自由流动。

六、欧盟教育政策成为我国比较教育研究一个新的热点

近年来，教育政策研究正受到越来越多人的重视。尤其在比较教育研究领域，对欧盟教育政策的研究和介绍逐步增加，已成为一个新的研究热点。欧盟教育政策之所以成为我国比较教育研究领域新的热点，除了欧盟作为当前规模最大、效率最高、发展最为完善和最成熟的区域组织，具有典型的示范性这一原因之外，从比较教育学科本身的发展来看，更主要的是它有助于我们突破以往对比较教育一些基本理论的固有看法，尤其是对"国别"与"问题"研究对象的二分法具有一定的矫正功能。

比较教育在创建之初是为促进国际合作、改进本国教育实践而服务的，而且比较教育往往将地理实体作为比较分析的基本单位。因此，最初的比较教育研究主要关注他国教育制度。随着比较教育研究的逐步深入，许多研究者开始认识到"民族性"在教育借鉴中的重要性，进一步强化了"民族国家"作为比较教育研究对象的认识。比较教育专家埃德蒙·金曾就比较教育研究的本质进行过这样的论述：比较教育的研究是实现制定社会政策并实际上使社会政策现代化的伟大目的的一个研究工具，比较教育的研究实际就是教育政策的研究。这一方面明确了比较教育研究中政策研究的重要性，另一方面也暗示了具有国家性质的教育政策的地域性——在民族国家范围内。于是，国别研究与问题研究成为比较教育研究的两大基本范畴。我国比较教育研究也往往把借鉴和参照别国的教育经验和制度作为基本的目标。从事比较教育研究，特别是在教育政策研究领域，我们更多关注的是别国教育政策形成的动因、实施的效果，尤其是异质政策制度文化如何本土化的问题。国别研究似乎成为比较教育研究中除"问题"研究之外的唯一选择。

随着经济全球化进程的加快，各国之间教育交流与合作的增多，区域国家

联盟（如欧盟、非盟、东盟等）因其优越、便利的沟通条件，在区域内部各国之间逐渐形成特色鲜明的教育交流。因此，区域教育及区域教育政策开始受到研究者的日益重视。尤其是近年来欧盟职业教育与培训政策、高等教育政策、基础教育政策等呈现出许多新的变化，从理论到实践均对中国教育政策的调整提供了有益的借鉴，因此成为我国比较教育学者关注的一个重点研究领域。

本书的理论意义与价值，一方面是在研究内容上，通过对欧盟教育政策文本的深度发掘，可以丰富和发展教育政策研究的深度和广度，特别是促进和推动比较教育研究中关于区域教育政策历史研究的整体性，提高其预见性；另一方面是在研究对象上，通过对欧盟这一区域国际组织的教育政策进行历史及发展趋势研究，可以为比较教育研究突破民族国家分析单位提供一种视角选择，具有重要的方法论意义。

同理论意义相比较而言，本书的实践意义显得更为突出。目前我国教育政策面临诸多问题，除了分析原因，更为重要的是寻找解决问题的出路。另外，在国际政治、经济及文化多领域区域化发展的特定语境中，区域研究已经成为学术研究的重要组成部分。但是，由于区域化的实际产生和发展仍处于不断变化和调整的阶段，以其为对象的研究也显得不够成熟和完善。因此，本书选题的实践意义和价值就在于：一方面通过有效比较，从别国（或区域）教育政策制定、实施与评价的实践中发现问题、总结经验，为解决我国教育政策面临的问题提供政策依据、借鉴和参考；另一方面从历史和社会的角度对区域教育政策进行深层次的分析和探讨，同时对教育政策本身的科学性、合理性及实施过程中遇到的困难和存在的问题进行分析把握，进而获得对其未来发展方向和发展态势的洞察力，这在一定程度上可以为类似的区域研究，特别是区域政策研究提供一种研究的实践案例。

第二节　研究综述

目前，国内学者无论是从政策研究的角度还是从教育研究的角度都对欧盟教育政策给予了越来越多的重视和关注。但是从已有的研究成果来看，对欧盟教育政策的研究大多以政策内容、具体项目的实施、进展、评价以及政策与终身教育理念与实践的关系为重点。针对这种情况，本书试图对欧盟教育政策进行全面的、综合的历史研究，厘清其发展脉络，把握其阶段性特征，分析其政策文本，总结其存在的问题，对其未来发展走向进行合理、科学的预测。

一、欧盟教育政策的整体研究综述

有关欧盟教育政策的整体研究主要集中在对欧盟教育政策发展阶段进行历史分析，探讨政策目标、政策功能、政策发展特征以及政策影响等方面的内容。此外，有关欧盟教育政策发展阶段的划分也是学者集中探讨的一个问题。

中央教育科学研究所教育发展研究部的李晓强在《欧洲一体化背景下的欧盟教育政策研究》《超国家层面的欧盟教育政策：回顾与展望》《超国家层面的欧盟教育政策：影响及其限度》《欧盟教育政策的功能、价值目标及限度研究》等著作中对欧盟教育政策的目标、功能、挑战等方面进行了系统论述。中国驻欧盟使团教育文化处发表的《欧盟教育发展政策走向及其对我国的启示》，广东外语外贸大学欧洲研究中心王小海的《欧盟教育政策发展五十年之历程》，北京师范大学国际与比较教育研究所欧阳光华的《一体与多元：欧盟教育政策评述》，厦门大学陈博的《多层治理语境中的欧盟教育政策》，以及河北大学王霞的《欧盟教育形态研究》对欧盟教育政策的功能及功能影响进行了论述。

有关欧盟教育政策发展阶段的论述主要集中在"三阶段论"与"四阶段论"这两种提法上。持"三阶段论"观点的主要有简和莎拉，其于 2005 年在《欧洲教育》杂志上发表的《欧洲一体化是如何在教育计划和政策领域侵蚀国家控制的》一文中提出"走向共同政策阶段"（1957—1985 年）、"政治—司法约束松动阶段"（1985—2000 年）和"巩固阶段"（2000 年以后）这三个历史时期。其他学者，如欧阳光华和窦现金等人也对欧盟教育政策发展的"三阶段论"表示赞同。持"四阶段论"观点的主要有安德斯、卢斯、李晓强等人。如安德斯在 2001 年发布的研究报告《教育政策与欧洲治理：对欧洲各管理机构的贡献》中把欧盟教育政策的发展过程划分为四个阶段：第一阶段是 1971—1992 年，在共同体教育计划的基础上建立欧洲合作；第二阶段是 1993—1996 年，迎接挑战并向前发展；第三阶段是 1997—1999 年，使教育成为欧盟政策体系中的主流；第四阶段是 2000 年以后，在建立共同国家教育体系的目标基础上构建欧洲教育区。

导致不同发展阶段划分的主要原因是研究角度的选择不同，有的学者以政策目标的变化为视角，有的学者以政策的功能变化为参照，有的学者以政策与终身教育理念及实践的关系变迁为标准等。另外，在一些阶段的具体时间上学者之间也存在争议，如关于第一阶段（或称萌芽等），有的学者认为从 20 世纪 70 年代开始，有的学者则认为从 20 世纪 50 年代开始。

二、欧盟基础教育政策的研究综述

有关欧盟基础教育政策的研究主要可以分为两个层面：一是探讨欧盟层面基础教育政策的研究；二是探讨欧盟成员国层面基础教育政策的研究。

第一个层面的研究主要对欧盟基础教育政策的目标、基本内容、侧重点进行了探讨。如国家教育部教育发展研究中心终身教育研究室主任窦现金等人的《欧盟教育政策》一书中单列章节对欧盟的基础教育政策进行了探讨，介绍了欧盟基础教育政策的基本内容和注重关键能力培养的基础教育课程改革。第二个层面的研究指专门探讨欧盟成员国基础教育政策的著作，主要集中在以下几个主题：欧盟国家基础教育政策的内容及其演变、存在的问题、实施的效果、欧盟基础教育一体化等。如华东师范大学吴遵民教授等人的《教育政策国际比较》对欧盟成员国法国、德国的基础教育政策的历史演变、现状、特点和发展趋势等方面进行了探讨。

三、欧盟职业教育与培训政策的研究综述

对欧盟职业教育与培训政策的研究大致可以划分为两类：一类是对欧盟职业教育与培训政策的研究；另一类是对欧盟职业教育与培训政策实践的研究。对欧盟职业教育与培训政策的研究包含对其政策出台背景、政策发展阶段、政策历史变迁、政策具体内容等方面的研究。而对欧盟职业教育与培训政策实践的研究则主要体现在达芬奇计划的实施以及欧盟职业教育与培训学分的实施等方面。

第一类研究，复旦大学有李新功的《欧盟职业培训：政策与实践》，该文对欧盟职业教育与培训政策进行了全面介绍，并提出对我国职业教育与培训的经验启示。除了对欧盟职业教育与培训政策进行了全面介绍之外，李新功也对欧盟职业教育与培训政策出台的背景进行了深入研究。他把欧盟职业教育与培训政策出台的背景归纳为三个方面：一是知识经济推动职业培训；二是经济全球化加速职业培训；三是社会发展模式决定职业培训机制。

第二类研究，浙江大学的吴雪萍、张程在《推进欧盟职业教育一体化的"达芬奇计划"探析》一文中对推进欧盟职业教育一体化的达芬奇计划进行了解读，指出其目的在于推动成员国范围内的职业教育一体化进程，通过区域合作增强实力，提升欧盟国家职业教育在国际上的整体竞争力。

总体而言，现阶段学者在欧盟教育政策方面的研究取得了一定的成效，研究涉及整体性研究、基础教育研究、职业教育研究、高等教育研究等广泛的领域。

有关欧盟教育政策的整体性研究主要集中在对欧盟教育政策的政策目标、政策功能、政策特征及政策影响等方面。同时，有许多学者对欧盟教育政策的发展历史进行了探讨，提出欧盟教育政策发展的阶段论，如"三阶段论""四阶段论"。相比较而言，当前学界在基础教育政策方面的研究成果相对较少，这与欧盟在基础教育领域的干预力度有限有关。有关欧盟基础教育政策的研究集中在欧盟基础教育政策的政策目标、政策内容、政策侧重点等方面，学者们的研究尤其集中在欧盟基础教育资源整合、基础教育信息化、基础教育标准体系的建立以及夸美纽斯计划的实施等方面。有关欧盟职业教育与培训政策的研究则主要集中在对欧盟职业教育与培训政策的出台背景、政策发展阶段、政策内容、政策影响等方面。而对其职业教育与培训政策实践的探讨则主要集中在达芬奇计划的实施和欧盟职业教育与培训学分的实施等方面。有关欧盟高等教育政策的研究主要集中在欧洲高等教育一体化政策和欧洲高等教育质量保障体系方面，而对欧盟高等教育政策实践的探讨则主要集中在欧盟为实现其高等教育政策目标所启动的一系列高等教育行动计划方面，如博洛尼亚进程、伊拉斯谟计划等。

四、欧盟高等教育政策的研究综述

现阶段有关欧盟高等教育政策的研究较多，该领域的研究主要包含两大类：一类是欧盟高等教育政策研究；另一类是欧盟高等教育政策实践研究。

欧盟高等教育政策研究主要涉及欧盟及欧洲国家高等教育一体化研究和高等教育质量保障研究两个方面。欧盟高等教育政策实践研究则主要涉及欧盟为实现其高等教育政策所启动的一系列高等教育行动计划，如博洛尼亚进程、伊拉斯谟计划等。

第一类研究，如南京理工大学唐轶的《欧洲高等教育一体化研究》从欧盟、欧洲国家和欧洲高校三个层面系统研究了欧洲高等教育一体化政策的执行情况。第二类研究，如对外经济贸易大学的陈健平在《流动性、灵活性和国际化：欧洲高等教育应对国际竞争的改革措施与启示》中，对欧洲高等教育改革的总目标，博洛尼亚进程、伊拉斯谟计划和里斯本战略的执行情况，欧洲教育改革的成败、面临的问题和挑战以及对我国的启示等方面进行了分析。

第三节 核心概念界定

在对欧盟教育政策进行专门研究的过程中，会涉及一些关键性的概念。比如，"欧盟"是一个历史性的概念，在不同历史时期有不同的名称。"教育政策"

等概念内涵十分丰富，对它们进行界定和阐释，能够使我们对欧盟教育政策的历史、现状及未来走向达成一种认知上的明晰性和准确性。

一、欧洲联盟

欧洲联盟，简称欧盟，总部设在比利时首都布鲁塞尔，是由欧洲共同体发展而来的，创始成员国有 6 个，分别为德国、法国、意大利、荷兰、比利时和卢森堡。现拥有 27 个成员国，正式官方语言有 24 种。

1990 年 4 月，法国和联邦德国联合倡议于年底召开关于政治联盟问题的政府间会议。1990 年 10 月，欧洲共同体罗马特别首脑会议进一步明确了政治联盟的基本方向。1990 年 12 月，欧洲共同体有关建立政治联盟问题的政府间会议开始举行。1991 年 12 月 11 日，欧洲共同体马斯特里赫特首脑会议通过了建立欧洲经济货币联盟和欧洲政治联盟的《欧洲联盟条约》。1992 年 2 月 7 日，《欧洲联盟条约》签订，设立理事会、委员会、议会，逐步由区域性经济共同开发转型为区域政经整合。1993 年 11 月 1 日，《欧洲联盟条约》正式生效，欧洲联盟正式成立，欧洲三大共同体纳入欧洲联盟，这标志着欧洲共同体从经济实体向经济、政治实体过渡。

目前，欧盟成为一个包括 27 个成员国、总人口超 5 亿的超级国家联合体。为了对这个庞大的政治、经济联合体进行有效的管理，欧盟建立了决策、行政、立法和司法"四权分立"的管理机构。其中，最高决策机构是理事会，行政、立法和司法机构则分别是欧盟委员会、欧洲议会和欧盟法院。除了这 4 个核心机构之外，欧盟还设有欧洲审计院、欧洲金融机构、欧洲警署、欧洲环保局、内部市场协调局、兽医监察局、欧洲培训基金会、欧洲职业培训中心、欧盟翻译中心和欧洲统计局等重要的职能机构。

二、教育政策

在日常生活中，人们对政策的理解与应用比较广泛和多样，既可以是国家或地方层面的法律、法规，也可以是特定组织内部的制度和条例，因此，对其所做的解释和定义也各不相同。与政策紧密相关甚至意义等同的概念是公共政策。按照美国公共行政学创始人伍德罗·威尔逊的解释，公共政策就是由政治家（具有立法权者）制定、由行政人员执行的法律、法规。而公共政策学创始人拉斯韦尔对公共政策的理解则相对比较宽泛，他把政策与计划等同，认为政策就是包含目标、价值以及策略的大型计划。英国学者斯蒂芬·鲍尔在其《政治与教育政策制定：政策社会学探索》一书中表达了这样一种观点：政策明显是一件"对价值观进行权威性配置"的事情，政策是对价值观的可操作性表述。而另一位英国学者柯根也把政策看作"对法定意图的表述"。

《现代汉语词典》（第 7 版）中"政策"词条的释义是"国家或政党为实现一定历史时期的路线而制定的行动准则"。国内学者对其理解和认识却不尽相同。中国人民大学教授谢明认为，公共政策是社会公共权威在特定语境中，为达到一定目标而制定的行动方案或行动准则，其作用是规范和指导有关机构、团体或个人的行动，其表达形式有法律法规、行政规定或命令、国家最高领导人口头或书面的指示，政府的大型规划、行动计划及相关策略等。北京大学的张国庆认为，公共政策是权力主体制定和执行的用以确定和调整广泛社会关系的行为规范。同为北京大学的张金马则认为，政策是执政党和政府采取的用以规范、引导有关机构团体和个人的行为准则和行动指南。

综合国内外学者的观点，本书认为，当国家或国家机关是政策主体时，政策与公共政策的含义是一致和对等的，是指由政党与国家机关制定和颁布，用以指导、约束人们行为的一切价值规范与行为准则的总和。本书涉及的政策主体是欧盟这一兼具政府间与超国家特征的独特的经济政治组织。因此，本书所涉及的欧盟的政策，包括教育政策，实际上是以欧盟为政策主体的欧盟公共政策的总称。

教育政策作为本书中的一个至关重要的核心概念，对其进行准确的界定非常重要，因为对概念内涵的理解和界定将会对视角的选择和关注的重心产生决定性的影响。

英国学者伦纳德·夏皮罗认为，教育政策不只是对上层利益做出直接的反应，而更应该被理解为"不是反映某个社会阶层利益，而是对一个复杂的、异类的、多种成分的组合体做出反应（包括残留的或新兴的，也包括当今占主流的意识形态）"。因此，一般认为，教育政策首先隶属于公共政策的范畴，面向社会公众，提供公共教育产品。而且，一个不争的事实是，教育的功能决定教育政策的作用和功能。教育在国家或区域公共事业中的作用越得到重视，教育政策的作用也就越大，产生的影响也更深远。事实表明，在近代国家出现之前，教育被看作私事，随着近代国家公共教育制度的确立，国家的教育政策变得越来越重要了。整个 20 世纪，世界各国无论是在发展经济、传承文化还是在进行科学技术的革新进程中无不将教育置于基础和核心地位，教育已然成为推动社会发展的核心动力。因此，本书认为，教育具有公共性和公益性，其政策体系属于公共政策的范畴。持同样观点的教育部教育发展研究中心原主任张力进一步分析，教育政策是政府在法定管理职能范围内，为支持教育事业的发展与改革所采取的政策行为，包括与之相关的执行手段，如教育财政拨款、行政规章、教育监测与评估、战略规划等政策措施。可见，张力倾向于认定政府是教育政策的决策主体，其理由是教育政策的核心主体应该是政治权力主体，而政府作为政治权力主体的"代言人"，享有为其决策的合理性与合法性。政治权力主体为了实现自身的教育主张，必然需要强行将符合自身意志和利益的过程合法化，这一合法化的强有力保障依然只能是政府基于上述认识和观点。

本书中的教育政策是奉行公共教育管理的理念，在公共教育领域内决策和制定的各种规范、规章和规定。具体而言，是指国家或区域范围内有关教育发展的各种法令、措施、办法、条例、标准等的总和。必须明确的是，社会团体和其他组织依据自身的发展要求而制定的各种教育政策不在本书的讨论范围之内。

三、终身学习

要谈"终身学习"，不能不涉及"终身教育"。"终身教育"最早出现在欧洲，是由"终身教学之父"保罗·朗格朗在1965年联合国教科文组织的国际成人教育促进会议上第一次正式提出的。他认为，终身教育是人类从出生到死亡这一过程中所接受的各种教育与培训的总和，是个人及社会整个教育的统一综合。随着国际组织和世界各国对终身教育的大力推崇，终身教育的理念也不断发展、深化，出现了"学习型社会""回归教育""终身学习"等术语，虽然说法不同，但其核心思想是一致的，都是鼓励人们坚持不断地学习。概言之，终身教育就是为受教育者提供教育服务，倡导人们在任何年龄阶段都要不断地受教育。而终身学习作为一种崭新的教育理念，更注重学习者的主体地位，是终身教育理念的发展和升华。

"终身学习"是开发和运用人一生所需知识和技能的过程。终身学习是由终身教育发展演变而来的，并有逐步取代终身教育的趋势。终身学习不仅包括各级各类教育与培训，而且更强调学习者的主体性和主动性，学习者根据自身发展和社会需求主动地学习。终身学习是个人一生中连续不断接受教育与主动学习的过程，其涵盖了各级各类教育与培训活动，既包括正规教育，也包括非正规教育。其在纵向上涵盖了学前教育、初等教育、中等教育、高等教育，在横向上涵盖了普通教育、职业教育、成人教育，并且使各级各类教育相互沟通、紧密结合。

总之，终身学习更多体现的是学习者的主动性和主体地位，更符合时代潮流和社会发展规律。

四、欧洲化

20世纪90年代以后，"欧洲化"一词开始被应用于社会学、政治学、经济学、历史学等学科的研究中，并且被视为与欧盟政策发展息息相关的重要方面。欧洲化反映了欧洲各国、各民族之间的影响和渗透，在强调融合的同时也承认各国体系的多样性和差异性。另外，"欧洲化"这一概念也将欧洲与世界的其他区域区别开来。由此可见，教育领域的欧洲化，既主张欧洲教育一体化发展，又强调各国教育体系的特色保持，同时确保欧洲教育与其他区域教育的异质性。

五、一体化

一体化理论是西方国际关系学理论之一，由美国学者卡尔·多伊奇在1957年提出。其核心是系统功能主义，强调研究共同体的系统交互作用和特殊功能，主张通过跨国渠道，采取共同措施，在特定领域实现全面合作。按照性质，一体化可分为联邦一体化、功能一体化和新功能一体化；按照范畴，一体化可分为国家一体化、区域一体化和国际一体化。而一体化在欧洲得到了最充分的体现。

20世纪50年代，随着欧洲煤钢共同体的建立，西欧经济一体化开始发展。在经济一体化的基础上，欧洲政治一体化于20世纪70年代得以缓慢发展，而一个以经济为基础向各领域不断渗透的全方位联合的欧洲联盟逐步形成，这正是欧洲走向真正意义上的一体化的最好体现。目前欧洲一体化运动已波及社会、文化、教育等更广泛的领域。

第四节 研究思路与方法

欧盟作为一个成熟且发达的超国家联合体，其教育政策在制定、实施和评价等方面具有较高效力，同时其问题与不足也比较明显，因此，欧盟教育政策可以作为区域或国家政策研究领域中可比较、可参照的对象。

一、研究思路

通过对已有研究成果的梳理可以发现，在已有的文献中很难看到对欧盟教育政策演变的过程、原因、影响及趋势的深入分析，有关欧盟教育政策历史及趋势的研究尚有很大的空间。本书从历史、现实及未来三个维度对欧盟教育政策进行一种纵向的、整体性的描述和介绍，并对欧盟教育政策的效果和经验进行分析，以便为后续研究提供参考。

第一，欧盟教育政策的历史发展分为几个阶段？每个发展阶段的具体政策内容和特征有哪些？

第二，欧盟教育政策的基本原则、理论基础、影响因素有哪些？

第三，欧盟教育分为哪些阶段？具体到每个阶段都有哪些政策？这些政策的特征和成效有哪些？

第四，欧盟教育政策目前有哪些基本情况？面临哪些挑战？未来欧盟教育政策有哪些发展趋势？

第五，欧盟教育政策有哪些成效？对我国教育政策的发展有哪些经验借鉴？

二、研究方法

（一）文献研究法

本书的重点是分析欧盟教育政策文本，因此采用文献研究法来获取相关资料，以全面了解所要研究的问题。首先，通过图书馆、资料室和中国知网等途径对与本书主题相关的资料进行全面搜索，系统掌握国际与国内欧盟教育政策的研究情况，做好资料准备；其次，对所获资料进行分类整理，提炼出有价值的内容。通过文献研究旨在系统梳理欧盟教育政策的发展历程和政策内容，为后面总结欧盟教育政策的特征、实施成效以及借鉴意义等做好准备。

（二）历史研究法

本书在梳理欧盟教育政策的发展历程时采用了历史研究法。首先根据历史发展顺序将欧盟教育政策的发展历程分为孕育与萌芽期、拓展与深化期以及整合与完善期三个阶段，然后研究每一阶段政策的产生发展、政策内容与当时社会背景之间的关系，在社会背景下分析各阶段教育政策的内容、特征及其影响。

（三）比较研究法

比较研究法是一种重要的社会科学研究方法，通过比较事物之间的相似性和差异性，从而得出借鉴的可能性。本书通过对欧盟教育政策不同发展阶段的政策内容、特征、实践、影响等方面进行研究，从而总结其发展规律、取得的成效和存在的问题，并结合我国的具体国情，与我国的教育政策相比较，找到相似性和差异性，最终从欧盟的经验和教训中得出我国可以借鉴之处。

（四）资料收集法

欧盟官方文件和研究资料对所有人是开放的。本书在收集欧盟法律法规、地理文化、经济制度、教育组织背景资料的基础上，跟踪和收集苏格拉底计划、伊拉斯谟计划、达芬奇计划等最新进展的资料，包括欧盟官方的年报、提案、决议、公告及计划的年度报告等。

（五）追踪观察法

通过完整的资料收集和分析，追踪观察苏格拉底计划、伊拉斯谟计划、达芬奇计划等的发展变化，结合欧盟官方有关计划的年度报告、中期报告、相关研究报告和欧盟委员会、欧洲议会决议等，分析计划的实施过程和成效，考察计划为欧盟主要成员国教育政策领域带来的变化，以及对其他国家可能产生的影响。

（六）解释学法

解释学是以研究意义的理解和解释为主要目标的一个哲学方法论流派。它致力于消解读者与文本之间的时空距离，促使读者有效地理解文本中所蕴含的思想。本书对各种理论和实践的"理解"和"解释"构成了丰富、多元且复杂的意义空间，如何在众多的文本中寻求一种合理的解释，让我们对欧盟教育政策形成一种较为客观、科学的认识和理解，是本书期望达到的一种理想的研究结果。

第二章　欧盟教育政策的历史进程

随着欧洲一体化建设的不断深入，欧盟逐渐建立起一套相对完整的、超国家层面的教育政策体系。教育政策成功与否将直接影响到欧盟整体未来的发展。几乎在所有的欧盟成员国中，教育政策的制定已成为重要的政治任务。本章主要内容包括欧盟教育政策的孕育与萌芽、欧盟教育政策的拓展与深化、欧盟教育政策的整合与完善三个方面。

第一节　欧盟教育政策的孕育与萌芽

第二次世界大战后，各国形成国际关系新格局。1957年3月25日，法国、德国、意大利、荷兰、比利时和卢森堡六国政府的首脑在罗马签订了《建立欧洲经济共同体条约》和《欧洲原子能共同体条约》（两者统称《罗马条约》），成立了欧洲经济共同体。欧洲经济共同体的建立主要是受经济利益的驱动，它首先是个"经济"的联合体，其主要目标是促进经济的增长。因此，在促成欧洲经济共同体建立的《罗马条约》中，几乎没有关于教育的条款，只提出欧洲经济共同体实施共同的职业培训的跨国政策。欧盟教育政策还没有正式形成，但作为后来欧盟主要成员国的英、法、德、意等国家这一时期的教育政策在内容上呈现出一些共同特征。这些相似或相同的国家层面的教育政策对后来形成的欧盟教育政策产生了重要影响。欧盟教育政策的形成或产生实际上是成员国当时的教育政策走出国界的结果。

一、欧盟教育政策孕育与萌芽时期的社会背景

（一）政治格局方面

1944年底，第二次世界大战进入最后阶段，欧洲战场的形势已发生了根本变化。因结束战争和安排战后世界而产生的一系列政治问题需要迅速解决，实

现战后世界国际政治和经济的安全发展提上各国的讨论日程。1945 年，美国、英国和苏联三个大国在苏联黑海北部克里木半岛的雅尔塔皇宫内举行了关于制定战后世界新秩序的一次关键性的首脑会议。三大国在会议上制定的战后世界秩序的安排被称为雅尔塔体系，对战后世界影响巨大。

事实上，雅尔塔体系的主要设计者是美国和苏联。美国凭借其在大战中膨胀起来的实力优势，早就谋划建立一个有利于美国霸权地位的战后世界秩序，把美、苏、英的战时联盟关系发展为战后大国合作的关系，才能实现美国所希望的战后世界蓝图，由美国充当世界盟主。而苏联之所以积极响应三国首脑会议的倡议，是希望扩大和巩固苏联在战争中取得的成果，谋求美、英战后不干预东欧并共同占领德国，在远东则要求恢复其在日俄战争中失去的权益。苏联还希望创造一个安全的战后国际环境，以恢复经济，并扩大社会主义的影响。最终，雅尔塔会议基本达到了美国和苏联各自追求的目标。战争打出了唯一一个可与美国相抗衡的苏联，并使社会主义越出一国范围而连成一片，这前景到雅尔塔会议之时已是十分明显。美国设计它的战后世界蓝图，欲挟其经济军事的优势称霸世界，就不能不考虑这一现实情况。因此，美、苏继续合作是落实战后世界安排的关键，美国也愿意做出某些让步，换取苏联的合作。而苏联为了达到自己的目标，也同意合作。

1945 年 10 月 24 日，20 世纪最重要的国际组织——联合国正式宣告成立。美国、苏联、英国、法国和中国五个联合国安理会常任理事国按照"大国一致"原则享有一票否决权，这保证了大国在这个新世界组织中能够起到决定性的作用。

雅尔塔体系的形成在客观上根本性地改变了世界旧有的政治格局和力量关系，欧洲传统的政治中心地位彻底丧失，一个多极共存的新时代由此开启。第二次世界大战首先使旧欧洲遭受极其沉重的打击，包括英国在内的整个欧洲在战争炮火的破坏下已是体无完肤。德、意因战败而退出争霸的舞台，英、法虽然取胜却被严重削弱。它们不仅未能像第一次世界大战那样掠夺到新的殖民地，反而连旧的殖民统治也岌岌可危。经过这场战争，欧洲开始衰落，因雅尔塔体系的形成而分裂为东西两部分。

从欧盟的产生和发展来看，战后欧洲在世界政治格局中的中心地位的丧失反而成为欧洲联邦主义者提出"大欧洲"论点的现实基础，他们试图通过这一事实证明，只有欧洲的统一和强大，才能让欧洲重新回到世界的中心。因此，可以说雅尔塔体系的形成开启了 20 世纪中期开始的欧洲合作和一体化道路。正因为如此，欧盟及其各领域的政策才有了产生的空间和可能性，欧盟教育政策当然也孕育其中。

（二）经济格局方面

随着新的政治格局的形成，战后世界经济形势也发生了重大变化，新的世界经济秩序也顺势形成。

在第二次世界大战后期，美国登上资本主义世界盟主的地位，美元的国际地位因其国际黄金储备的实力得到稳固。1944 年 7 月 1 日，44 个国家的经济特使在美国新罕布什尔州的布雷顿森林召开了联合国货币金融会议（以下简称"布雷顿森林会议"），商讨战后国际货币体系问题。在布雷顿森林会议上通过了以怀特计划为基础制定的《联合国家货币金融会议最后决议书》以及两个附议，即《国际货币基金协定》和《国际复兴开发银行协定》，确立了以美元为中心的国际货币体系，即布雷顿森林体系。

布雷顿森林体系的建立尤其促进和推动了战后欧洲的恢复和重建，并为 20 世纪 50 年代欧洲经济一体化的启动奠定了经济基础。世界银行和国际货币基金组织通过贷款的方式帮助欧洲国家恢复和发展经济，同时也促进了欧洲国家之间经济的相互渗透和相互依赖，结盟成为增强欧洲整体经济竞争力的一条现实途径。从欧盟发展的历程来看，欧洲的合作从经济的一体化开始就最为成功也就不足为奇了。为了促进跨国经济的合作与发展，制定相关政策措施予以保障是十分必要的。因此，包括保障劳动人员的职业、就业培训等与教育相关的内容也成为欧洲一体化最初阶段经济政策中的一部分内容。

《罗马条约》中的一些条款就提到了职业教育与培训。其中，《建立欧洲经济共同体条约》的第 128 条做出了关于职业教育与培训的最重要的一项规定。在此条规定中，欧洲经济共同体同意为在此领域内达成一个共同政策而由其理事会（也就是现在的欧盟理事会，也称欧盟各国部长理事会，是欧盟的正式机构之一，负责日常决策并拥有欧盟立法权，其会议由各成员国派出负责该会议议题的一名部长参加，并代表其国家政府）制定一些关于共同职业培训政策的"基本原则"。为执行这条规定，欧洲经济共同体理事会在 1963 年为设立一个共同职业教育与培训政策而制定了十条基本原则。这些基本原则包含了欧洲经济共同体所做出的为"给所有人提供适当培训，以使其能够自由选择工作和工作地点并且达到更高层次的就业"的承诺。

（三）欧洲主要国家具体形势方面

英国经济在第二次世界大战中遭到很大的削弱，再加上战后声势浩大的民族解放运动，英国的殖民地相继独立并走上了发展民族经济的道路，英国国家政治和经济逐渐衰落。1945 年 7 月英国举行普选，工党赢得了绝对多数的席位，稳定和恢复经济成为这届政府的首要任务。该政府在执政之初即宣布实行一系列政治、经济、文化教育和社会改革。其中最重要的是实行国有化和完善社会福利这两项政策。从总体上来看，国有化和社会福利政策的实施，促进了英国经济的发展，增加了国家收入，对改善人民生活起到了一定的作用，但也带来了财政开支增加、一些国有企业经营不善等问题。

法国在第二次世界大战期间国民经济受到极大的破坏，经济损失相当于战前 3 年法国全部生产的总值。在第二次世界大战结束以后，法国大约花了 5 年时间医治战争的创伤，到 1949 年国民经济才基本恢复。与英国相类似，战后法国也实行国有化政策以恢复经济。1945 年，法兰西第四共和国正式建立。在第四共和国时期，法国政府将银行、通信、电力、交通等一些事关国家经济、民生的重要行业收归国有。1946 年 5 月，法国政府正式颁布"国有化"法令，更多煤炭、电力和运输等基础工业企业成为国有企业。法国政府将大量资金投入这些基础性的国有企业当中，以促进工农业生产的恢复和发展，并取得明显的成效。除了国有化政策，法国政府还对煤炭、电力、钢铁、水泥、运输和农业机械等重要工业进行国家重点计划和投资，并取得了突破性进展。

作为战败国，德国在第二次世界大战后被美、苏、英、法四国占领并实行分区管理，主权长期被占领当局托管。因此，从 1945 年到 1955 年，德国的重建工作首先是在政治上争取主权和独立。与政治重建同时进行的是经济的恢复与发展。德国在战后初期的经济恢复和重建面临巨大的困难。一方面，德国政府提出实行"社会市场经济"，并制定相关法律和措施保护竞争，促进经济发展；另一方面，德国政府通过税收、投资、财政、信贷、收入分配等政策干预企业活动，实行"经济人道主义"以恢复国计民生，医疗保险、事故保险、养老保险、矿工社会保险和失业保险等得到恢复。随着对货币、物价和工资的多重调节和控制，德国尤其是西德经济得到了较快的恢复和发展。

战后意大利政府同样实行国有化政策，通过"国家控股公司"和"国有企业"的形式大力发展国家垄断资本主义。另外，从 1950 年开始，意大利政府推行土地改革，政府收买地主土地并有偿分配给农民，国家以大量资金来促进南方经济的发展以缩小南北差距。这些措施在一定程度上促进了国民经济的恢复和发展，意大利工业生产到 1949 年已达到战前水平，1954 年超过 1939 年的 30% ～ 40%。除了国家刺激和发展经济的相关政策之外，大量的援助资金也是意大利战后经济恢复并高速发展的重要因素。

战后初期欧洲主要国家，一方面重建稳定的政治局面，另一方面大力恢复经济，并且取得显著成效，在 20 世纪 50 年代初期经济几乎恢复到战前水平。在这个过程中各国都在反思欧洲未来的道路，是继续各自为政还是联合发展？事实上，各国都清醒地意识到在新的国际形势下，单凭各个国家的一己之力难以完成"欧洲的复兴"，所以联合就成了大势所趋。

二、欧盟教育政策的孕育与萌芽时期主要成员国的教育政策

（一）英国的教育政策

英国在战后为了加快教育的恢复与发展，以政策的形式强化中央对教育的领导，同时也明确了地方政府对教育的职责。在 1944 年《巴特勒法案》颁布之前，英国实行的是一种中央集权、地方分权的教育行政管理体制。但有人认为，这是一个虚设的组织，从未召开过一次会议。这样的评价虽显偏激，却反映了 19 世纪末 20 世纪初英国教育管理方面的软弱和无力。根据《巴特勒法案》，英国政府撤销教育委员会，设立教育部，教育大臣"负责促进英格兰和威尔士人民的教育，并且促进致力于该目的的机构的不断发展，还要确保地方教育当局在他的领导和指导下有效地执行国家政策，在每一个地区提供各种综合教育的服务"。同时，教育大臣还享有"指示地方调查的权力"和"处理地方教育当局和学校董事会渎职的权力"。直接向首相负责的教育大臣获得教育行政管理的实权使英国中央政府对教育的管理权限得到了极大的保障。除了加强中央的教育行政管理权限和力度以外，《巴特勒法案》还着力改组地方教育当局，明确地方教育当局的职责。1918 年的《费舍教育法》试图把第一次世界大战后重建的责任落实在地方教育当局的身上，并规定地方教育当局有权做出自己的决定，包括对学前教育、初等教育、中等教育的直接领导和管理权。但事实证明，地方教育当局权限的扩大并未实现预期的成效。于是，《巴特勒法案》明确提出：地方教育当局要在教育大臣的控制和指导下，保证数量、性质和设备足以向所有学生提供教育机会，根据学生的不同年龄、不同能力以及不同性别提供各种教育和训练。另外，《巴特勒法案》还规定，地方教育当局有责任为学生提供奖学金、生活补助，为 5 岁以下儿童开办幼儿园，为 18 岁以下的辍学青少年提供非全日制教育等。这样，地方教育当局就拥有了开办和管理各级各类教育机构的权限。

战后不久，英国政府和教育界形成了一种普遍共识：要振兴英国经济，首先应大力发展高等教育，特别是高等科技教育。当时的英国高等教育存在两个主要问题：一是发展缓慢；二是学科结构严重失调，科技教育滞后。针对这种

状况，1945 年的《帕西报告》提出："在考虑工业界要求的基础上，研究英格兰和威尔士发展高等技术教育的需求，以及大学和技术学院在这一领域各自应做出的贡献，并就在这一领域维持大学与技术学院之间的适当合作途径，提出建议以及其他需要考虑的问题。"这一主张不仅得到政府的认可，还成为政府制定政策的依据。

1946 年的《巴洛报告》则集中体现了英国大力发展高等教育的具体政策和措施。《巴洛报告》在提出拓展大学的总体性政策建议的同时，还提出了大学的科学家和技术专家的人数增加一倍、加强高等技术教育、创办高水平的技术学院、强化高校工科的教学和研究、提升专业技术职务的待遇等具体的政策性建议。《巴洛报告》的这些建议和设想得到了政府的积极支持，并使英国高等教育在战后初期得到了缓慢发展。

英国是较早对基础教育进行改革的国家。1944 年，英国《巴特勒法案》废除之前中小学教育不连贯、相互重叠的学制，将公共教育分为三个连续阶段，即初等教育（5～11 岁）、中等教育（11～18 岁）和继续教育（为离校青少年举办），并将义务教育从 9 年（5～14 岁）延长到 10 年（5～15 岁），有条件的地方可延长至 11 年（5～16 岁）。另外，该法案还加强了对基础教育阶段民办学校的管理并将其纳入公共教育体系当中。按照规定，民办学校可自由选择成为"受助"学校或"受控"学校，这样，民办学校根据其特殊权利和义务又被分成特别协议民办学校、民办受控性学校和民办补助学校，被纳入公共教育体系之中。值得一提的是，《巴特勒法案》还要求各地方教育当局必须确保为身体缺陷或心智障碍的学生设立特殊学校，或者提供特殊教育设施，即为每个残疾儿童提供符合他们特点的特殊教育方法；确定应受"特殊教育"的学生的各种标准，并为各个种类的学生提供相应的特殊教育方法。这就使有特殊需要的儿童也被纳入基础教育阶段的公共教育体系中来。

（二）法国的教育政策

法国是一个典型的中央集权制国家，其集权制的出现可以追溯到中世纪。在法国大革命时期，在防止封建复辟和外国武装入侵的同时又强化了中央集权制。拿破仑帝国更是把中央集权推向极致，以至于在教育领域"帝国大学之外的任何学校、任何教育机构非经帝国大学主管准许都不得建立"。尽管如此，第二次世界大战以后，法国政府对教育的行政管理权限同样予以了进一步的明确和强化，并以宪法的形式对国家的教育行政管理权限进行了规定："国家保证孩子和成人平等接受教育、职业培训和文化的权利。组织各个阶段的、公共的、免费的教育是国家的义务。"

战后初期，法国教育仍然实行"双轨制"，这使从基础教育开始的普通民众子女和富裕家庭子女在教育发展方面形成了不公平的局面。因此，从推进教育公平的角度，1947年法国政府公布教育改革委员会向法国议会提交的《教育改革方案》（以下简称《方案》），对法国教育缺乏连贯性、落后于社会变革、教育内容和方法陈旧等弊端进行了改革。同时，根据公平原则，《方案》明确提出，改革的核心目标是实现教育的平等。为了实现这一目标，《方案》规定义务教育阶段从6岁到18岁，其中，6～11岁为基础知识学习阶段，11～15岁为教师对学生的发展方向予以指导阶段，15～18岁为职业教育、学术理论教育的决策阶段。18岁以后为高等教育阶段，不在义务教育范围之内。法国政府对义务教育阶段的年限和学习内容的具体规定实际上打破了原有"双轨制"造成的初等教育、中等教育以及职业教育之间森严的壁垒，对基础教育发展产生了革命性的推动作用。

（三）意大利的教育政策

意大利的高等教育在战争中虽然遭到严重破坏，但战后恢复迅速。根据新宪法规定，大学恢复了自治传统，在接受教育部管理和监督的同时享有很高的自治空间。另外，有研究者认为，在战后的最初几年的重建中，意大利最迫切的任务是解决青年人没有适当的准备就进入劳动力市场的问题。因此，意大利政府在1951年以法律的形式将职业培训课程覆盖到青年以及成人。1955年，意大利职业培训体系中引入学徒制，要求学生除了在工厂接受实际指导外，还要参加培训机构组织的培训课程学习。

1948年1月1日生效的《意大利共和国宪法》，对教育改革政策做出原则性规定，其中涉及基础教育的内容包括：第一，义务教育，6～14岁儿童应接受8年义务教育；第二，公立学校，全体公民不受性别、民族和宗教信仰的限制均可进入公立学校接受教育；第三，私立学校，保证私立学校享有与公立学校同样的权利。基于这些教育改革政策，意大利政府在战后初期重点对学制进行了恢复和重建，分别将学前教育、初等教育、中等教育和高等教育的学制还原到战前状态。学前教育分为幼儿学校、幼儿园和保育院等，对3～6岁儿童施以非强制性的学前预备教育，同时还补充一些家庭教育活动。根据新宪法规定，战后意大利小学学制仍为5年，接受6～11岁儿童入学，是义务教育的第一阶段。初等教育分为两个阶段：二年级为第一阶段；三、四、五年级为第二阶段。从第一阶段升入第二阶段必须经过考试。同时，新宪法还规定，初等

教育之后，学校应提供三年的中学课程，接受 11 ～ 14 岁的少年入学，完成第
二阶段的义务教育。学生在完成中学课程之后可以进入高中学习，修业年限为
5 年，不在义务教育范围之内。高中分为普通完全中学和中等专业学校，前者
又分为文科中学和理科中学。文科中学偏重学习人文科学，毕业后可进入综合
大学中除教育学院之外的任何学院学习；理科中学偏重数学、物理等自然科学，
毕业后可以进入综合大学的理、工、商学院学习。中等专业学校包括师范学校
和中等技术学校，修业年限为 4 年，毕业后也可以升入大学相应专业继续学习。
在这一时期，意大利还设有工、农、商各类技术学校，招收相应类型的初级职
业学校毕业生，学制 1 ～ 2 年，培养各经济部门的熟练工人和低级职员。

（四）德国的教育政策

第二次世界大战以后，作为苏联占领区的东德在政治、经济和文化教育等
领域全面接受了社会主义改造，而作为美、英、法占领区的西德则贯彻资本主
义的政治、经济和文化教育主张。针对美、英、法三国占领当局对西德教育制
度进行的民主化改革努力，西德各界人士也并非都持支持态度。尤其是占领当
局忽视教育的重建和发展，相互推诿、执行不力的行为使德国民众开始质疑其
教育管理。为此，1949 年，西德政府颁布的法律规定，在教育管理方面实行地
方分权制，由地方政府直接负责本地的教育行政管理。这样一种以地方为主、
中央为辅的教育管理体制在实际效果上更有利于教育的改革与发展，因此一直
保存至今，成为德国教育的一大特色。

第二次世界大战后初期，教育这一特殊"生产"领域在德国备受重视。但是，
战争遗留下来的问题不容忽视，在高等教育领域师资流失、生源锐减等问题严
重。美军提出强化大学的自治和管理，英军提出向社会开放大学门户等政策，
为德国大学走上良性发展道路奠定了基础。进入 20 世纪 50 年代，德国迎来了
适龄人口进入大学的高峰期，同时，越来越多的人希望获得理想职业所必需的
各种高等教育资格进而提高自身的社会地位，因此德国政府推行高校扩招政策。

大学生人数的迅速增加，为德国经济的恢复和发展提供了必要的人力支持。
此外，战后德国还非常重视工人的在职学习，将人才培养直接、明确地同新技
术革命下本国经济与社会发展结合起来，大力发展职业教育。这使在德国就业
的劳动者的科学知识和技术水平普遍提高，促进了德国经济的腾飞。

三、欧盟教育政策孕育与萌芽时期的影响

欧洲作为两次世界大战的发源地和主战区，在遭到空前战争破坏之后更是面临战后重建的诸多问题，其对和平的希冀与追求更是强烈和执着。这在教育领域的表现就是欧洲主要资本主义国家在战后初期出台和实施了一系列教育改革的政策和法案。这些国家层面的教育政策体现了追求民主、营造和平的价值诉求，同时在内容上呈现出诸如明确教育管理权限、加强和普及义务教育、恢复和扩大高等教育、重点发展职业教育等共同特征。这些政策特征通过各国教育政策的制定者或参与者在后来形成和发展中的欧盟教育政策中得以发挥其影响，并因此与欧盟教育政策的产生和发展形成了千丝万缕的联系。

（一）孕育了欧盟实现教育一体化的长远政策目标

战后初期，欧洲各主要国家在教育管理方面最重要的一项政策就是恢复或明确国家对教育的行政权力，无论是中央还是地方政府都毋庸置疑地对教育政策的制定和实施具有权威性，其法律地位十分稳固。于是，一种教育行政管理模式在欧洲得到普遍认同。但是，20世纪50年代，随着欧洲共同体的发展，一直到20世纪90年代欧盟的诞生，甚至到目前形成世界上规模最大、制度最健全、最成熟的超国家联合体，欧盟在教育政策或治理领域仍未获得确定的法律保障，这在很大程度上源于战后欧洲各国对教育主权的强化，进而使民族国家和超国家主体之间在教育政策制定和实施领域形成一种冲突。这种冲突，一方面阻碍着欧盟实现教育治理的目标，另一方面又形成一种无形的反作用力，使欧盟领导集团从最初发展阶段就萌发了以经济一体化带动政治、文化和教育等领域全面一体化的长远治理目标。这在一定程度上正好印证了德国裔英国社会学家拉尔夫·达伦多夫"辩证冲突论"所提出的观点：冲突既是一种破坏力，也是一种生产力，冲突会导致结构的重组，重组的结构又会酿成新的冲突。

（二）促成了早期欧盟教育政策的经济理性价值观

尽管欧盟成员国在教育主权方面始终持一种谨慎和保守的态度，但在追求和平、民主，实现经济发展等价值取向上却不谋而合。因此，英、法、德、意等欧盟主要成员国在战后初期的教育领域除了共同的恢复和重建之外，最重要的政策就是通过加强和扩大高等教育及职业教育与培训来实现经济的迅速发展。这种价值诉求和倾向在与职业教育与培训、技术合作有关的一些规定中得以延续和体现。作为典型的资本主义国家以及资本主义国家的联合体，英、法、德、意以及欧盟制定和实施政策的一个基本的价值观念就是经济理性。这种经

济理性实际上成为民族国家和欧盟之间政策制定的认同基础，并在后续的各阶段政策中都有不同程度的体现。

（三）导致了早期欧盟政策体系中基础教育政策的缺失

民族国家与超国家联合体教育权限之间的冲突对欧盟而言还产生了另外一个重要影响：由于战后欧洲各国都十分强调国家对教育的主权，尤其是在基础教育和义务教育等事关民族国家认同、文化认同和身份认同的敏感领域，教育权限始终是国家不愿开放的空间；在欧盟致力于欧洲一体化建设的过程中，民族国家教育权限的让渡问题始终没有得到很好的解决。至今，欧盟在教育领域也只能起到补充和协调的作用。这样一种教育主权意识对欧盟教育政策产生的一个影响就是在最初的政策内容中没有涉及普通教育，尤其是没有对基础教育阶段的教育做任何的规定。因此，从历史上看，在欧盟发展的初期阶段，其政策领域中有关普通教育管理权限的内容空缺、普通教育与职业教育分离就不足为奇了。

战后初期，几个欧盟主要国家明确中央或地方政府对教育的行政管理权限、以发展经济为教育的核心目标以及恢复和统一基础教育等政策可以看作欧盟教育政策的"前结构"，体现了追求和平、服务经济、推进民主的价值取向和恢复、重建的行动基调，并在后来逐步形成和发展的欧盟教育政策中得到延续和保留。尤其在20世纪60年代到80年代末，在经济快速发展的背景下，欧盟教育政策更是将发展经济作为维护和平和东西方阵营平衡的重要手段，并取得实质性进展，在超国家层面建立了以资金资助为杠杆的教育政策实施模式。另外，1951年由德、比、法、意、卢、荷六国共同签署的《关于建立欧洲煤钢共同体的条约》（以下简称《条约》）在宣告欧洲煤钢共同体这个超国家联合体的诞生之外，还在条约中对有关工人的生活、劳动和就业等方面进行了规定。

除了直接改善工作环境和增加工资待遇之外，更重要的是工人本身通过学习或培训提高技术水平进而获得晋升或加薪的机会。因为，从简单的经济学逻辑来看，资本家总是追求利益的最大化，没有一个资本家会无缘无故地在工人身上投入更多的生产成本。除了对共同体机构进行要求之外，《条约》第69条对成员国也做了相关规定："任何成员国都应为来自其他成员国的煤钢工人提供重新就业的便利。"从当时的现实状况来看，这里所谓的"便利"必然包括为煤钢工人提供语言学习的机会或是参加与生产劳动相关的技能培训的机会。因为煤钢共同体6个成员国并非共用一种语言，而且各国在生产领域中的技术水平不会完全一致，因此，要让"其他成员国的煤钢工人"胜任新的工作，克服语言和技术上的障碍是必要和关键的。

从欧盟主要成员国在战后初期一直到 20 世纪 50 年代中后期教育政策的简要概述和分析，尤其是对《条约》相关内容的客观阐释中，我们可以得出这样一种基本认识：第二次世界大战后，欧洲各国教育改革进程中的各项政策与后来形成的欧盟教育政策之间有着千丝万缕的联系，而《条约》中的有关条款已经间接地涉及欧盟成员国间的教育合作问题以及作为欧盟前身之一的煤钢共同体在教育领域所需要承担的责任和使命。虽然这不能看作真正意义上的欧盟教育政策，但从历史唯物主义的角度出发，这些"问题"或"责任"所反映的民族国家与超国家联合体之间的关系实际上可以被看作欧盟教育政策的萌芽。因此本书认为，整个这一阶段可以看作欧盟教育政策的孕育时期。

第二节　欧盟教育政策的拓展与深化

20 世纪 70 年代以后，随着欧洲共同体的建立和发展，其开始由过去单纯注重经济发展转向在强调经济发展的同时，关注政治和社会的发展，促生了各成员国之间教育交流与合作的诉求。1971 年，欧洲共同体的 6 个成员国（法、德、意、比、卢、荷）首次提出通过行动计划的方式加强各成员国之间的教育合作，并拟定了职业培训行动计划的指导方针。1974 年，欧洲共同体教育部长理事会通过决议，提出教育合作计划：在反映欧洲共同体经济与社会政策渐进性融合的同时，必须适应教育领域特定的目标和要求；教育绝不应仅仅被视为经济的组成部分；教育合作必须充分考虑各国的传统和各自教育政策与制度的多样性。1976 年，欧洲共同体正式设立"联合学习计划"，通过院校之间的协商，促进学生的交流。与此同时，为了加强各成员国之间教育政策与结构的相互理解与沟通，欧洲共同体教育部长理事会首次决定建立共同的教育信息网络，构筑教育交流的基础。1986 年，随着《单一欧洲文件》在卢森堡和海牙签订，教育在欧洲一体化中的作用日益凸显。教育不再是经济一体化的副产品，而被视为经济一体化的功能性前提。为此欧洲共同体加大教育交流与合作的力度，在教育的各个领域和层次出台了相应的教育与职业培训计划。可以说，欧盟迄今为止一些最重要的教育行动计划基本上都是在这一时期面世的。

一、欧盟教育政策拓展与深化时期的社会背景

（一）欧洲政治和经济一体化的推进

20 世纪 80 年代中期以后，欧洲一体化沿经济和政治两条主线迅速推进，并取得了一系列重大进展和突破，这同时给包括教育在内的社会各领域提出了新的要求和挑战。

经济一体化取得的重大进展首先体现为内部市场的建成。1985 年 12 月，欧洲共同体在布鲁塞尔召开的部长理事会上通过了关于建立内部市场的"白皮书"，提出建成一个单一的大市场，为发展企业、竞争和贸易创建一个更加有利的环境。1986 年 2 月，欧洲共同体 12 个成员国分别在卢森堡和海牙举行的外长会议上签署了《单一欧洲文件》，并决心将成员国间的总体关系转变成一个欧洲联盟，同时通过扩展共同政策和追求新的目标来改善经济和社会状况。《单一欧洲文件》要求成员国协调本国经济政策，努力使欧共体有共同的经济货币政策，为建立"欧洲经济货币联盟"创造条件。从 1993 年 1 月 1 日，欧洲统一市场基本建成并正式运作到 2002 年 1 月 1 日欧元正式取代欧元区 11 国货币并进入流通领域，统一的货币政策为统一的教育政策的形成奠定了坚实的经济基础。

根据《单一欧洲文件》，除了实现欧洲单一市场之外，欧洲共同体还提出通过政治合作建立欧洲联盟。为达此目的，欧洲政治合作向所有与缔约国有同样理想和目标的欧洲国家开放。各缔约国尤其同意应加强与有紧密友好合作关系的欧洲大会成员国和其他欧洲民主国家的联系，将政治一体化的范围扩大到欧盟之外的整个欧洲，从立法的角度确保欧洲政治合作外延的拓展。1987 年《单一欧洲文件》正式生效，以条约形式提出的"政治合作"得以合法化。

20 世纪 80 年代末 90 年代初，政治形势的新变化为欧盟寻求新的政治合作带来了契机。同时，欧洲共同体经济一体化所取得的成就亟须强有力的政治制度予以保障和继续深化。1991 年签署的《欧洲联盟条约》（《马斯特里赫特条约》，以下简称《马约》）首次将"特定多数同意"机制引入安全和外交政策当中，将欧洲的整体安全明确为欧盟特定目标，欧洲共同体政治一体化进程迈出了实质性的一步。从此，欧洲政治联盟机制得以正式确立，政治领域的共同外交与安全政策和司法与内务合作政策被列为欧洲联盟的三大支柱之一。欧洲政治一体化取得的一系列重大突破为欧盟教育政策的进一步发展提供了更为可靠的法律保障。

（二）科技革命惯性和知识经济兴起的影响

20世纪80年代，第三次科技革命产生的强劲惯性使整个人类的生活方式、思维方式发生了极大的改变，世界各国把发展科学技术作为增强综合国力和提高民族竞争力的重要战略。

1985年，包括欧洲共同体成员国在内的17个欧洲国家在法国巴黎举行部长会议并通过"欧洲技术复兴大纲"，正式开始实施"尤里卡计划"。该计划旨在提高欧洲企业的国际竞争能力，进一步开拓国际市场，改变欧洲在科技领域落后于美国和日本的局面。"尤里卡计划"最显著的特点是：它不是一个确立了项目的研究计划，而是一个供欧洲合作的开放框架，实行自下而上的原则，由基层参加单位自主选题和确定合作伙伴、合作范围及合作方式，只有一个常设秘书处和各国的对口单位进行组织协调。它把企业和科研机构紧密地结合在一起，解决了基础研究与市场脱节的难题。这项计划的落实，不仅能使欧洲在尖端技术方面赶上美国和日本，而且可确保和巩固欧洲在世界政治格局中所获得的地位。

20世纪80年代末90年代初，以美国为首的发达国家开始将经济增长重点转向以知识生产与创造为基础和手段的生产领域。这种生产方式的变革，使当今世界各国生产力的差异不主要取决于自然资源的多寡，而取决于改善人力资本和生产要素的质量，其最显著的直观表现就是在经济增长过程中无形资本相对于有形资本的份额在逐步增加，知识及知识生产成为最主要的经济动力。

20世纪90年代以来，一种全新的经济正在兴起、发展，并迅速向全球扩张，这就是知识经济。科技革命的惯性影响使知识经济迅速取代传统经济并成为20世纪90年代至今的重要时代特征。知识经济的兴起带来的直接影响就是教育、培训、信息、管理等与无形资本密切相关的社会领域受到越来越多的重视。这种重视表现为在几乎所有的经济活动中都伴随着学习，经济活动的所有环节都离不开教育。个体要适应经济和社会的快速发展就不得不随时随地学习以便获得所需的生活和劳动技能。学习和劳动同样成为人类的一种基本生活方式。因此，从20世纪90年代开始，以知识经济的兴起为契机，一种新的教育理念和实践——终身学习受到世界各国的重视，并为此制定了各项政策和措施，以促进其发展。而欧盟更将1996年确定为"欧洲终身学习年"，同时大力普及和宣传终身学习的理念并促使欧盟各成员国接受。此后，欧盟出台一系列终身教育政策，为欧盟教育政策体系融入了新的内容。

（三）欧盟社会政策特征的影响

20世纪80年代中期，欧洲各国对社会政策的重视与日俱增，将建立欧洲社会联盟视为最高目标。欧洲共同体委员会通过讨论最终达成共识，把社会政策看作加强经济内聚力的手段，具有强大的动力学功能。相对于欧洲共同体在发展初期认为"社会发展是经济整合的产物"而言，这是一个根本性的转变，以至于接下来签署的《单一欧洲文件》将社会政策纳入欧洲共同体的政策框架，同时明确欧洲共同体社会政策的适用范围，强调欧洲共同体对"改善工作环境"以及"发展欧洲一级的劳资对话"负有责任。这就使欧洲共同体在劳工标准方面具有了更加明确的义务，加强了社会政策的进一步落实。

20世纪90年代后，由于经济结构调整等因素影响，欧盟失业问题越来越严重，失业率居高不下。于是，解决失业问题成为欧盟社会政策的重中之重。1993年12月，第一个欧盟层面上解决失业问题的政策文本《德勒斯白皮书：增长、竞争与就业》发表，实现了两方面的重大突破：第一，要求各成员国政府及其政策制定中的伙伴必须采取系统的政策行动，包括从税收、职业培训、教育、经济到社会保护和社会合作。它要求欧盟制定长远的整体性政策目标，强调制度性结构改革的社会政策，加大对教育、职业培训和劳动力市场体系的投资力度。第二，第一次强调欧盟在帮助各成员国解决共同就业问题方面如何扮演中心角色，第一次促使欧盟有关机构注意各成员国应当怎样共同协作，解决有关的就业和社会问题。1997年10月签署的《阿姆斯特丹条约》（以下简称《阿约》）第一次将"社会政策"与"经济政策""货币与财政政策"并列，从形式上使社会政策不再是经济目标的陪衬。《阿约》明确指出，各国应在四个方面加强合作：就业能力、创业精神、适应性和公平的机会。这实际上为欧盟在社会政策方面提供了一个框架。在此框架内，欧盟可以对未来劳动力和劳动状况的变化和发展的主要因素做出有效反应。这些主要因素包括企业生产中组织和技术驱动的变化、应当被培训的劳动力在年龄和性别上的不同类型等。

从20世纪80年代中期到20世纪末，欧盟在社会政策方面体现出的基本特征就是以法律的形式将《欧洲社会宪章》的主要内容确定下来，从而完成了欧盟在公民基本社会权利保护方面从"虚"到"实"的过程。作为社会政策的重要内容，这种虚实转换在教育政策领域表现得最为突出，因为从20世纪80年代中期开始，欧盟一系列重要的旨在实现各项教育政策的教育计划和项目相继出台并获得具体实施。

二、欧盟教育政策拓展与深化时期的突出特点

20 世纪 80 年代中后期，世界政治格局发生了巨大变化。同时，知识经济初现端倪，经济全球化进程随着通信技术的发展而迅速推进。在这样的背景下，欧洲一体化也在艰难推进，而欧盟教育政策为了实现欧盟治理的目的，也将重心转移到政治服务上来。由于各种教育计划的具体落实，这一时期欧盟教育政策从本质上看是实现了一个政策由软到硬的转化。另外，从政策的内容来看，越来越多的政策包含了提高质量、维护公平的具体条款和规定。

（一）价值取向转向政治意义上的"欧洲认同"

经过 20 世纪 60 年代到 80 年代经济的高速发展，欧盟在 20 世纪 80 年代中期已成为世界经济体系中的重要一极，但与之相对应的政治影响不尽如人意，尤其在欧盟内部，政治一体化目标的推进始终没有像经济一体化那样自然、顺利。其中的关键就在于"欧洲认同"这一政治意识在很大程度上没有得到欧洲各国人民的普遍接受。尽管欧盟早在 20 世纪 70 年代就提出通过教育等手段促进"欧洲认同"，但成效并不理想。评论界甚至有一种看法，认为欧盟还不是"人民的欧洲"，而是"国家的欧洲"。一项民意调查也显示，1985—1995 年，欧盟各成员国公民认为自己是欧洲公民的比例的平均值从未超过 20%，最高的法国也仅为 27%。而且，欧洲选民对欧洲议会选举的热情也不高，投票率仅在 30% 左右。因此，欧盟不得不在"欧洲认同"问题上下大力气。1992 年正式签订的《马约》指明联盟的目标之一是实行"欧洲联盟公民身份制度"，尤其在社会及教育等领域行动的目标在于"发展欧洲教育事业"。此后《阿约》再次重申欧盟的目标之一是在国际舞台上显示欧洲联盟身份，通过实行欧洲联盟公民身份制度，加强对各成员国国民的权利和利益的保护。

这些政策的发布，实际上表明了欧盟教育政策目标的重大转向——以推进"欧洲维度的教育"为抓手实现政治及文化意义上的"欧洲认同"。一直到 20 世纪末甚至到 21 世纪的今天，欧洲各国的公民对自己的国家公民身份仍十分依恋，各国政府和人民都不情愿把自己的历史特色和生活习惯融入毫无特色的"一体化"里。但科技、投资和市场三方面的较量以及压力促使情况悄悄地发生变化。欧洲一体化的道路越来越得到各种不同政治倾向的政党和各阶层人民的认可。从某种意义上说，这既是欧盟教育政策价值取向向政治意义上的"欧洲认同"转向的动机，这是其一大成果。

（二）政策执行逐步规范化

从历史的维度对欧盟教育政策进行研究得出的结论是，从 20 世纪 50 年代末到 80 年代中期，政策文本相比前一个阶段逐渐增加，发展呈现出非常显著的由一而多、从虚到实的量态转化。但该时期的教育政策并没有真正地实施和执行。20 世纪 80 年代中后期一直到 20 世纪末，欧盟通过密集的教育计划或项目等形式推行其教育领域的政策和主张，以实现其政治、经济和社会等多方面的治理目标。这一实践过程有效地弥补了欧盟教育政策前一阶段执行不力的缺陷。因此，对欧盟教育政策的历史形成而言，这一阶段呈现的鲜明特征是政策本质内涵真正得以形成，体现了一种由执行不力到规范实施转化的质态生成过程，这也是继前一阶段获得"量"的增加之后的必然结果。

这一时期政策执行规范化的特征主要通过三方面表现出来：一是通过经费支持的教育项目和计划广泛开展；二是教育政策的合法性逐步得以确认；三是教育政策的管理和执行机构纷纷建立或独立。到 20 世纪末，作为政策实施主要途径和手段的欧盟教育项目和计划体系已基本形成。

首先，欧盟教育政策的合法性逐步得以确立。有学者指出，在 1992 年之前，欧洲共同体每项提案都会遭到来自成员国的挑战，成员国甚至通过采取单独行动的方式对欧洲共同体的提案提出法律质疑。这种情况到 1992 年才有所改观，因为《马约》不仅对职业教育与培训进行了规定，而且第一次对普通教育进行了明确规定。另外，《马约》还进一步对职业教育与培训做了明确要求，对欧盟教育政策的性质、目标和原则进行了界定，使其合法性得以确立。从此，欧盟教育政策成为一种真正意义上的政策，其权威性得以进一步巩固和加强。

其次，欧盟教育政策的管理和执行机构纷纷建立或独立。20 世纪 80 年代中期以后，除了联盟层面宏观的政策制定机构、合作平台的逐步建立和完善之外，随着各项教育计划和项目的先后出台，管理和实施这些项目和计划的机构也纷纷建立。因此，从政策的组织和管理的角度来看，这一阶段欧洲共同体教育政策真正成为执行中的政策，其政策质的规定性获得了真正的组织保障。1987 年，伊拉斯谟计划实施之初就成立了"伊拉斯谟项目处"对项目的行政业务进行管理。随后又根据项目在各国的实施需要建立了负责管理和发放学生资助经费的国家项目资金管理办公室，该办公室同时承担项目的国家补助计划的管理任务。此外，各高等教育机构间的合作则是通过欧洲大学网络由校际大学合作计划来运作。1997—1998 年，欧洲高等教育机构合作中引入了"机构合同"，签订合作合同的机构由当年的 1479 家增至 1999—2000 年的 1764 家，这种数量上的变化主要是由这期间东欧国家高等教育机构剧增所导致的，而且大部分"机构合同"在签订 1 ～ 2 年后会更新，只有大约 5% ～ 8% 的合同会在 1 年后延长。

（三）政策内容关注教育质量

进入 20 世纪 90 年代后，信息技术一统天下，全球经济竞争日益激烈，教育在经济层面的功用性价值也日益凸显，大有取代传统教育功能而成为主流价值取向之势。对教育经济功用的价值倾斜，导致两种教育制度变革的出现：一是对政府而言，其更为关注教育投资的收益，这一取向在 20 世纪 90 年代以后使各国教育中大大突出"质量""责任""效益"等主题；二是对受教育者及其家庭而言，其教育需求更加多样化，教育的品质、教育类型和形式、教育的投入成本与所受教育有关的职业未来前景等，都成为受教育者在考虑能否获得预期回报时不可忽略的因素。在欧洲，这两种教育制度变革的倾向同时存在，从 20 世纪 90 年代中后期开始，对"教育质量"的关注更是达到前所未有的程度。

2000 年 5 月，欧盟在里斯本召开教育特别会议。会议提出，发展优质教育是欧盟实现知识经济战略的基础和关键。欧盟教育委员会对各国的教育体系进行评价，供各国政府在制定本国教育政策时进行参考。欧盟的教育质量指标涉及教育体系的 4 个方面 16 项指标。欧盟教育委员会认为，这 16 项指标构成反映教育质量的整体信息，能够对欧盟各国的教育质量做出基本的评价。应该说，20 世纪 90 年代教育发展的重点从规模向质量转向是大势所趋，而欧盟不仅顺应了这种发展趋势，而且通过各种政策确保教育质量的提升。

三、欧盟教育政策拓展与深化时期的主要影响

（一）推动了成员国的教育改革进程

1987 年正式生效的《单一欧洲文件》确立了教育在欧盟（当时是欧洲共同体）科技与人力资源技能和潜能开发方面的作用，使欧盟将发展科技和开发人力资源作为一项核心的教育政策目标。1991 年签署的《马约》再次确立欧盟在教育上的权限，从制度上规定欧盟对社会基金的职能范围，使欧盟通过社会基金顺利参与到成员国的教育事务中。在社会基金的运作中，欧盟建立与成员国国家政府、地方政府、学校和相关利益群体的多层次合作关系，从而增强其在成员国教育领域的影响力。这一方面体现在项目上，欧盟利用有限的基金项目和管理权限对成员国的相关政策进行引导，在落实欧盟教育政策目标的同时也对成员国教育决策起到鼓励和推动的作用；另一方面体现在管理上，欧盟设立

专门的管理机构，与成员国相应的代理机构共同实施项目。

例如，欧盟设立苏格拉底计划委员会和达芬奇计划委员会，通过这两个专门机构与成员国对应的派驻机构合作以共同管理高等教育领域的具体项目。在这一时期，欧盟教育政策鼓励和推动成员国教育决策最典型的例子是伊拉斯谟计划的实施使欧盟各成员国决定加大对学生交流经费的投入。例如，1987年，在伊拉斯谟计划第一期启动时，各国投入的总经费只有8000万欧元（1欧元＝7.6343元人民币），而1990—1994年，成员国投入的资金为192亿欧元，比原来增加了两倍多。到伊拉斯谟计划第二期时（2000—2006年），项目预算已达到185亿欧元，其中原欧洲共同体国家投入95亿欧元的预算中的75亿欧元用于对学生的资助。具体到每个学生的资助额度，一般全年不超过5000欧元，每月不超过500欧元，但不少于50欧元。资助额度根据交流国家的青年人数量、大学生数量和生活水平等若干因素计算，并留有一定余地。由于参加该计划的学生数量激增，欧盟对学生的资助距离500欧元的最高额度还有很大差距，因为从1991年到2001年，对学生每月的资助已从每月191欧元降到每月146欧元，削减幅度接近1/4，因此欧盟鼓励学生通过多种渠道包括向国家和学校申请资助，以更好地完成交流，而成员国也顺应学生的要求加大对学生资助的经费投入力度。受欧盟教育政策影响较大的国家首先是德国。20世纪90年代以后，统一后的德国对基础教育进行了改革。而改革的重要政策大多源于在1991年召开的文化教育部长联席会议上通过的关于德国文化、教育与科学的《霍恩海姆备忘录》（以下简称《备忘录》）。《备忘录》要求德国政府加大与欧盟国家的紧密联系以及与中东欧国家合作的力度，同时明确提出把关注《马约》对欧盟内部教育发展的规定作为各州文化教育部长联席会议的工作内容。因此，有学者认为，此次德国基础教育改革的政策体现出浓厚的"欧盟化"色彩。另外，欧盟职业教育政策推进了全欧洲范围内学徒制的改革。尤其到20世纪90年代后期，随着达芬奇计划的大力推行，许多成员国都把学徒制培训作为改革的主题，纷纷通过一系列举措来促进其改革或振兴。其中，意大利和葡萄牙提高了对学徒制的支持，并使学徒在学校与工作间的转换更加容易。而比利时特别推行了一个项目，使学校与企业建立合作伙伴关系，从而有利于实施工作场所的培训。

（二）跨国交流提升人力资源水平

从人力资源的开发和创造的角度来看，欧盟从20世纪80年代中期开始通过实施校企合作、学生流动等政策为社会培养各类人才，有力地提升了欧洲工业的竞争力。一方面，欧盟实施达芬奇计划实现通过职业教育与培训缓解就业压力、提升就业率的政策目标。1986—1990 年，欧盟（欧洲共同体）共设立 1300 多个企划项目，促成 125 个校企技术协作关系的建立，形成了促进成员国间协作的多媒体培训网络。1990—1994 年，欧洲议会决议拓展、强化了大学与企业界的培训合作关系，并采取多种举措进行跨国交流。例如，学生在本国以外的其他成员国学习 3～12 个月，已完成初级培训的学生在本国以外其他成员国的企业见习 6～24 个月，大学教师进入本国以外其他成员国的企业实践或公司员工进入其他成员国的大学研修 2～12 个月等。这些举措实行后取得了丰硕的成果，促成了欧洲范围内 200 余所大学、工厂职业培训伙伴关系的建立，组织了 4 万多次在校生、毕业生以及企业员工的跨国经验交流，开展了 1 万多次的先进技术培训课程，参加者约 25 万人次，培训教材种类增至 4500 种之多。这些活动为欧洲工业发展培养了大量人才且成效显著。另一方面，欧盟在落实人员流动政策中，通过伊拉斯谟计划使参与跨国交流和学习的学生人数迅速增加，为欧洲工业发展提供了关键的人才储备。据调查，在受该计划资助的学生中，父母的收入处于或低于平均水平的占 53%。这些学生出国留学的 7 个动机，一是学习外语，二是自身发展的机会，三是获得在国外学习的经历，四是增进对东道国的了解，五是扩大职业前景，六是旅行，七是脱离平常的环境。一位法国的研究者在对法国参加计划的学生的访谈中发现，学生最主要的动机是未来的职业目标、语言能力、适应能力和国际视野等。尽管参加流动的目的和动机各有不同，但在实际效果上，几乎所有参加项目的学生认为国外的学习经历使他们受益匪浅，5% 的学生认为在国外学习的效果要比在本国更好，66% 的学生认为加深了对东道国社会生活的了解，62% 的学生对学校能够提供这样的教育机会感到满意。因此，从总体上看，伊拉斯谟计划让学生更好地从学习转向工作，他们找工作的时间比没有流动的学生平均少花两个月。最引人注目的是，他们认为自己的职业能力在很多方面要比非流动学生强，他们也认为因自己的学习经历而比非流动学生在日后的工作中更有价值。有留学经历的学生毕业后收入比非流动学生收入要多 10%。这些无疑是欧洲工业发展和社会发展重要的人力资源。

（三）提升了欧洲高等教育的国际影响力

从 20 世纪 70 年代开始，美国和日本据其雄厚的经济基础，在教育领域也取得了举世瞩目的成就，尤其是高等教育的水平在整体上已超过现代大学的发源地——欧洲。面对来自美、日和澳大利亚等教育强国在高等教育产业化过程中取得的骄人成绩，欧洲也开始对高等教育进行反思和改革。20世纪80年代中期以后，欧盟（欧洲共同体）积极推行高等教育跨国合作及流动政策，使整个欧洲的高等教育在国际上的影响得到明显提升。从20世纪80年代中期开始，许多高校都被纳入伊拉斯谟计划的资助范围之内。这使整个欧洲的高等院校普遍认为，国际合作可提高院校的学术质量和扩大院校的研究规模，也可吸引更多的留学生。因此，大多数院校都把国际合作纳入自己的发展计划。例如，在组织管理上，几乎每所大学都有相当规模的国际学生，学校里开办了为外国学生和教师提供咨询服务的机构及外语学习中心。在课程设置上，学校开设更多的国际化课程，并越来越多地使用外语进行常规教学。随着使用外语的机会增多，对留学生的吸引力也越来越大。另外，伊拉斯谟计划也给各国的高校和师生带来更大的自由。为减少国家的某些干预和影响，高校和师生可通过申请国际组织的资金支持或院校间的协议，采取跨国合作与交流的形式进行科研和学习活动，使学术得到繁荣的同时更加密切了各国高校间的关系，从而推动整个欧洲高等教育的国际化进程，提升了整个欧洲高等教育的国际影响力。

截至20世纪80年代末，部分欧洲国家非本地大学生所占比例超过5%，他们绝大部分来自发展中国家，通过伊拉斯谟计划，他们可以获得学位。大量欧洲工业化国家的学生则出国做短期交流学习，然后回国完成他们的学业。值得一提的是，在20世纪90年代经济全球化趋势渐强的特殊背景下，欧盟相信伊拉斯谟计划所倡导的跨国流动和合作的理念不应只局限于欧盟成员国之间，而应扩展至欧盟以外的国家和地区。因此，在伊拉斯谟计划的经验基础之上制定了三项全球"扩散"战略：第一，加强在20世纪80年代末已开展的哥伦布计划，建立欧洲与拉丁美洲国家的高校交流合作；第二，推出田普斯计划，对中东欧国家实行教育改革和经济发展提供援助；第三，联合美国、加拿大、日本、南非等发达国家协作发展高等教育。其中，田普斯计划及其后续计划的相继落实，使与欧盟进行高等教育合作的区域由最初的周边几个国家扩展到覆盖巴尔干西部及东欧、中亚、北非和中东等广大地区，整个欧洲高等教育的国际影响力也随之显著提升。

（四）改变了欧洲大学校际合作的管理模式

20世纪80年代中期，随着伊拉斯谟计划的实施，欧洲范围内大学校际合作的管理模式也大为改观，由原来的部门层面管理模式调整为机构层面管理模式。也就是说，之前计划实施获得的资金由欧盟提供给负责"大学内部合作项目"的某个行政部门，这个部门再根据学生、教师的流动情况以及课程开发等情况将资金分配给具体的实施单位。而调整之后，这些资金直接由具体承担计划项目的教育研究机构或中心管理。伊拉斯谟计划要求申请项目资助的单位必须是具体的教学机构或中心，而且教学机构或中心必须和欧盟层面的计划管理部门签订为期3年的"机构合同"。这成为该时期伊拉斯谟计划实施的一个重大创新，它彻底改变了之前大学校际合作项目的管理模式。流动性项目并不仅仅是为促进师生和其他教育工作者到国外进行访问留学，更是一个在教育系统内促进"欧洲维度"的实现的最重要的途径之一。

（五）强化了欧洲身份认同

20世纪80年代中后期，欧盟在教育领域开始重点关注"欧洲认同"，因此提出了"欧洲维度的教育"的政策目标。在具体的教育项目和计划中更是将这一目标融入其中，强调从课程设置、内容选择以及教学语言确定等方面加强欧洲意识。同样以伊拉斯谟计划为例，在该计划实施过程中，校际课程合作开发受到欧盟的极大重视。其中"欧洲模块课程"与"整合式语言课程"两个课程体系集中体现了欧洲高等教育的"欧洲维度"，在实际效果上增强了大学生的欧洲认同意识，这可从课程的具体内容上得到证明。根据苏格拉底计划的总体要求，"欧洲模块课程"按内容可分为三种类型：第一种类型是国家性课程，主要对各成员国的社会发展、历史变迁、文化结构、政治体制、经济结构等方面进行描述和介绍，以加强学生对欧盟成员国的全面了解；第二种类型是超国家性课程，着重对欧洲一体化的各领域，如欧盟机构组织、欧盟经济状况、欧盟发展目标、欧洲公民、欧盟与其他国际或区域组织的关系等方面进行介绍，帮助学生获得对欧盟的一种全面认识，进而使其认可和支持欧盟作为欧洲一体化的领导组织；第三种类型是专题合作课程，即在成员国之间就共同关心的话题或问题进行合作探究。实际上，这三种类型的课程始终贯穿欧洲层面的交流与合作，因为任何一种类型的课程都至少需要三个以上的国家的教学人员参加课程的前期开发，而在课程实施过程中也必须有跨国的合作，包括不同国家之间通过网络相互开放教育资源、互派教师或交换生等。"整合式语言课程"由两大模块组成：一是学科语言模块，主要针对不同学科学位的申请而设立；二是普通语言模块，主要是为各学科学生提供选修的、新的、普通的语言。

欧洲认同是欧盟在领导和发展欧洲一体化进程中逐步强化的一个重要观念，因为除了在经济上的共同目标之外，更能加强欧洲凝聚力和向心力的是欧洲身份认同。因此，20世纪80年代中期到20世纪末，在经济一体化取得重大进展的背景下，欧盟将深化欧洲一体化的力量源泉寄托于欧洲身份认同就成为一种理性选择。

从上述关于"欧洲模块课程"与"整合式语言课程"的初步分析中可以看到，欧盟在教育领域采取的所谓"欧洲维度的教育"的政策和措施已取得明显的成效，大规模、全方位的教育交流活动在客观上使欧洲身份认同得到无形的强化。就历史进程来看，从 20 世纪 80 年代中期开始，特别是 20 世纪 90 年代经济联盟和货币联盟建成之后，欧盟将合作行动的范围向教育领域进一步拓展。

第三节　欧盟教育政策的整合与完善

20 世纪晚期，欧盟教育政策在政治、经济等宏观领域取得了实质性的成效，同时在微观领域也对学校、学生、教师的发展产生了积极影响。21 世纪以来新的国际政治关系、经济形势以及欧盟内部出现的各种问题和困境使欧盟教育政策不得不进行深刻的反思和变革，而终身学习的理念与实践表明，它是欧盟实现教育治理长久目标的有效手段。

1991 年，欧洲共同体各成员国首脑在荷兰马斯特里赫特签署了《欧洲联盟条约》，使欧洲共同体从以往的经济联盟正式走向了政治与社会联盟，并开创了欧盟教育政策发展的新纪元。从此，教育作为欧盟责任的合法领域正式得到认可，成为欧盟的责任领域之一。《欧洲联盟条约》不仅在教育与培训方面较之过去的《罗马条约》有很大的拓展，而且将职业培训划为独立的条款，并明确规定了欧盟教育行动的基本目标。此外，《欧洲联盟条约》还提出了欧盟教育合作与交流的核心原则——辅助原则。1994 年，欧盟提出了专门的职业培训行动计划——达芬奇计划，通过跨国合作的方式提高职业培训的质量，促进职业培训的革新，支持职业培训制度和实践方面的"欧洲维度"。之后，欧盟又运用整合战略将伊拉斯谟计划和其他各种教育交流与合作计划进行重组，推出了综合性的苏格拉底计划，加强各教育计划之间的统筹与协调，提高各教育计划的整体效益。欧盟将 1996 年定为"欧洲终身学习年"，期望通过终身学习，促进个体的发展，激发个体的主动性，使之尽快融入工作与社会，参与民主社会的决策过程，适应经济、技术与社会的变革。欧盟就教育与培训体系的未来目标拟定了一个详尽的工作计划，并通过成员国之间"开放的协调方式"加以实施。

一、欧盟教育政策整合与完善时期的社会背景

经过 20 世纪末的不懈努力，欧盟教育政策在政治、经济等宏观领域已经取得了实质性的进展，同时在微观领域对学校、学生、教师的发展产生了积极影响。而 21 世纪以来新的国际政治关系、经济形势以及欧盟内部出现的各种问题和困境使欧盟教育政策不得不进行深刻的反思和变革，而终身学习的理念与实践表明，它是欧盟实现教育治理长久目标的有效手段。

（一）新的政治格局

进入 21 世纪，世界政治格局和经济形势发生了重大变化，一种新的政治格局和经济秩序基本形成，即"一超多极"（"一超"指美国，"多极"指中、俄、欧盟等国家或区域）。在这样一种基本的政治格局之下，大国之间的关系逐渐朝多元化方向发展，世界政治形势呈现出鲜明的特点。一方面，维护和平、共同发展成为不可阻挡的历史潮流。国际力量日益朝着有利于维护世界和平的方向发展，经济全球化与区域性合作出现高潮。另一方面，多极化趋势日益明显，世界各国极力发展经济，增强自身实力和影响力，提升自己的国际地位。此外，以联合国为主的全球性、区域性组织的作用不断加强。总体而言，21 世纪以来国际大国关系正在进行深刻调整。各国围绕国家利益、国际战略，根据力量对比的变化以及国内政治的变化对国家关系进行深刻调整。虽然矛盾仍然存在，但在世界各国和平发展的大环境下，搁置争议，在曲折中发展经济，进行政治外交已成为权宜之计。

尽管如此，当前世界政治形势仍然存在一些问题，霸权主义、强权政治、单边主义依旧存在，恐怖主义带来的安全威胁仍在蔓延，民族、宗教矛盾和边界、领土争端引发的局部战争时有发生，南北差距进一步扩大……在这样一些问题上，可以看到当前世界政治发展的一些走向：第一，文明冲突因素上升。民族、种族、部族、宗教、文化、教育、地域、历史传统、民族性格这些"软因素"将取代以往军事、经济等"硬因素"在国际政治和国际关系中所起的决定性作用，文明上的共性将成为各国合作的理由和基础。第二，超级大国将逐步被多级格局取代。发端于美国的金融危机以及欧盟"金砖五国"的迅速崛起等众多信号表明，美国是唯一超级大国的时代行将终结，多级格局日渐显露。

（二）不断发展的知识经济

21 世纪以来，世界在快速发展之后遭遇了前所未有的经济危机，其未来发展还存在许多不确定因素。但从经济的基本形态来看，知识经济已成为主流，

整个世界的经济发展呈现以下鲜明特征：第一，全球性的科技竞赛推动科技的高速发展，尤其是以信息技术为主导的高新技术发展日趋高速化、综合化、深入化，推动世界经济迈入知识经济发展的更高阶段。第二，21世纪国际金融一体化进程加快，世界金融业将掀起新一轮的兼并和联合浪潮。一方面增进资源在全球范围内的合理配置，另一方面其不稳定性和风险性也日益突出。第三，国际经济组织在世界经济事务中的作用日益提升，国家主权受到超国家机构的限制也日益加深，因此改革世界经济秩序的呼声重新高涨。第四，区域一体化、集团化趋势更加明显。第五，跨国公司日益成为世界生产的主要组织者，跨国公司组织的国际化生产大大加强。第六，国际贸易和跨国直接投资迅猛发展。第七，可持续发展越来越得到世界各国的认可和重视。面对这样一种全新的复杂环境，欧盟既要努力争取和保证其国际影响力，又要领导欧洲走向可持续发展，这就使欧盟必须加强包括教育在内的各基础领域的建设和发展。因此，完善致力于教育发展的教育政策也必将成为欧盟进一步拓展和深化其教育影响并最终走向全面治理的最佳实现途径。

（三）复杂的内部危机

世纪之交，随着经济目标的基本实现，欧盟在推进一体化的道路上开始将重心转向更为艰难的政治及社会领域的一体化的实质性推进。对此，人们既充满期待又深感忧虑，因为21世纪以来，整个欧洲乃至世界的政治、经济和社会等大环境已有很大不同，各种困难和危机接踵而至。

首先是金融危机。进入21世纪之后，由于信息技术产业泡沫的产生，欧洲减少了对美国的投资，而是将投资重心转向了本地市场。特别是在确定了2004年入盟的10个中东欧国家后，欧洲发达国家开始加大对这些国家的直接投资力度。这在加强欧洲经济的内部联系、增强欧盟整体经济实力的同时也降低了欧盟抵御经济危机的能力。随着包括波罗的海三国在内的12个中东欧国家在2004年和2007年的相继入盟，欧盟在地理范围空前扩大、政治影响力迅速提高之后却面临更多经济和文化上的危机和挑战。经济发展水平上的巨大差异和原有意识形态上的惯性影响使新加入欧盟的中东欧国家和原有欧盟成员国之间始终不能够很好地融合，欧盟要真正实现一种泛欧洲治理显然会遭遇重重困难。内部经济发展的不平衡性加上外部由美国次贷危机引发的全球性金融危机的巨大冲击，使整个欧洲经济复苏缓慢，并集中表现为实体经济下滑背景下的东欧外债危机。尽管金融危机并没有直接导致欧盟在教育经费上的紧缩，但是进一步加深了欧盟的危机意识以及由此带来的认同焦虑，即如何通过加强欧盟在欧洲的认同，尤其是政治认同，以便其更好地领导欧洲冲破金融危机并走向欧洲的全面复兴。而要提高欧盟自身的政治支持度在很大程度上需借助教育这一手段，因此，欧盟在教育政策上进行了相应的调整和完善。

其次是欧盟在政治一体化道路上所遭遇的挫折和将要面临的危机。有人认为，在经历了几十年的一体化后，欧洲人猛然发现，他们离"欧洲合众国"的理想不是越来越近，而是更加遥远了。随着中东欧国家的成功入盟，新与老、大与小、穷国与富国之间的矛盾更为突出，欧盟各国民众的"欧洲认同感"明显弱化。为了实现欧洲一体化的远大目标，欧盟不得不就这些政治危机做出相应的政策调整和准备。

（四）落实行动的终身学习理念

到 20 世纪末，世界上许多国家已将终身教育思想作为国家教育制度改革的一个重要的指导思想，建立了正规教育和非正规教育相联系、学校教育和社会教育相结合的，包括从幼儿教育到高等教育的终身教育体系。进入 21 世纪以后，随着人们对终身教育的理解和认同日益加深，"终身教育"这一概念逐步被"终身学习"的概念所取代，因为后者无论是在行为主体的主动与被动关系上，还是在教育或学习内容的范围上都是对前者的超越和拓展。

20 世纪 90 年代，欧盟开始在教育领域大力倡导终身学习理念，并相继制定和出台了多项政策对该理念进行完善。欧盟对教育、培训、就业以及与之相关的社会领域和机构的已有资源进行有机整合，建立了一个全面、系统、综合的终身学习政策体系。自此，欧盟在终身学习的实践方面取得了实质性的进展。作为信息时代、学习社会的产物，终身学习理念改变了人们对教育的认识，体现了现代教育的基本特征，其对世界教育的发展产生了深远影响。

终身学习理念当之无愧地成为 21 世纪最重要的教育思潮，并将伴随这一时代进程为知识经济的发展提供源源不断的动力和支持。为了实现"知识欧洲"的伟大梦想，终身学习将继续引领 21 世纪欧洲教育的发展方向，成为欧盟教育政策制定和实施的重要指导思想和实践内容。

二、欧盟教育政策整合与完善时期的政策特征

21 世纪以来，经济全球化加速发展，世界形成新的政治格局，而欧洲内部政治形势变幻莫测，经济低增长率、高失业率持续。面对内外部新的形势变化和挑战，欧盟把教育和培训作为其中长期发展战略的优先和重点领域之一，并将教育与培训政策的总体目标确定为推进欧洲迈向一个知识化、学习化和有凝聚力的社会。从目前欧盟教育政策的内容、实施过程及成效来看，其教育政策已初步获得政策的"刚性"特征，并在三方面具体呈现出来，即政策目标欧洲化、政策内容综合化和政策实施强势化。

（一）政策目标欧洲化

从20世纪80年代开始，欧盟教育政策的价值目标开始向"欧洲认同"转移，但当时更多是出于政治一体化的需求。进入20世纪90年代以后，这种价值转向以"欧洲维度的教育"这一概念的逐步深化和在教育实践中的运行得以延续和加强。但是，进入21世纪以后，尤其是2008年的金融危机对欧洲经济产生的影响，欧盟在欧洲治理的思路和目标上不得不再次调整和重新安排。欧盟清醒地意识到，其要在短期内实现经济、政治、文化等领域的欧洲一体化似乎困难重重，成功的可能性不大。因此，选择更为弹性、包容和长效的政策措施就成为欧盟决策者的必然选择。

除了制定和实施综合、全面、立体的终身学习政策，以一种渐进的方式实践和推进"欧洲统一"的长远目标外，欧盟更是通过一项特殊的政策来加强"欧洲意识"或"欧洲认同"，这就是以欧洲共同体缔造者让·莫内名字命名的莫内计划，其政策寓意显而易见。首先，从莫内计划的政策目标及主要实施途径可以看出明确的欧洲化特征。莫内计划发起于1989年，覆盖五大洲72个国家，其目的是通过设立教授席位，组建卓越中心、优秀团队、信息及研究实验中心，支持欧洲一体化研究领域的教授和学者的学术交流与合作等途径，鼓励世界范围内的教学、研究以及对欧洲高等教育一体化的反思。莫内计划的评审除了申报者的学术成就之外，还需要一个严密、独立的同行评价，而在实施过程中则严格遵循学术自治和学术自由的原则。其次，莫内计划资助的主要机构也反映了该计划的"欧洲"倾向，因为目前莫内计划主要资助的6个学术机构都立足于欧洲，服务于欧洲。值得一提的是，莫内计划还支持欧洲范围内活跃的教育及培训机构以及几个成员国内部的欧洲统一协会，每年还为这些机构或协会的选举提供建议。最后，莫内计划还十分重视高水平的政策反思，积极为有关欧洲融合中的政治问题（包括欧盟在民族与文化对话中的作用）的学术讨论提供交流平台。这样一种对有关欧洲政治问题的关注使莫内计划的"欧洲化"特征显露无遗。欧盟负责教育与文化的官员通过莫内会议、莫内主题小组等机构组织这种反思活动。其中莫内会议允许政策制定者从学术反思中获取有利建议，鼓励学术界、决策者和社会民众之间的互动。莫内主题小组成员来自莫内教授席位的获得者和其他知识分子，其主要活动是与欧盟官员和欧洲议会议员就共同感兴趣的政治话题进行商讨。通过莫内计划可以看到，21 世纪以来欧盟层面的教育政策在价值取向上更加明确，即欧洲化，但手段上更加弹性、灵活。

（二）政策内容综合化

21 世纪以来，欧盟教育政策的各种变化及表现总体呈现出政策范围上和内容上的综合化。这种综合化特征主要通过制订和实施终身学习计划表现出来。欧盟将 1996 年确定为"欧洲终身学习年"，并在 1996 年年底将终身学习确立为教育发展的基本战略，明确提出推行终身学习的基本原则，为欧盟终身学习政策在 21 世纪的进一步细化和完善建构了一个框架性的行动方案。自此，整个欧盟教育活动的开展与实施开始打破原来各教育阶段、教育类型相互独立、相互隔离的局面，迈向以终身学习理念为核心和主线的、以综合计划框架为实施方案的发展新阶段。从 2000 年开始，欧盟教育实践的重点是实行综合性的终身学习中长期行动计划。通过这些计划，欧盟进一步鼓励和资助成员国参与到各种类型的教育实践活动中，进而实现建构和完善不同形态的终身学习机制、开发和拓展各种可能的学习资源和方式的长远目标。

2000 年，欧盟在对前期的苏格拉底计划和达芬奇计划执行效果改进和调整的基础上，开始实施为期六年（2000—2006 年）的第一阶段的教育培训综合计划。在强调普通教育和职业教育两大领域的整体发展的前提下，该综合计划还特别强调对新型信息技术的应用。欧盟认为，一个连贯的、综合的终身学习战略应当具有四个基本特征：第一，终身学习应被视为一个综合概念，包含各种形式和水平的教育与培训；第二，终身学习战略应当是一个包括战略目标、优先领域和资源分配等要素的教育与培训整体框架，而且这些方面的确定都应当有据可依；第三，终身学习战略应包括灵活的学习途径和体制，应使各种水平的教育与培训衔接一致；第四，终身学习战略应得到所有利益相关者（包括国家、地区政策制定者、社会合作者、学习者和公民社会代表）的支持与参与。

2007 年，欧盟开始实施第二阶段的终身学习综合计划。该综合计划的具体目标可概括为以下十个方面：一是提高终身学习质量，促进欧洲范围内的终身学习领域的教育和培训体系的绩效和创新；二是促进欧盟社会实现终身学习；三是提高欧盟成员国终身学习的质量和吸引力；四是提高终身学习在促进社会融合、文化对话、性别平等和个人发展等方面的作用；五是帮助学习者提高创新、竞争和就业能力；六是促进各年龄阶段、不同社会背景和处境的人群参与终身学习；七是促进语言学习和语言的多样性；八是支持基于信息通信技术的终身学习内容、服务和教学实践等的开发和利用；九是促进欧洲社会所有教育和培训部门在质量保障方面的合作；十是鼓励以提高教育和培训质量为目标的终身学习计划内的各层次的教育交流与合作。

事实上，综合计划已成为一个覆盖从婴儿到老年的所有学习活动的总体性框架计划，实现了从学校教育到社会从业人员培训的各领域、各层次教育的整合，促进了欧盟范围内教育与培训的沟通与衔接。借此综合计划，欧盟试图把欧洲建设成全球范围内最具影响力的教育和培训中心。具体来看，该综合计划主要由四个独立的部门计划和一个横向计划组成。欧盟发布的报告对这个总体框架进行了详细的介绍和描述。这四个独立的部门计划分别是基础教育阶段的夸美纽斯计划、高等教育阶段的伊拉斯谟计划、职业教育与培训领域的达芬奇计划和成人教育领域的格兰特威格计划。为了确保这四大支柱性计划能够获得最优的成效，欧盟还设计了一个横向计划，通过创新和分享先进的政策实践，克服语言障碍，学习最新的信息通信技术，推广及实践各个计划的实施结果来确保四个支柱性计划的有效推进。

20世纪90年代末以来，欧盟始终将教育一体化作为其欧洲一体化总体目标的一个重要内容。但事实上，欧洲各国教育和培训体制仍存有较大差异，尤其在学习成效的评价上很难有一个统一的标准。为了进一步推进和完善新一阶段的终身学习，欧盟从高等教育和职业教育中的学分互认和转换体系中得到启示，决定制定一个更为广泛、综合和统一的学习成效评价标准，以促进各类学习之间的转换和各种资格方面的认可，从而更加有利于劳动者和学习者的跨国流动。

2008年4月，欧盟出台《欧洲终身学习资格框架》，其目的是建立一个欧洲范围内的教育与培训衔接的综合和统一的评价标准。该框架涵盖教育与培训的各个层级和领域，从实际知识、技术和能力水平三个维度对学习成果进行评定。为了充分发挥资格框架的积极作用，欧盟对各成员国、社会伙伴和其他利益相关者提出了具体的建议和行动目标。第一，在自愿的基础上广泛使用《欧洲终身学习资格框架》；第二，各成员国必须建立质量保证机制，以确保通过高等教育或职业教育与培训而获取的资格确实能够达到《欧洲终身学习资格框架》相应等级的标准，从而进一步增进不同国家间的互信。欧盟第二阶段的终身学习综合计划形成了一个具有融合性、综合性且有强大经费支撑的庞大行动规划，它必将有力地促进欧洲教育的一体化发展。

总体来看，21世纪以来，欧盟通过密集出台多项教育政策，实施以苏格拉底计划和达芬奇计划为主体，涵盖教育各领域的综合计划对欧盟成员国超国家层面、国家层面以及国家内部多层教育领域展开了一种软性治理，并取得了显著成效。

（三）政策实施强势化

欧盟教育政策在不同历史阶段的本质状态和特征经历了变化的历程，这也从一定程度上反映了欧盟教育政策在其整个政策体系中的功能变化，即从早期的经济政策的"附属"，演变为实现经济发展、政治一体化的重要手段，再到今天成为欧盟实现其多元化目标的核心支柱。可以说，21世纪以来，欧盟教育政策已经从"边缘"走向了"中心"。这种"中心"地位实际上反映了教育政策本质特征的外显和强势，这可以从21世纪以来欧盟发布的一些重要政策文件的内容上得到印证。

20世纪90年代中后期，在欧盟内部已形成一种普遍共识，在以知识生产和创新为核心动力的世界经济发展大潮中，最终决定国家或地区整体竞争力强弱的核心要素是该国或地区教育发展水平的高低。而最能反映教育发展水平的指标是教育和培训体系的成熟和完善程度。但有人认为，欧洲一体化的进程在强调经济和政治之时，更为广泛的社会政策和教育发展却没有得到应有的重视，这被认为是欧洲一体化进程中的最大失误。21世纪以后，随着知识经济发展的需求以及终身学习理念和实践的逐步深入人心，尤其是通过加强教育与培训领域的政策体系建设，这种失误得到纠正。面对失业率持续攀升并成为一个严重影响欧洲社会稳定和发展的障碍的现实，欧盟清醒地意识到教育及培训体系必须要适应并能够满足知识社会的发展需求，以及提升就业水平和质量的双重需求。成员国必须在提高教育质量和效益、扩大全民受教育机会、向世界开放欧盟教育三方面采取具体行动。这对于欧盟教育政策的发展无疑是一种有力的促进，它让成员国意识到了教育合作的必要性和紧迫性。这也在一定程度上反映了欧盟教育政策的实施逐步走向强势化。

通过对有关教育与培训政策的出台背景的了解以及政策目标和内容的梳理可以看到，21世纪以后欧盟从意识和行动上都加强了对教育的重视，尤其在教育政策的执行方面相比前一时期显得更加明确和强硬。但由于欧盟在教育方面的权限始终没能超出"鼓励、协调和补充"的范围，这种政策实施的强制性仍然不是特别突出，只能是一种趋势，并将随着欧盟政治一体化的深入而不断显现出来。

三、欧盟教育政策整合与完善时期的影响

进入 21 世纪以后，欧盟对前一阶段各种教育计划和项目进行了大范围的整合，这是 21 世纪以来欧盟围绕"欧洲维度的教育"整合教育资源，建构"知识欧洲"进行教育治理的具体体现。欧盟教育政策主要具有导向、协调和整合三种功能，其服务对象具有双重性，既要为欧盟成员国服务，又要为超国家实体——欧盟服务。作为一种新型政治经济实体的教育政策，其功能的发挥都是在两个层面上同时展开的。但从政策产生的影响来看，欧盟教育政策已经直接或间接渗透到了欧盟、欧盟成员国、欧洲乃至世界范围内的所有教育活动之中。这里主要从国际区域教育合作和欧盟成员国两个维度对 21 世纪以来欧盟教育政策的影响进行概括和阐述。

（一）引领国际区域教育合作的理念与实践

随着经济全球化进程的加快，各国之间的教育交流与合作增多，由于便利的地理位置，区域内各国之间逐渐形成特色的教育交往，区域教育合作成为新世纪世界教育发展的一个显著特征。而欧盟作为目前世界上发展最成熟的区域联盟，其教育政策在教育的区域合作与交流方面显然也具有了很强的示范效应，其理念与实践成为其他区域教育合作借鉴和参照的对象。

在理念上，欧盟教育政策向世界区域教育合作呈现了一种全新的合作意识。欧盟教育合作提示成员国参与教育合作者可以更多地寻求动态收益和非经济收益的动因，各成员国之间的非教育领域的共同利益将会进一步增加。因此，在经济全球化背景下，欧盟从政策层面倡导成员国开放各自的教育和培训体系，通过成员国之间的合作以及欧盟与其他地区的合作，促进师生交流和人才流动，鼓励学校之间的合作，培养兼具欧洲意识、国际视野和竞争力的新型人才。同时，欧盟还努力提升欧洲教育引力，使其成为全球优质教育中心。为了实现这样的政策目标，欧盟发起并大力推动两大教育培训进程——博洛尼亚进程和哥本哈根进程。前者旨在整合欧洲高等教育资源，通过学历和学分互认促进人才流动，最终建成欧洲高等教育区和欧洲研究区，从整体上提升欧洲高等教育国际竞争力和吸引力，从而使整个欧洲在科研和教育经济产业领域获得双赢。后者旨在完善和发展独具欧洲特色的职业教育与培训体系，通过提高职业资格的可信度、开展职业资格认证、强化质量保障等措施将欧洲职业教育与培训体系发展成为世界职业教育的质量参照体系。这样的理念在实践中已经取得明显成效。

欧盟于 2004 年发起伊拉斯谟计划，在高等教育和高等职业教育领域中促进欧洲国家之间的学生和教师流动，同时不断扩大国际合作范围并加大投入力

度，以提高欧洲高等教育的质量和竞争力，扩大欧洲高等教育在世界上的影响力。2010年，伊拉斯谟计划将埃及、阿根廷和我国新增为独立项目区。2010年对我国的预算总额达2600万欧元，提供875个奖学金名额，尤其鼓励欧洲大学加大与我国中西部大学的合作力度，并且根据我国经济和社会发展的实际需要，重点资助农业科学、建筑城市与区域规划、商业与管理学、教育与师资培训、工程与技术、地理地质、法律、医学、自然科学、社会科学等领域的合作。

在实践上，欧盟教育政策经过多年的计划组织和实施为国际区域教育合作提供了许多切实有效的经验，其中影响最大的莫过于其政策实施过程中形成的一套完整的合作机制。

第一，这套完整并行之有效的教育合作机制要求有明确的合作目标。比如，欧盟教育委员会将欧盟教育合作的目的明确表述为：促进对欧洲的了解，在不同领域和范围，如教育和培训等方面分析和解决一些边缘领域的问题，建立一个欧盟的平台，为各类人员提供参加工作的知识和技能。博洛尼亚进程明确提出其目标是：提高欧洲高等教育的竞争力和吸引力，建立欧洲高等教育区，确立高等教育体系的共同发展框架，促进高等教育学术人员的流动，建立统一的两级学位制度结构框架。在具体的项目和行动计划中，欧盟也十分注重目标的明确。如伊拉斯谟计划明确提出其合作目的是提高欧洲高等教育质量。

第二，教育合作机制要求设立专门的合作机构。除了最高决策机构之外，在教育政策和教育计划的实施过程中欧盟还设置了特定的合作平台。这些合作平台主要包括合作网站和合作基地。比如，由欧洲信息部主持的欧洲教育信息网，其职能就是对欧盟及成员国的教育活动进行调查和观察，通过收集、管理和发布相关数据向人们提供最新的教育资讯。要实现专门合作机构职能的有效发挥还需要一定的制度保障。因此，欧盟还制定了一系列的合作制度。经过多年的运行与磨合，主要形成了欧盟、成员国和学校三个层面的教育合作制度。在欧盟层面有政府首脑会议、部长理事会等不同层次、不同阶段的会议和年度会晤机制、教育合作磋商机制等，定期研究教育合作中的重大决策问题。在成员国层面有执行规则，根据成员国的规定和任务制定适合本国的计划运行框架和具体的资助办法以及相应的职责分解落实等。在学校层面则有具体的合作制度，如学校校长会议制度、学校委托人制度等。

第三，教育合作机制要求设计合理的合作计划。欧盟在促进欧洲社会国际化和文化多元化，推进欧洲教育一体化方面最重要和最全面的教育计划是苏格拉底计划和达芬奇计划，通过这两个计划的实施，欧盟教育政策开始走向教育的全面治理阶段。

第四，教育合作机制要求采取多元的合作方式，建立具有权威性的合作协调机构。这是欧盟教育合作最有特色的地方。欧盟在实施教育计划的过程中不仅将常见的学习考察作为主要的合作方式，还在教育合作中融入境外消费、商业存在、跨境支付和自然人流动等。同时，欧盟教育合作实践表明，推进区域教育合作需要一个由各成员国共同组成的独立协调的组织机构。机构主要职能包括研究和制定区域教育合作政策、组织协商以及仲裁纠纷等。

（二）全面融入成员国的教育活动中

进入 21 世纪以后，随着终身学习政策的不断推行，欧盟教育政策已经全面融入各成员国的教育活动中。

职业教育与培训始终是欧盟教育政策的核心内容，因其最完善和最成熟，对成员国产生的影响也最大。尤其进入 21 世纪以后，欧盟与成员国之间展开了新一轮的合作，制定里斯本战略，并启动了专门针对职业教育与培训的哥本哈根进程。在此过程中，欧盟在辅助性原则和排除同一性原则的约束下，以政策作为基本工具和手段对成员国施加影响。比如，为了提高职业教育与培训的吸引力，奥地利、比利时（荷兰语区）、匈牙利、爱沙尼亚、希腊、西班牙、卢森堡、意大利、拉脱维亚、波兰、葡萄牙、斯洛文尼亚、土耳其等国家进行了职业教育与培训的模块化改革。为了使职业教育与培训和高等教育有效衔接，挪威设立了专门的衔接课程，使完成了高中阶段职业教育与培训的学生能够进入高等学校学习。希腊的新职高将普通教育与职业教育结合，使毕业生能像普通高中毕业生一样参加国家高等教育入学考试，并将所有的高等教育机构纳入选择范围。2008 年欧盟联合报告指出，奥地利、德国、丹麦、芬兰、爱尔兰、瑞典和挪威已经建立了欧盟政策要求的综合性职业教育与培训质量保障制度。

为了推进终身学习理念的发展，欧盟发起了一系列促进终身学习的计划和项目，其中许多体现了成人教育的内容，如苏格拉底计划、达芬奇计划、欧洲就业战略、欧洲社会基金等。从国家层面来看，欧盟各成员国积极响应欧盟的各项成人教育政策并结合本国实际制定或修订了许多促进成人教育发展的法律和计划，如英国启动了针对成人基础教育的生活技能计划等。奥地利、匈牙利、比利时、英国、德国、西班牙、丹麦、罗马尼亚、芬兰等20多个国家相继举办"成人学习周"的活动以响应欧盟"提升成人学习的意识和热情，促进成人教育的发展，实现全民终身学习的理想"的政策性建议。

在高等教育领域，随着伊拉斯谟计划的顺利推进，欧盟绝大部分成员国已经从欧盟教育计划中直接受益。为了响应欧盟开放高等教育促进终身学习的政策，英国设立准学士学位，通过灵活的、以工作为核心的、以需求为向导的、与雇主密切合作的、紧紧围绕地方经济社会发展需求的课程满足非传统学习者进入高等教育机构学习的需求。按照博洛尼亚进程有关高等教育质量保障体系框架，意大利根据本国实际和国际化的需求改革高等教育的学位体系，同时引入欧洲学分转换体系，建立高等教育质量保障体系。芬兰政府对传统学位制度进行大刀阔斧的改革，采用通行的本科生与研究生双层学位制度。另外，德国、瑞士、瑞典三国也从三个方面执行欧盟的高等教育政策：一是国际化办学取向，明确发展定位；二是重视吸引优秀拔尖人才；三是增强大学校长联席会的作用。

在基础教育领域，欧盟主要通过夸美纽斯计划来实现其政策目标，该计划也被称作学校教育计划，覆盖幼儿园、初等学校和中等学校，主要涉及教师、教育工作人员、学生以及校外组织，如家长协会、非官方组织、地方权力机构、商会、社会合作者等，其主要目标群体是 14 ～ 19 岁的学生和经验丰富的学科教师。夸美纽斯计划尤其关注"学生核心能力的培养"这一政策目标。围绕这一目标，各成员国也采取了相应的政策和措施。比如，在母语能力方面，葡萄牙制订了国家语文行动计划，目的在于采取一系列协调措施，确保每一个葡萄牙人读、写水平能够满足社会生活方面的需求。在外语能力方面，所有国家都认为外语学习具有强制性，但外语学习的种类和年限要求各异。其中，比利时(荷兰语区)、德国、冰岛、卢森堡、荷兰、波兰、罗马尼亚、斯洛文尼亚在义务教育阶段提供三门外语课程。在信息通信能力方面，约 1/4 的欧盟国家在小学课程中开设信息通信课程，挪威甚至在学前阶段就加入了信息通信能力培养的早期教育。

第三章 欧盟教育政策的基本原则、理论基础和影响因素

欧盟是最大的超国家实体，在整个世界政治、经济发展中扮演着重要角色。对欧盟教育政策的基本原则、理论基础和影响因素进行了解和研究，可以获得对欧盟教育政策发展的一种整体性认识。这不仅对其他区域组织发展区域内教育具有直接的借鉴意义，同时对我国这样一个极具地域多样性和发展不平衡性的国家内部教育的发展也具有重要的参考价值。本章主要内容包括欧盟教育政策的基本原则、理论基础和影响因素。

第一节 欧盟教育政策的基本原则

目前，在国际教育现代化和欧洲一体化的大背景下，制定出符合时宜的教育政策并保证其体现公正性、公平性、有效性和科学性，无疑是一个重要的课题。准确把握教育政策的制定原则，是提高教育政策运行效率，推动教育政策不断得到创新与完善，最大限度地发挥教育政策的积极作用的先决条件。欧盟教育政策的制定需要遵循以下原则。

一、公平与效率并重的原则

（一）公平、效率与社会和谐

欧盟始终强调教育的双重功能，即经济功能与社会功能。教育对于发挥每个国家的优势潜能，体现其创新与竞争力具有决定性的意义。同时，教育也是欧洲社会维度的一个重要组成部分。

欧盟教育的公平是指，个体能够在教育方面得到包括机会、途径、被对待的方式以及结果的公平。确保教育的公平性意味着教育的成果与效益应独立于

社会经济背景和其他可能对教育产生不利影响的因素之外。此外，教育应满足不同群体的个性化学习需求，因为性别、种族等差别所引发的不平等将影响社会的包容与和谐的环境。

效率是在一个过程中投入与产出之比。高效率的系统应是一定的投入得到最大化的产出。教育系统内部的效率通常是以考试或测试的结果来衡量的，而在经济与社会发展的大背景下，教育的效率则是通过社会的回报率来体现的。欧盟希望通过公平而高效的教育政策，传递一种团结统一、机会平等与社会参与的价值观，同时对提高人们的生活质量起到积极的作用。

为了实现平等、和谐、繁荣的欧洲，欧盟号召所有的公民都应该通过终身学习来不断地更新自身的知识、技能与能力。这将有助于提高劳动力的社会参与率，并在保证社会和谐的基础上促进经济的增长。所有这些都与未来欧洲社会模式的发展具有直接的关系。现在的欧洲面临严峻的来自社会、经济、人口老龄化以及居高不下的青年失业率的挑战。而与此同时，劳动力市场对于提高能力与资格水平的需求却不断增长。欧盟必须正视这些问题与挑战，以实现欧盟社会体系的长期可持续发展。

制定平等和高效的教育政策是解决这些问题的重要途径与手段之一。如何在提高效率与效益、增强经济竞争力的同时实现教育与培训的平等，从而增强社会的凝聚力、促进社会和谐，这是一个无法回避的问题。大量的研究表明，公平与效率之间不存在以牺牲某一方为代价的平衡，因为它们是彼此依存、相辅相成的。教育应关注所有人，包括那些弱势群体和老龄劳动者，这将有助于促进经济增长，降低不平等性。兼顾公平与效率，从而促进整个社会的和谐发展就成为欧盟制定教育政策的重要原则。

（二）实现平等和高效的政策措施

平等而高效的教育政策对社会与经济发展会产生积极的影响，包括经济的可持续发展和社会的和谐与包容，忽视教育的社会维度，以后就会付出更大的代价去弥补。因此，欧盟的教育政策应关注所有人。2006年，欧盟指出，改革必须步步深入以确保建立平等而高效的高质量教育体系，这是实现欧盟的总体战略目标的核心议题。2006年9月，欧盟发布《欧洲教育和培训系统的效率与公平》。该文件强调，如果要实现质量目标、促进更快增长、创造更多工作岗位和实现更大社会趋同，教育既要有效率又要有公平。2010年，欧盟进一步强调，职业教育在促进公平与社会融合，特别是赋权于民并提升他们的选择能力方面具有重要作用。

欧盟各国推动教育系统现代化的过程主要是以寻求更大效率和成本效益为驱动的，但欧盟认为效率并不一定要以牺牲公平为代价。有数据显示，弱势群体参与就业的比例微乎其微，包括残障人士、受歧视群体或具有其他社会问题者，其失业率比其他群体高出很多，受教育程度较低是一个很重要的原因。他们被雇用的机会很少，即使已就业也不太可能接受继续教育与培训。这对于整个欧盟社会的和谐与稳定有很大的影响。为此，欧盟指出要采取一些具有针对性的举措，特别给予这些弱势群体同等的接受教育和培训的机会，针对这些特殊群体的项目计划虽然成本很高但通常效果比较好。这些项目和举措，主要包括制定积极的劳动力市场政策和通过非传统意义上的提供者向弱势群体提供培训设施以及基本技能教育与培训。对于受教育水平较低的青年人以及潜在的或是已经辍学的人员应尽早地开展职业指导，鼓励他们完成或重返教育体系中，提升他们的能力以使其顺利地进入劳动力市场。满足低技能劳动者和老年人的需求，创造机会和条件，提高这个群体的终身学习参与率。通过语言培训及文化政治系统的培训，帮助移民和少数族裔更好地融入社会。总之，欧盟的教育政策的宗旨是提高每个人，尤其弱势群体的知识、技能与能力，通过提高全民整体的技能水平来提高效率，通过增加处于最不利地位群体接受终身学习的机会来减少不公平。

追求效率与公平不是相互排斥的，实现高质量的教育也意味着每个人都能够获得公平的机会、待遇与结果。有证据显示，在教育政策发展比较好的成员国中，人员能得到令人满意的工资回报。使学生享有接受高等教育的机会是提高教育吸引力的关键所在。为此，欧盟建议各成员国应建立并发展从基础教育到继续学习再到高等教育和就业的畅通而又多样化的路径。致力于完善并提高针对失业人员和弱势群体的公共教育计划，通过鼓励区域的利益相关方伙伴关系，大力提高教育质量并增强教育的实用性。

需要指出的是，教育的问题并不是单靠教育政策就能够解决的，个体、社会、文化和经济的因素都可能成为限制教育机会的不利条件。因此，在制定并实施教育政策时必须采取跨行业、跨领域的策略，将其与就业、经济、社会包容、青年、健康、司法和社会服务政策联系起来，实现高就业率，提高经济效率，增强社会凝聚力，从而使教育政策的经济与社会维度同时得以彰显。

二、合作与共享的原则

（一）合作与共享的政策背景

欧盟相信没有任何一个成员国能够仅仅依靠一己之力完成所有艰巨的目

标。各国彼此之间相互依存，因此，各自为政是不现实的。然而，在结构和体系方面，必须保持不同国家或地区所独有的特色，同时也必须清醒地认识到各国的主要目标、所寻求的结果是完全一致的。这些共同的内容构成了各国彼此之间相互学习的基础，共同分享成功与失败的经验，共同通过教育来加快欧洲社会的发展步伐。

从欧盟成立之始，"合作"就一直是各国政策领域的关键议题。在教育与培训领域的合作始于 1957 年《罗马条约》的签订，只有团结合作的欧洲才可能是强大而繁荣的欧洲，这一点早已得到了各方的共识。欧盟各成员国的教育与培训体系千差万别，各具特色，因此欧盟就成为各国进行经验与实践交流的最好平台，其重要职责并不是制定统一的教育政策，而是要在保留并尊重各成员国在其教育体系的内容与组织方面权利的基础上，为各成员国搭建一个真正的合作平台，促进多个层面、多种形式、多项内容、多元主体间教育与其他政策领域（如就业等）的合作，为终身学习战略的实现提供重要的支持。欧盟教育政策的发展必须建立在各方密切合作的基础与平台之上，这是欧盟作为一个区域性组织的特殊性所决定的，也是由教育内在的特征所决定的。

在新的社会经济背景下，欧盟各国教育政策参与主体日趋多元化、教育方式日趋多样化、教育对象与需求日趋复杂化与个性化，教育政策既要满足企业雇主的各种需求，又必须为所有人提供平等的终身学习机会，这就需要各种教育机构、各个行业部门、国家内部及国与国之间的相互沟通与合作，不断调整并改革教育体系，为欧洲社会发展做出更大的贡献。由此，不断加强并深化欧盟各成员国在教育领域的合作被置于欧盟发展的战略性位置，促进合作的政策与措施先后出台，各成员国积极响应，无论从欧盟层面还是从各成员国层面都极大地推动了教育体系的改革与发展。"以合作为基础"成为新世纪欧盟教育政策发展的重要特征之一，也是欧盟教育政策发展的必要前提和必然选择。

（二）促进合作与共享的政策措施

1. 加强教育部门内部以及与其他部门间的协作与共享

在欧盟层面，欧盟在其创始条约中就强调了欧盟机构间忠诚合作的必要性。机构间的密切合作是欧盟政策的一个重要特征，也是欧盟政策发展不可或缺的必要前提。没有机构间合作，就没有政策发展，在教育政策领域也是如此。欧盟层面教育政策的制定离不开欧洲委员会、欧盟理事会与欧洲议会之间的密切合作，而共同决策程序也为这种合作提供了机制上的便利。同时，欧盟还致力于打破各成员国间的界限，以共同体为平台加强彼此间的交流与合作，这种合作对于欧洲未来社会的发展将发挥决定性的作用。

在成员国层面，大多数成员国都在致力于加强教育部门内部的合作。如奥地利，启动并不断巩固了职业教育与高等教育在质量保证领域的合作。不同的部门、各个层级的政府机构、行业团体以及其他非政府组织也不断地加强彼此之间的合作。部门间的合作主要集中于教育与就业。一些成员国选择了多领域合作的方式，即将教育目标与劳动力市场的包容性目标联系在一起，或将信息社会的目标与教育、就业、企业政策等建立起密切的联系。

2. 鼓励合理分权与不同层级机构间的合作

欧盟在政策实施过程中扮演的是一种"协调者"的角色，因此由下而上是各成员国合作的主要方式。由于发展教育政策的责任越来越多地下放至地方或行业层面，欧洲资格框架和共同质量保证框架将成为确保不同层面教育政策发展状况具有可比性的有效工具。

此外，合理的分权与不同层级行政管理机构间的合作将从很大程度上保证政策制定的有效性，同时更好地满足不同地区的不同需求。政府部门将权力下放至独立的教育机构，使他们能够自主地决定教育内容、人员招聘等重要事宜，这将有助于教育政策更好地发挥其特色、优势，提高教育政策的效力。

3. 鼓励社会合作者以及其他利益相关方的参与

无论是在国家、地区层面，还是在行业层面，社会合作者在教育政策的发展过程中扮演着越来越重要的角色。无论是作为顾问还是作为政策制定的直接参与者，社会合作者对教育政策的制定起到了至关重要的作用。通过各个层面与多个主体的参与，所有教育政策的利益相关方都能有机会表达自己对于教育政策议题的意见，并在政策决策中起到积极作用。不少成员国在这方面已积极行动起来，并取得了很大的进展。例如，从 2004 年起，挪威在教育政策领域已建立起一种新的三方合作模式，这三方分别是工作场所的代表、社会合作者与教育当局。在荷兰，教师专业团体根据国家教育文化科学部的要求开发针对教职人员的能力要求，荷兰教师联盟和专业协会的代表对这一过程进行监督，并向教师专业团体提出建议。

4. 建立相关机构并加强彼此间的合作

为了推动各成员国间及各成员国与欧盟间在教育政策领域的合作，欧盟建立了相关的组织机构来协调和组织各成员国在这一领域的各项活动。

欧洲职业培训发展中心成立于 1975 年，是欧盟下属的一个常设研究机构，其宗旨是促进欧盟职业教育与培训的发展，主要职能是分析并提供有关职业教育与培训制度、政策、研究和实践的信息，指导成员国在职业教育领域的工作，为欧盟委员会提供教育政策方面的参考。欧洲改善生活与工作条件基金会亦成立于 1975 年，其主要针对的是就业战略的发展。这些机构的积极工作推动了欧洲各国在教育政策领域的协调与合作，并取得了良好的效果。2007 年初，欧洲职业培训发展中心与欧洲改善生活与工作条件基金会共同宣布了新的合作框架。这两个机构将为彼此的工作提供更直接、更便利的条件，分享项目成果，互相指导年度工作项目以及探讨开发共同研究方法等。这个框架使两个机构间建立起了更为紧密的联系，丰富了彼此间的信息与研究活动，促进了彼此的共同发展。

尽管欧盟在教育政策领域的合作方面已取得了不少的成绩，但不同部门、不同政府层级、社会合作者、行业与其他非政府组织之间的合作还需要进一步加强。为此，欧盟正努力制定综合性的政策措施，强调数个相关政策领域的共同目标，并将教育政策与社会就业政策紧密结合起来，实现宏观层面上教育政策与其他政策领域的合作，促进教育政策的发展以及欧盟经济社会目标的最终实现。

第二节　欧盟教育政策的理论基础

经济全球化是当今世界经济发展的趋势，它促成了世界经济、政治、文化、科技等领域的国际化，教育领域的国际化是对经济全球化的一种应对。国际化的潮流冲击着教育领域，引起教育领域的重大变革。使教育政策更好地应对由经济全球化所引起的一系列社会、经济和思想理念的变化，是今后欧盟教育政策应有的走向。对欧盟教育政策在社会、经济和思想理念方面的理论基础的研究，有助于我们加深对欧盟教育政策的理解。

一、经济全球化理论

（一）经济全球化理论的内涵

从经济全球化的发展历程来看，经济活动的全球化是人类活动规模经济全球化的最初形式。至今，经济全球化涉及社会各个领域，包括政治活动、经济活动、军事活动和文化活动等。可见，经济全球化的影响无处不在。正是这种广泛而深刻的联系，使民族与民族之间产生了更多的相互依赖。因此，经济全球化意味着各民族（国家）活动的国际化，活动规模的经济全球化。

1. 狭义的经济全球化

狭义的经济全球化特指经济层面，意味着资本和资源跨越国界而在全球范围内配置，形成世界性的一体化市场，经济活动在全球范围内普遍联系和相互依赖。这是对经济全球化的最初认识和一般理解，也是经济全球化最典型的特征。如经济学家托马斯·弗里德曼将经济全球化界定为"资本、技术和信息通过形成单一全球市场并在某种程度上形成地球村的方式，实现跨越国家疆界的一体化"。经济学家斯坦利·费希尔也认为，经济全球化是在商品和服务跨国界交易及国际资本流动数量和形式不断增加，在技术扩散广度和速度不断提升的基础上所形成的日益加深的各国在经济上的相互依赖。这种理解尽管并未低估经济全球化所带来的各种政治、文化后果，却将其置于了附属地位。

2. 广义的经济全球化

广义的经济全球化则涉及经济、政治、文化等社会生活的各个层面。在此意义上，经济全球化被视为一个复杂、多维的进化过程，各种物质和精神产品皆跨越区域而流动。社会学家勒罗伊·麦格鲁也指出，经济全球化即超越构成现代世界体系的民族国家的复杂多样的相互联系和结合。世界上某一地方的小事件甚至能产生世界性影响。在广义视野中，学者对经济全球化的界定较为多元，不一而足。部分学者从政治体制角度把经济全球化视为资本主义的经济全球化，关注国际干预的不断扩大，强调建立世界新格局。有学者则从文化角度将经济全球化理解为人类各种文化发展所要达到的目标，是未来文明的存在方式。因此，经济全球化是一种动态的、冲突的过程，是异质的、多元的，不存在单一的逻辑或某种统一的局面。世界范围内的商业文化、大众文化、消费主义不断占领文化市场。还有学者从信息技术角度指出，经济全球化就是人类利用先进的信息技术使信息突破空间上的障碍在全世界自由传递。

3. 经济全球化的实质

目前理论界对经济全球化的实质颇有争议，观点众多，归纳起来主要有以下四种：第一种观点认为，经济全球化的实质是资本的经济全球化，是资本主义的经济全球化，是资本剥削的经济全球化。经济全球化是资本主义发展的新阶段，资本主义制度在世界上的各个角落得到普遍发展。第二种观点认为，经济全球化是社会主义、共产主义的。尽管在未来数十年中，资本主义国家依然还是经济全球化的主角，但经济全球化的本质则是共产主义的。第三种观点认为，经济全球化的本质是资本增值关系的经济全球化。经济全球化只是资本增值关系经济全球化的必然条件和外在表现。第四种观点认为，经济全球化具有阶段性，在不同的历史阶段其本质也有所不同。只有把阶段性同现实中的经济全球化的发展趋势联系起来，人们才能正确、全面地认识和把握现实中的经济全球化的本质。

上述诸多观点从不同的角度和方面诠释了经济全球化的本质，各有其道理，同时也提示我们，要揭示经济全球化的实质需要动态与静态相结合，从多层面、多维度进行综合分析。本书更倾向于把经济全球化看作阶段性的。

首先，经济全球化是一个客观的历史进程。在不同历史阶段，经济全球化的表现形式、内容和实质皆有差异。在垄断资本主义阶段，经济全球化就是帝国主义国家把经济落后的国家、地区沦为殖民地、半殖民地和附属国。第二次世界大战后，广大殖民地、半殖民地国家和附属国取得独立，社会主义世界市场与资本主义世界市场相平行。这种两大阵营和两大市场的新格局打破了资本主义发达国家主导的经济全球化趋势。20世纪末，以美国为首的西方国家以空前的规模和力度宣传和推行经济全球化，从而使以西方为主导的经济全球化趋势日渐增强。

其次，经济全球化的过程也是世界各国利益再分配的过程。世界各国在参与经济全球化的过程中都力求实现本国利益的最大化。但受各自条件限制，不同国家所获利益也不尽相同。如是观之，经济全球化不仅是资本和资源的分割、流动过程，也是一种意识形态的发展和传播过程。

（二）经济全球化理论对欧盟教育政策的影响

欧洲是较早进入经济全球化的地区，欧洲人也是比较深刻体验到经济全球化的群体。因此，欧盟的教育政策的经济全球化理论基础较为巩固。

首先，欧盟教育政策尊重文化多元化。文化多元化是欧盟的文化教育政策的重要特征之一。欧盟非常清楚，欧洲尽管有着相似的文化渊源，毕竟在最近一千多年里，欧洲一直沿着分裂的道路前行，朝着语言、宗教、文化、政治与经济结构的日益多样化方向发展。各个国家在长期独立的发展过程中，形成了独具特色、引以为豪的文化。他们都有着很强的自主意识，注重自己的主权和特色，坚持文化的多元化。因此，欧盟规定联盟需充分尊重并促进成员国文化的多样性，尊重国家和地区多样性。

其次，欧盟教育政策试图推动欧洲文化一体化。欧盟开诚布公、旗帜鲜明地推动欧洲文化一体化，建立欧洲意识、欧洲认同的欧洲同质文化。他们试图通过语言的教学和传播、鼓励师生的跨国流动、促进教育机构的跨国合作、鼓励青少年参与欧洲层面的民主生活等途径来发展教育的欧盟维度，试图弘扬欧洲各国的共同文化遗产，维护和保护具有欧洲意义的文化遗产，以推动欧洲各成员国文化的同质化。因此，欧盟的教育政策从制定到执行，从形式到内容，都在努力地彰显欧洲各民族文化的共同性，搭建各民族文化交融的平台。而且，欧盟通过不断扩大教育政策的覆盖面，试图扩大欧洲共同文化的范畴和核心价值观。夸美纽斯计划就是一个相当成功的例子。

最后，欧盟的教育政策试图调动各方面力量进行教育治理。在教育政策方面，欧盟非常注重调动各个层面的力量，通过共同努力来实现教育目的。例如，欧盟 2004 年公布的《关于欧盟职业教育与培训未来优先发展领域的决议》分别从国家和欧盟两个层面对未来职业教育与培训优先发展的领域进行了规划，要求国家层面从八个方面重点发展职业教育与培训。夸美纽斯计划是从教育治理的角度出发，调动了欧盟教育管理机构、各国教育机构和教育力量共同合作，实现欧盟公民的教育流动，实现欧盟终身教育理想。

另外，经济全球化理论自身存在一些矛盾之处。例如，在强调文化多元化的同时，又强调要有全球公认的价值观、行为规范等。这些矛盾通过欧盟的教育政策，全面而深刻地反映在欧盟的教育实践之中。欧盟文化现在面临这样的局面：欧盟在文化生活中不断地强调欧洲认同意识，同时，其成员国的民族意识也在不断地加强以对抗欧洲文化的一体化。

二、区域发展理论

欧盟教育政策强调区域化的概念，试图通过整合区域内部资源形成区域合力，实现区域一体化发展的目标，充分体现了欧盟教育以区域合作应对竞争的理念。因此，区域发展理论也是其政策发展的理论基础之一。

区域发展理论兴起于第二次世界大战后的欧洲大陆，源于区域经济学和经济地理学，以研究区域发展的战略模式、动力机制和区域开发的战略与策略等为主。所以，传统意义上的区域发展理论实质上是"区域经济发展理论"。

一般认为，系统的区域发展理论研究开始于第二次世界大战以后。由于第二次世界大战后各国致力于重建国民经济，区域发展理论才得到较大的发展。不过，由于区域发展问题较为复杂，涉及经济学、地理学、社会学、规划学等众多学科，加上第二次世界大战后经济发展思潮的不断演化，区域发展理论也就形成了众多不同的流派。自 20 世纪 80 年代以来，众多主流经济学家开始涉足区域经济研究领域，形成了独特的主流经济学派区域发展理论。区域发展理论虽然起源于西方经济领域，但对经济的影响必然会涉及对教育的影响，经济的区域化发展必然带来教育区域化理念的建立和深入发展，由此逐渐形成了区域教育发展理论。

（一）区域发展理论的内涵

1.区域和区域教育

"区域"一词在地理学上较为常用，就其本身而言是一个较为抽象的概念，必须赋予其某种特征使其具有特定的含义，区域才能具体化，才能发挥区域应用功能。区域与经济结合生成经济区域，区域与文化结合生成文化区域，区域与行政结合生成行政区域，无论是经济区域、文化区域，还是行政区域，在区域内，都具有明显的区域痕迹或鲜明的区域特征。区域是一个可大可小的概念，有因为历史和自然的原因形成的，有因为人为因素所形成的，正因为不同区域的经济、文化等因素具有不同的特点，因而就有了区域经济、区域文化等说法。换句话说，区域经济、区域文化等都具有非常明显的区域特征，它们都具有区域演化和嬗变的痕迹，并具有非常强的自我完善、自我发展、自我适应的潜质。这种潜质的现实化从根本上限定了区域的行政体现，也就是说，区域是一定行政区划内的区域，或者是多个衔接在一起、共性比较多的行政区划联合成的广义区域。区域只有与行政相联系才有其被研究的意义，独立于行政区划外的区域是脆弱的。综观世界格局，不讲行政区划，只讲区域存在是不可能实现的。

区域教育也是指在一定行政区划内或多个衔接在一起、共性比较突出的行政区划联合而成的广义区域的教育。每个区域内的教育性质、教育内容、教育旨趣、教育方法、教育手段、教育评价以及相应的外部支持系统具有统一性和相关性。区域教育，一方面体现区域的特殊性，另一方面又能体现教育发展的规律性。区域教育相对于具体学校而言，是上一层次的教育系统，其更多体现了区域内教育发展的综合性和整体性。

不同的区域有着不同的自然、历史和社会条件，区域间有很大的差异性，这种差异影响着区域教育的发展。探寻区域教育可持续发展之路，在于寻找适合本区域的教育发展道路。由于每个区域都处在特定的空间中，有其独特的自然、经济、社会等方面的区域特点，而这种综合性的区域特点决定着区域教育的发展水平。因此，认识和把握区域的特点，发挥区域的能动性，是区域教育走可持续发展之路的关键。

2. 区域教育的特性

虽然区域教育由于区域经济、区域文化、区域政治、区域人口等诸多因素而显示出很大的差异性，也即区域教育发展存在不平衡性，但是发展着的教育由于小区域受大区域的影响和限定，在某一时间点或时间段上不同的区域教育有着相当多的共同特点。

根据系统论的观点，区域教育具有系统性。按教育类别来分区域教育是由诸如学前教育、小学教育、普通中学教育、职业技术教育、成人教育以及高等教育等要素组成，彼此之间相互联系、相互作用、相互依赖。区域教育既是系统，又是子系统。相对于下一层次区域教育是一个系统，相对于上一层次区域教育是一个子系统，再相对于更高层次的区域教育则是更低层面的子系统。区域教育作为系统，必定与周围环境进行物质、能量和信息的交换，环境的变化对区域教育系统也会产生影响，使区域教育系统内部诸要素之间的关系发生变化，进而引起整个系统功能的变化。因此，区域教育系统必须适应外部环境的变化，才更有生命力。

区域教育的可持续发展必须处理好系统与环境的关系，正确把握教育外部要素和教育内部要素的相互作用。区域教育外部要素包括区域内政治、经济、文化、人口、自然资源、生态环境等，内部要素包括区域内教育者、受教育者、教育观念、教学方法、教学手段和教学工具等。教育内部要素和教育外部要素相互依存并相互渗透和迁移。

区域教育发展存在"同化"和"顺应"的关系。区域教育通过"同化"作用，将教育外部要素的有利于教育发展的成分吸纳到教育已有的图式或结构之中，以加强教育建设和丰富教育内涵；通过"顺应"作用，改变自身不适应于社会经济发展的成分，以达到与教育外部要素的和谐发展。通过"同化"和"顺应"，区域教育作为一个开放的自组织系统架构更趋完善，可实现教育可持续发展。

区域教育系统各要素以及各要素间的相互关系，是根据特定的统一性要求协调并存在于系统整体之中的。就系统本身而言，其要素具有整体的特定功能和特性。因此，不能脱离整体去研究要素以及要素间的相互联系和相互作用。脱离了整体，要素的功能和要素间的作用便失去了系统的意义，也就无法得出有关系统整体的正确结论。系统整体不仅要求组成系统的每个要素尽量完善，更重要的是强调要素间的协调与综合，这样才能获得具有良好功能的系统。由此可知，作为系统整体的区域教育，若想区域整体提高办学效益，提高教育水平，就必须冲破区域内部门条块界限，综合考虑各级各类教育的发展规模、发展速度，合理调整内部结构、合理配置教育资源，提高劳动有效性和投入有效性，将稀缺的教育资源发挥最大效益。如果区域内各级各类教育各自为政、自我封闭，只为本部门局部利益千方百计争取稀缺的教育资源，则不可避免地造成教育资源的稀缺和浪费，从而阻碍区域教育整体、和谐地向前推进。所以，应建立区域教育的网络系统，打破条块分割，加强综合管理，体现协作精神。

区域内教育行政部门对区域教育的发展起着决策和导向作用。教育的发展有其内在的规律性，区域教育更有其特殊的规律性。因此，区域内教育行政部门应认真研究本区域内教育的特点，充分认识能反映区域内教育发展的客观规律。在此基础上，制定区域教育发展规划和各阶段的工作目标。只有这样，才能符合区域教育实际，使区域内教育事业蓬勃发展。

重视区域教育发展的特殊性，本身就是尊重教育发展规律。区域教育遵循"因时、因地、因人、因事"原则，量体裁衣，充分利用现在的和发掘潜在的教育资源，争创区域教育特色。

区域教育不可能脱离区域社会各要素而独立发展，要与区域经济、文化等协同发展，这是区域教育可持续发展依托性的一个重要方面。区域教育可持续发展依托性的另一个方面是区域教育的现有基础，即现有教育的物质基础和教育者的认识基础。发展区域教育一定要从区域现状出发，不切实际的冒进只不过是纸上谈兵，到头来只能是流于形式，陷入空想。

3. 区域教育与可持续发展

可持续发展理论，其核心是试图在人与世界的基本关系格局中建立一种大协调的社会机制。可持续发展观将人类文化与精神文明的建设，也就是以人的持续发展和长远利益为基础的价值理念，作为可持续发展的终极性的价值内核。区域教育可持续发展的观点，就是在区域社会发展的背景下，促进区域教育指向未来，满足人的终极发展需要的可持续发展的理论与社会战略。

区域教育作为区域文化的一个重要构成，以及区域社会生活的基本样态，也应有其发展战略。区域教育的发展有着对区域文化总体发展的目的认同，而且从整个社会发展的宏观背景上看，也终将在实际上与整个社会的总体发展有关。从社会发展论看，发展本身尽可以看作发展的目的；或者确切地说，传统发展论可以不负有超出其发展的目的论之外的任何伦理上的责任。因此，发展可以对任何发展的结果做出直接评价。通常，这样一种发展论是不需要特别的理论证明和道德支撑的。

依照系统论的观点，作为构成区域文化子系统的区域教育，并不是它的各部分的简单相加，作为区域文化的一个组织特征和功能，其与整个区域文化以及相关因素关联。因此，区域教育同区域文化与区域社会生活的关系不是一种集合的、聚合的关系，而是一种有机的、系统的整合。由于区域教育从一开始就是存在于区域社会文化的系统多样性基础上的，而且在其社会组织化的过程中，也始终保持着这样一种系统多样化的特征。因此，区域教育的发展必然要以整个区域文化的发展以及区域教育同相关系统因素的相互依存与平衡和谐为基础。这就意味着，区域教育的任何发展，必须以它同区域文化的整体性系统关联，并受区域文化这个世界系统的规范与制约。整个世界系统就是一个有机体，构成该有机体的各个部分，都有其特殊的功能，而且各组成部分的功能是互相依赖的，没有一个是可以孤立地存在的。整个世界系统正是由这样一些在功能上相互依赖的各个部分有机构成的，各个部分都必须担负并完成系统所赋予它的使命。因此，必须以有机增长的发展替换无差别增长式的发展，使系统得以自我发展、完善并延续下去。可持续发展就是这样一种有机增长的发展，是获得普遍认同的世界系统关于自身的最高设计。

系统论证明，任何系统问题的解决，都将影响并作用到系统的整体以及其他方面。无差别增长坚信部分的增长必然导致整体的增长，其主要的方法就是不断增加数量和规模。而事实上正如我们所看到的，这种无差别增长是不可能永远持续下去的。可持续发展作为人类社会进步和文化发展的实践形式，是人类在物质和精神生产领域中所进行的创造性活动及其历史适应性选择的积极成果，是人类对自身未来发展实现控制论干预的具有革命意义的实践。这一实践不仅体现了人类巨大的物质力量，同时也体现了人类巨大的精神力量反作用于人类社会实践的理性成果。随着可持续发展的意识形态化，其中所蕴含的政治的、经济的、伦理道德的目的，更对人类发展产生着广泛而深刻的作用和影响。

可持续发展的理论与实践在人类社会文化领域的广泛渗透和运用，以及对传统发展观的一般置换，正在改变着人类的实践活动。区域教育可持续发展战略的实施，就是可持续发展的一般原理在区域教育领域的具有创新意义的实践。

发展，须在关于人的社会存在及其未来发展的总体意义上来理解。发展是人类为提高生存质量、满足人类不同的生存需要而与自然、社会发生作用，并充分利用人的种种潜能，通过物质的、精神的行为方式所实现的改变生存境况的具有全局意义的社会实践。可持续发展论是当人类发展因人类对自身生活于其中的生态系统的有意无意的破坏、生存受到严重威胁、发展"难以为继"而做出的深刻反思，以及由此提出的试图予以改善的策略。可持续发展对区域教育现有文化模式而言还是一个全新的领域。

区域教育的可持续发展是由区域教育的有机的系统建构模式所提供支持的发展战略，不仅区域教育不再为自身的发展而发展，就是整个教育也不再为自身的发展而发展。与区域教育可持续发展直接有关的问题，诸如教育文化的区域建构模式与战略、区域教育与整个时代教育文化的生态化整合、区域教育如何适应整个国家教育的跨世纪发展，以及如何实现其自身指向未来的开放的设计、区域教育的社会建构与教育体制改革、区域教育的社会政策和"环境战略"等，都体现了区域教育同整个区域文化以及相关文化因素之间的融合。因此，区域教育是不可能孤立获得发展的，区域教育也不能不依赖于区域内其他文化形态的发展而发展。进一步讲，不仅是区域文化，事实上整个人类的现代生活、文化发展，也构成了区域教育可持续发展的基本条件。所以区域教育发展的可持续性必须建立在区域教育的有机增长和发展的基础之上，必须是同整个区域文化乃至整个世界文化的共同、和谐、有序发展。在这个意义上讲，区域教育的可持续发展，实际上是区域教育所实现的发展的社会适应性选择。包括区域教育可持续发展在内的发展战略，只能在极其有限的条件下，才可看作独立自在的。因为所有的可持续发展，实际上都依照同一个"设计原则"，从整个世界系统的大处着眼，按照它们各自在世界系统中的位置，以及它们在整个世界系统的发展中所担负的职责和功能，实现整个世界和谐、有序地共同发展。同样，包括区域教育本身在内的发展，又取决于整个世界系统发展的需要。

（二）区域发展理论对欧盟教育政策的影响

由于国家内部存在的区域差异性和不平衡性，国家的经济、政治、文化、行政系统带有明显的区域特征，即"域化"现象。通过域化过程，国家系统在区域中延伸和运作，从而使国家共同体在辽阔疆域上的构成成为可能。区域经济发展理论对教育的影响可称为区域教育发展，其理论内涵对欧盟教育政策产生了较大影响，最显著的影响就是通过教育政策的制定和实施促进了欧洲共同体的建立。

第二次世界大战后欧洲国家开始寻求合作，欧洲共同体最初关注的是经济方面的问题，教育并非其重要领域。1970年，受到国际政治、经济和环境变迁的影响，各成员国开始转移发展重心。当时大部分的国家都面临石油危机的挑战，经济受到冲击，失业率也急剧上升。在技术变迁与全球竞争的国际环境中，有许多工业的发展也逐渐走下坡路。自然资源的开发向来是经济的根基，但欧洲共同体的成员国开始意识到各种环境所带来的压力，仅仅靠发展经济是不够的，还必须重视以知识为基础的创新和发展。于是欧洲共同体便将注意力转向教育与训练问题，表达出在教育方面进行交流和合作的意愿，并逐渐重视人力资源的开发。1986 年签署的《单一欧洲文件》是欧洲整合的重要里程碑之一，该文件表明欧洲共同体与欧洲政治合作应以共同促进欧洲联盟为目的，其不但对经济发展具有相当大的影响力，同时对欧洲共同体高等教育政策相关活动的策划更显重要作用。1988 年，欧洲共同体再次重申其对教育的目标：第一，加强欧洲青年对共同体的认同意识，使他们深切明了欧洲文化及欧洲共同体致力于建立、发展和特别维护的基础价值，即民主、社会、正义及尊重人权；第二，使欧洲人民参与共同体的经济及社会发展，并且朝《单一欧洲文件》中所制定的欧洲联盟的目标努力迈进；第三，使欧洲人民了解欧洲共同体为他们所扩展的更大的经济及社会欧洲领域所占的优势，以及日后连带而来的可能的挑战，同时学习如何应对挑战；第四，增进欧洲人民对共同体及各成员国在历史、文化、经济及社会层面的相互认识，并且进一步认识欧洲共同体成员国与其他区域或国家合作的意义。

欧洲共同体在最初关于教育问题的条款中，主要强调职业培训和学术资格的相互认可，以促进当时欧洲劳动力市场的人员流动。欧洲共同体主要关注国际合作与经济复兴，欧洲共同体自 1967 年正式开始运作，到了 20 世纪 70 年代初，其决定不再将经济作为主要目的，开始致力于改进欧洲公民的生活质量，开始通过对职业培训和学术资格的相互认可进入教育领域。1976 年，欧洲委员会颁发了一项教育行动计划，高等教育国际化正式开始启动。这一计划是按经济标准制订的，但该项行动计划为欧洲共同体成员国的学术交流与合作奠定了基础。同年，欧洲委员会在高等教育领域制订了联合学习计划，旨在推进各成员国的高等教育机构之间开展共同研究和学术交流。此外，欧洲委员会还有其他一些工作重点，比如，在一定程度上促进欧洲高等教育领域的课程标准化，以促进职业认可。由于欧洲国家的多样化和各国之间存在较大的分歧，初期的这些尝试并不是非常成功。各国政府所达成的一致意见是在保持各国高等教育制度得到尊重的基础上，开展欧洲范围内的高等教育合作。

由于区域教育发展理论是从区域经济发展理论发展而来的，其中关于区域经济空间结构的理论成为区域规划的一项重要内容。空间结构是否合理，对区域经济的增长和发展有着显著的促进或制约的作用。与此相类似，高等教育布局是否合理，对区域发展和高等教育全局发展亦有重要的影响。研究高等教育区域化发展问题，首先应该注意到区域发展理论群中的非均衡发展理论。非均衡发展是目前世界各地高等教育的现状，这是教育资源不足所导致的必然结果，尤其对高等教育不发达的区域而言，这种状况尤为突出。欧洲共同体意识到教育区域发展绝不是就教育论教育，把教育系统独立于社会经济发展之外，而是要进一步推动各国教育与区域经济社会的密切结合，在区域经济社会发展和繁荣中发展教育。

三、身份认同理论

（一）身份认同理论的内涵

身份认同是一个跨哲学、心理学和社会学三个学科的概念。身份认同的研究最早出现在哲学领域，其后迅速被心理学和社会学两个领域的学者所关注，并成为后两者的核心词汇。哲学家认为，身份认同是一种对价值和意义的承诺和确认，与文化有着密切的关联。而社会学家认为，身份认同是主体对自身身份或角色合法性的确认，对自身身份或角色的共识以及这种共识对社会关系的影响。心理学领域的身份认同更多地偏向于个体的心灵世界，认为身份认同是个体心理上的健康和心理层面的对自身身份的认同归属。

认同的本质是一种态度，但是它与个体的世界观和社会发展有着密切关系。身份是个体在社会中的位置及地位的标识和称谓，是社会学重要词汇之一。而且，从社会发展的角度而言，个体对身份的认同，更重要的是个体对社会身份的认同。因此，关注个体对自身所处社会群体的类别以及群体成员身份的认同，从社会心理学的角度给身份认同下定义是较为合适的。

身份认同即个体对所属群体的角色及其特征的认可程度和接纳态度，是个体在群体中归属感的重要衡量指标。它隐含了身份认同的四层结构：对所属群体的认知、对所属群体的情感、对所属群体的价值认同和相应的行为表现。

身份是与社会位置相一致的权利责任和社会预期等一系列因素的集合，其核心内容包括特定的权利、义务、责任和行事规则等。经历部分由个人记忆所决定，但更主要的是由家庭、学校和媒体传递所谓的集体记忆所决定，这些记忆铸就了各种身份：第一，身份与角色都要在一定的社会群体规范、期望以及具体位置中才能体现。地位强调的是存在于相关社会群体中的期待，而角色则强调各种组成期待中的那种行为的单位，因此，身份在规范和功能上与地位、角色相通，在心理归属和情感上与认同相连。第二，个体根据身份确认其在一定社会群体关系中所处的位置。身份一直是社会学所关注的主题，不仅仅因为它的现实存在，而且因为身份影响到人类群体构思和组织其未来的方式，即对政治事务组织的影响。社会身份系统以它特有的方式，将分散的个体凝聚成统一整体，它意味着权威资源的政治配置安排，而社会身份系统的变化意味着政治权威资源的重新配置。第三，个人认同的找寻及个人命运定向的私人体验本身，都变成一种主要的颠覆性政治力量。女性主义、少数族群等运动，在更深层次上影响着人们看待自我与世界的基本框架，进一步剥离、质疑和分裂了人们对某些核心问题的日常观念。第四，个体身份不是任由外界标记来界定的，自我的身份是自我属性的总和。第五，人们共同生活或者拥有共同关联、利益而归属于同一社会群体，如因拥有共同的语言、宗教、艺术等文化因素而归属于一个群体，个体因此对这个群体产生归属感。个体在多元选择的世界中行动、参与、抉择，在其中表达着生活风格，体现着自我认同。人的自我认同是一种内在性的认同，这是一种内在化过程和内在深度感，是个人依据个人经历所形成的、作为反思性理解的自我。第六，拥有合理稳定的自我认同感的个人能反思性地掌握其个人经历的连续性，并且能在某种意义上与他人沟通。自我分裂的个体倾向表现为缺乏个人经历的连续性，在焦虑下寻求逃避。而拥有合理稳定的自我认同感的个体则能够把有价值的事物完整地接受下来，在反思控制的范围内，维持自我认同感。这种身份认同通常可在一系列互相交错的团体成员身份中获得，如一个人可能从他的职业、性别、家庭、社区、宗教信仰中感受到一种强烈的认同感。

（二）身份认同理论对欧盟教育政策的影响

身份认同一直被欧盟视为头等大事。因为任何一个群体成员对群体身份的认同直接决定了群体的命运。但是，欧盟既非国家，也非一般意义上的国际组织，民族或国家身份认同中的一些要素，如语言、血缘等，在欧盟内部都很难被利用。而且，欧盟一直处于变动之中，自身的属性、制度、形态、规模等还没有最终成形，内部和外部边界都难以获得长期的确定性。身份认同问题在欧盟不仅显得含混不清，而且举步维艰。

因此，欧盟在发展过程中，处处强调要形成"欧洲共识"的欧盟集体身份认同，但也小心处理"欧盟公民"与"国家公民"的关系，任何成员国国民均是联盟公民。联盟公民身份是国家公民身份的补充，并不取代国家公民身份。

欧盟每年都会通过"欧洲晴雨表"对欧盟公民的欧盟身份认同进行调查。欧盟在身份认同方面的主要措施包括以下三个方面。

1. 强调共同价值观

欧盟在创建和沿革中，建构共同的价值观是其重要历史使命。这些共同价值观包括尊重人的尊严、自由、民主、平等、法治，尊重人权（包括少数人的权利），多元、非歧视、宽容、公正、团结和男女平等。在欧盟的内外事务中，价值观被置于十分优先的突出位置。《欧洲联盟条约》明确指出，欧盟的宗旨是"促进和平、联盟价值观和欧盟人民的福祉"。这在教育中得到了严格贯彻。例如，夸美纽斯计划、终身学习计划等都明确指出要发展共同价值观。这些教育方面的项目不仅肩负着提高欧盟公民素质的任务，还承担着建构欧盟共同价值观的重要使命。欧盟委员会认为，一个关键部分就是调整现有的教育和培训系统，使其有能力为任何年龄的个人提供一体化的学习机会，使其通过对公民的知识增长和能力发展的投资提高全民的就业能力和社会的包容性，促进全民信息社会的创建和公民的自由流动。

2. 强调文化和价值观的多元性

《欧洲联盟运行条约》指出，在欧盟的行动中，应考虑文化因素，特别要尊重并促进文化的多样性，提高和改进各成员国对于文化的理解和传播。因此，欧盟的教育政策也都注重对成员国独特价值观的保护，反对歧视，强调教育项目的参与者、教育政策的执行者要尊重成员国特有的价值观。欧盟强调文化和价值观多元化是主动包容非共同价值观的举措，积极倡导文化和价值观多元化，包容、尊重、保护非共同文化和价值观是欧盟建构共同价值观的方法和策略。

3. 强调共同历史经验和文化遗产

欧洲历史在最近一千多年都处于分裂状态，各民族国家均有着自己的历史和文化，但是，在总体上都处于共同的历史框架之内。首先，欧洲文化有着共同的基础和源流。整个欧洲文化都源自古希腊文化和基督教文化。古希腊的制度文化流传至今，并在欧洲各国得到很好的继承和发展。例如，今天的普选制就是从古希腊的公民大会演变而来的，现代代议制由古希腊的元老院演变而来。其次，从罗马帝国的建立开始，欧洲共同的历史经验更加清晰。基督教成为国教而得到大力推广，最终实现政教合一，教皇统治覆盖了欧洲绝大部分地区，经历了漫长的中世纪；然后是起源于意大利的文艺复兴、起源于德国的宗教改革，以及新航线的开辟，这三大事件席卷整个欧洲大地；再到后来就是欧洲资本主义革命，新兴资产阶级登上历史舞台。在欧洲各国的共同历史中，冲突、战争、结盟也是各国的主题，两次世界大战给欧洲人民和世界人民带来了沉痛的历史经验与教训。

共同的文化源流、共同的历史经验产生了巨大的文化向心力，维系了欧洲文化的生存和巩固。欧盟的政策非常重视对共同文化源流和历史经验的利用，以此来建构欧盟身份认同。《欧洲联盟条约》明确提出，欧盟将推动成员国的文化繁荣，在尊重其国家和地区多样性的同时，将共同文化传统摆在优先的位置之上。为此，欧盟确定了行动方针：维护具有欧洲意义的文化遗产，进行非商业性质的文化交流，促进包括视听领域在内的艺术和文学创作。欧盟的这些文化政策，深刻地影响了欧盟教育政策的制定。

尽管欧盟做了种种努力，但是 2012 年公布的报告显示，欧盟的身份认同仍然不乐观。对于"你认为自己是一个欧盟公民吗"的问题，61% 的人回答为"是"，38% 的人回答为"否"，1% 的人回答为"不知道"。回答"否"的人比 2010 年和 2011 年分别增加 1% 和 2%。新老成员国公民对欧盟公民的认同几乎一致，但欧元区国家与非欧元区国家在这个问题上的差异较为明显。更重要的是成员国之间的差异更大，认同率最高的三个成员国是卢森堡、丹麦和德国，认同率最低的三个成员国是意大利、保加利亚和希腊。重要成员国法国的认同率稍高于平均水平。

"在不久的未来，你认为你的身份是什么"的问答中，欧盟所有成员国的公民对成员国身份的认同率在 2010—2012 年的三年内分别为 46%、39% 和 38%，虽有所下降但比同时段对欧盟公民的认同率（3%、3% 和 4%）高出许多倍。另外，在将两种身份加在一起认同时，成员国身份在先的要远远高于欧盟身份在先的。2010—2012 年，将欧盟公民身份与欧盟公民身份加成员国公民身份两者的认同率合在一起只不过是 10%、12% 和 10%，而将成员国公民身份与成员国公民身份加欧盟公民身份两者的认同率合在一起则高达 87%、85% 和 87%。这些数据充分表明欧盟所有成员国的公民对成员国公民身份的认同仍然占有压倒性优势，欧盟的身份认同形势依然非常严峻，欧盟的身份认同任重而道远。

四、经济理性主义理论

（一）经济理性主义理论的内涵

经济理性主义是主流经济学的理论基石之一，这一理论对社会各个领域产生的影响是深远的，欧盟教育政策也同样受到其深刻的影响，其发展和内容体现了经济理性主义的理论内涵。

经济理性是西方经济学中一个重要的基础概念，是西方经济学家关于人类经济行为的基本假定之一，即人要受自私自利和尽可能地取得较多的各种好处的欲望所驱使。这里假定，个人首先评估他所面临的各种活动过程，然后选择能得到最大纯收益的特殊活动过程。经济学中的理性是指，有一个很好的偏好，在给定的约束条件下，最大化自己的偏好。

英国经济学家亚当·斯密认为在经济活动领域，人的本性皆是自利的，每个人都在追求其自身的利益。由于每个人在自利的时候都有一只"看不见的手"引导他去实现另一个他并不想要实现的目标——利他，他不自觉地实现了社会的利益，其效果要比他真正想实现社会利益时更大。个体以"利己"为动机，在追求利益最大化时实现了"利他"，虽然这种"利他"不是个体最主要的追求，但客观上促进了社会利益的积累，因此"利己"并不自私。所以，每一个个体都应光明正大地"利己"，只有这样才能促进社会经济的发展。

后来的经济学家把这种以"利己"为动机，并且追求利益最大化的行为称为"理性"或"经济理性"，具备这样行为的人称为"理性人"或"经济人"。现代主流经济学的整座大厦都是建立在这个"经济人"的假设基础之上的。因此，我们不妨认为经济理性主义就是关于谋求预期收益最大化的系统理论。根据亚当·斯密的分析，经济理性主义应当至少包括以下二点内容：一是明确的利己目标；二是清晰的成本意识和限制条件；三是最小成本与最大收益之间的方法博弈。经济理性主义的工具价值是：规避风险，遵守规范，完全的"利己"导致完全的"利他"，当成本一定时谋求收益的最大化，当收益一定时谋求成本的最小化。

如果说经济全球化理论、区域发展理论、身份认同理论强调的是欧盟成员国之间的互利与合作关系，那么经济理性主义则表现出欧盟成员国之间、欧盟与世界其他各国之间的自利与竞争。这种竞争意识或者说理性主义思想在欧盟教育政策上得到了充分的展现。

（二）经济理性主义理论对欧盟教育政策的影响

1. 追求"一体化"下的民族国家独立发展的"多样性"

依据经济理性主义的理论内涵，由于每一个欧盟成员国都是独立的以自身利益为主要目的的理性经济人，在追求共同利益实现"一体化"的背后实际上是出于对自身利益的保护与扩张。因此，欧盟教育政策在推动"一体化"的同时更侧重于对各国教育"多样化"的尊重。

　　教育所具有的"社会—经济"功能与"文化—政治"功能将有利于促进经济一体化和政治一体化进程。欧盟的教育决策正是以此作为核心的价值目标。但是，正如历史进程所一再证明的，"一体与多元"的冲突和协调始终是欧洲一体化建设不可回避的问题。一方面，民族国家始终是一体化的基石，其语言和文化的多样性具有不可替代的影响和地位；另一方面，欧洲联合进程遵循着先易后难、先经济后政治的轨迹，不断地朝向统一的方向发展，其联合的程度越来越体现出"一体"的特征。因此，在某种程度上，"一体"与"多元"之间的冲突是不可避免的。如何协调两者之间的冲突？如何在两者之间形成一种适度的张力？这是欧洲的政治家和学者所面临的难题。在这一问题上，欧盟提出的口号是"多样性的统一"。也就是说，欧盟既要尊重各成员国的多样性，又要大力促进欧洲走向联合和统一。

　　然而，在具体的一体化实践中，解决以上难题则要复杂得多。在欧洲一体化进程中所发生的历次危机，都在一定程度上触及了"一体"与"多元"的冲突问题。由于欧盟各成员国在法律制度、经济发展水平、文化背景以及传统习俗等方面存在不同程度的差异，因此，在一体化的进程中，欧盟教育政策的制定和实施也不可避免地会遭遇"一体"与"多元"的困境。尽管欧盟在这一问题上一直非常谨慎，并且专门确立了"辅助性原则"以指导其教育决策，但是，由于教育领域所具有的敏感性，这种"一体"与"多元"的冲突依然存在。而且随着欧盟的进一步发展和欧洲一体化程度的加深，这种"一体"与"多元"的矛盾将日益突出。

　　经过几十年的努力，欧盟已逐渐建立起较为完整的教育政策体系，但是需要指出的是，一方面，截至目前，成员国依然在教育制度和教学内容的组织安排上拥有全部自主权；另一方面，在欧洲的经济、政治一体化建设不断向前推进的背景下，欧盟的教育政策已经对成员国产生了潜移默化的影响。通过加强教育合作来推动教育改革并最终达到提升教育质量的目的，已经成为各国的共识，而这一过程又必然会在某种程度上导致"教育趋同"情况的产生。

　　尽管欧盟各成员国在教育决策上有走向趋同的趋势，然而在知识传统、制度结构、治理和控制模式以及教育结果等方面都存在明显的差异。尤其是具有理性主义和百科全书式知识传统的国家，如法国，一般将综合性课程保留到最后阶段；而具有更多经验主义或人文主义传统的国家，如英国，一般在很早的年龄阶段就引入了专门化课程；拥有双轨制教育传统的国家，如德国和比利时，与其他成员国在制度结构上仍然有差异。欧盟各成员国政府仍然主要控制着本国的教育制度，并利用它来实现国家目的。

欧盟只有有限的权力干预民族性国家教育体系。例如,《罗马条约》和《单一欧洲文件》给予欧洲共同体在教育领域有限的权力,其不得提供和规定学校课程的细节,其行动的主要范围是在职业教育领域。《欧洲联盟条约》则给予了欧盟更明确的行动命令权,但仍然主要限制在义务教育后阶段和与教育、经济相关的部门内。此外,欧盟还正式承诺保留教育制度的多样性,坚持认为彻底的一致既是不受欢迎的,也是不可能的。因此,我们有理由认为,教育政策的趋同性并不一定意味着欧盟各国的教育体系和结构将走向统一,而民族性的国家教育体系仍将发挥促进民族认同和民族独立的重要作用。总之,欧盟在教育政策的实施过程中,超国家机构与成员国政府并不是领导与服从的关系。欧盟的基础性条约对欧盟的教育权限做了严格的限定,即欧盟必须充分尊重各成员国的教育主权,而在是否有必要调整本国教育政策的问题上,各成员国拥有最终的决定权。这充分体现了理性经济人对自身利益的维护。

2. 重视以提高人力资本为目标的职业教育发展

欧盟十分重视对教育和培训的投入,并将这种投入看作实现共同体经济增长和社会团结的根本保证。《马斯特里赫特条约》明确规定,欧盟要对成员国发展高质量的教育和职业培训行动给予支持和帮助,在教育内容和教育系统的组织上则要尊重各成员国的文化传统和语言的多样性。

教育和培训实际上是欧盟履行其关于对人力资源进行投资,以提高人的技能、创造力和适应力承诺的两个基石。自 20 世纪 90 年代以来,欧盟主要通过一系列行动计划和政策措施鼓励成员国间在教育领域开展合作,尤其是鼓励教师和学生的流动,加强各类教育部门之间的交流与合作,促进欧洲教育和培训质量的提高,越来越多的欧洲国家开始将教育和培训作为解决就业问题的关键。这也是经济理性主义追求经济增长点、提高人力资本的核心内涵。

2000 年 3 月,欧盟国家首脑里斯本会议通过了里斯本战略,制定了社会、经济、教育和就业发展的目标,提出"要把欧洲建成世界上最具竞争力和最具活力的知识经济社会,保持可持续性经济增长,有更多、更好的工作机会,社会更具聚合力"。该战略认为,教育、培训和就业能够为实现这些目标做出重要贡献,特别是通过向全体公民提供终身学习的机会,创新政策、体制和实践。里斯本会议同时提出欧洲的教育和培训系统既需要与知识社会的要求相适应,还需要与提高就业水平和质量的需求相适应,要大幅增加人力资源的人均投资。2001 年,欧盟理事会在瑞典斯德哥尔摩召开会议,确定了教育和培训发展的三大目标:大力提高欧盟教育和培训的质量和效益、扩大全民接受教育和培训的机会以及向世界开放欧盟的教育和培训。2002 年，欧盟理事会在西班牙巴塞罗那召开会议，提出要使欧盟的教育和培训制度成为世界质量参照系。通过教育、培训、学习经历和非正规教育而产生的人力资本对经济的发展有着积极影响。除了物质性收益之外，如促进经济可持续增长、提高生产率和收入水平，教育和培训还有非物质性收益，如增强社会聚合力、减少犯罪、提高健康水平和子女教育水平。教育和培训对经济成就的贡献力度很大，人力资本成为经济增长的杠杆。

　　大量的研究表明，投资于教育和培训及获得技能被看作经济繁荣的关键性因素，技能和资格水平的提高对促进经济增长有着积极的影响。高等教育投资对国民收入增长水平有着重要影响。欧盟委员会的有关研究表明，学校入学率每增加 1 个百分点可使人均国内生产总值增加 1 到 3 个百分点，每增加 1 年接受中等教育的机会可使每年经济增长增加 1 个百分点以上。欧盟委员会的有关研究表明，识字率提高 1%，劳动生产率可提高 2.5%，人均国内生产总值将提高 1.5%。个人教育和培训收益方面的研究成果表明，大多数国家投资人力资本的收益高于投资有形资本。投资人力资本是增加财富的一种有吸引力的方式。大多数国家中等、高等教育和培训的个人收益率在 10%～15%。除了这些货币性收益外，具有技能的人有更多的机会参与劳动力市场，并降低失业风险。因此，教育、培训和技能也同高质量的生活、职业生涯以及较高的社会地位有着直接关系。

第三节　欧盟教育政策的影响因素

　　为了有效应对经济全球化的机遇和挑战，欧盟颁布了一系列的教育国际化政策。从历史的发展情况来看，欧盟教育政策国际化不仅源于欧洲文化的同一性，而且是满足欧洲一体化发展、建设"知识欧洲"的需要。欧洲一体化和欧洲利益多样化都是影响欧盟教育政策的因素。

一、欧洲一体化

（一）欧洲一体化的动力和影响因素

　　一体化是在各个独立的单元间建立并保持密切及多元化互动的进程。条件是影响事物发生、存在和发展的因素。区域一体化为什么会发生、存在并不断进化？所以，为一体化进程找到一些具有共同规律的影响要素具有重要的意义。

很多学者研究过一体化的条件问题。社会与政治学家卡尔·多伊奇提出多元安全共同体形成的三个条件：一是主体价值的互适性；二是组成单元间的相互感应性；三是行为的相互可预测性。实际上，这三项条件主要强调的是单位层次上行为主体的互动和行为模式，这里面既包括区域认同（或者说区域意识），也可以用地理因素、成员国间的相互交往以及区域制度进行解释。美国政治家和经济学家哈斯总结了成功的区域一体化的三个背景条件，依次是多元的社会结构、发达的经济与工业以及共同的意识形态模式。显而易见，这是契合欧洲一体化进程的三个因素，强调的依然是单位层次，社会、经济和意识形态的单位属性。美国政治学家约瑟夫·奈则提出了两类条件：第一类是结构条件：①一体化各组成单位的对称或经济平等；②精英价值观的互补性；③多元主义的存在；④成员国的适应能力和反应能力。第二类是认知条件：①对利益分配公平性的感性认识；②对外部相关问题的认识；③看得见的可转嫁的代价。他所说的结构条件指的是区域次体系的内部结构；认知条件强调了观念性力量的重要性，"认知"的主体显然是区域次体系中的行为体。认知条件所提到的"对外部相关问题的认识"，也暗含着外部因素的影响，然而主要强调的是行为主体对外部因素的感知和反应。

复旦大学国际政治系博士陈玉刚在总结国内外对一体化条件论述的基础上，简要概括了一体化的几个综合条件：①一体化区域内部的某种政治、经济、文化中心的存在和主要成员国势力均衡的存在；②一体化有关成员国主体价值的互适性和相互行为的可预测性；③有关各方对改变原有关系状态的强烈愿望；④外部条件。外部条件主要是指安全威胁与压力，包括两个方面：一是成员国之间的；二是成员国集体外部的。第一个条件关系到区域次体系这一层次，强调的是区域内部的权力结构；第二、三个条件对单位层次上的一体化要素做了总结，单独强调了外部条件，即来自区域次体系外部的影响因素。

暨南大学教授王子昌将强烈的收益预期和解除安全之忧作为一体化的两个必要条件。他还分别介绍了自由主义、现实主义与建构主义对区域合作的动力与机制的判断。自由主义认为，国家间区域合作的动力主要来源于国家间互通有无的需要，推动区域合作不断前进的是一种合作的外溢机制；现实主义认为合作不过是提高自身权力的一种手段，国家间区域合作的动力来源于国家对自己安全的追求，相对平等地分配合作收益是合作得以持续的一个主要因素；建构主义则认为，共同的认识是合作的动力，合作意识的不断深化和扩展是合作不断深化和扩展的主要因素。

总而言之，许多学者对区域一体化产生的必要条件做了研究和概括。无论简单或复杂，宏观与微观，都离不开区域一体化活动的主体——民族国家，尤其是地区大国。地区大国既是测定这些条件的标杆，也是践行这些条件的实践主体。区域一体化起步之后，又有哪些因素推动着一体化进程不断向前发展，这是区域一体化的动力问题。动力是指推动某物或某事前进、发展的力量。什么力量在推动着区域一体化向前发展，即一体化发展的动力问题，始终是研究欧洲一体化的学者所要探讨的核心问题之一。

20世纪50至60年代初，一些理论家，特别是新功能主义者解释了欧洲一体化的发展进程。从20世纪60年代中期开始到80年代中期，欧洲一体化进入一个长达20年的相对停滞期，另一些理论家，特别是政府间主义者解释了为什么一体化没有像一开始那样进展顺利。可以说，从20世纪50年代一直到90年代初，占据主导地位的理论主要围绕新功能主义和政府间主义展开。随着欧洲一体化的深入发展以及随之而来的制度上的建设与创新，理论界开始提出关于制度在一体化进程中究竟扮演什么样的角色和发挥何种作用的问题，从制度角度研究欧盟成了20世纪90年代以后欧洲一体化理论最热门的话题。制度变量的引入是要解决欧盟制度在一体化进程和决策中的因果作用问题，特别是研究在什么条件下、以什么方式，超国家机构能够对欧洲一体化进程发挥独立影响。制度变量也在区域层次为一体化进程提供动力。

新功能主义把欧洲一体化对"外溢"压力的反应作为其动力的主要来源，这是区域层次推动一体化发展的因素。不同领域的合作有着潜在的关联性，任何领域合作的成功都会引起在其他领域进行合作的期望与信心，这使欧洲一体化如同"滚雪球"一般，其推动力随着进程的展开越来越大。有学者进而指出，这种功能性合作的"外溢"的不同模式，按照新功能主义理论，复合型外溢模式包含三种外溢形式，即功能性外溢、诱发性外溢和养成性外溢。它们分别强调一体化过程中的不同动力：部门和部门内部不同领域间的相互依赖，各成员国对国际压力、国际环境的共同认知，欧盟机构（欧盟委员会、欧洲议会）的推动作用。

跳开不同理论的束缚，法国历史学家法布里斯·拉哈认为，各种形式的合作，无论是双边的或多边的、政府间的或超国家性质的、国家内部的或跨国的，都对欧洲大陆的整个一体化运动及其统一做出了积极的贡献。北京大学教授郇庆治综合考量了体系、民族国家、区域与社会层次推动一体化发展的因素，认为欧洲一体化进程的内在动力可以概括为以下四对矛盾：一是经济领域与非经济领域的矛盾；二是扩大与深化的矛盾；三是联邦主义与邦联主义的矛盾；四是超国家机构创建与政府间合作方法的矛盾。欧洲一体化进程背后又有着五大主要的影响因素：一是经济"外溢"因素，一方面，跨国界的经济生产、生活活动需要超国家的行政或机构管理，另一方面，最初发动的任何超国家化管治机构或措施被证明是不可逆转的，而且大多具有范围"外溢"的压力；二是国内政治因素，不仅直接参与政府间谈判的成员国的相关机构，而且一个国家的政党政治、选举制度、政治传统等都可能对欧洲一体化的现实进展产生影响；三是领导者因素，欧盟委员会主席和成员国政府领导人的政治支持是几乎所有取得成功的一体化举措的前提与动力；四是经济环境因素，经济环境不佳时提出的一体化举措的预期往往是困难的，而经济环境有利时更适宜提出一体化的举措；五是国际压力因素，许多一体化重要文献都受到了国际因素的影响。

综上所述，对于一体化的条件和动力，各种一体化理论都给出了自己的答案，这些答案虽然显著不同，但是也能发现其中强调的一些共同因素。正如美国学者安德鲁·莫劳夫奇克所称，许多建立区域一体化经济的行动都有一个或几个共同成分：经济动机、确定某种对外关税以及一个或多个关心推进区域一体化的领导国。概括来说，区域一体化的条件和动力基本上可以归为物质性力量和观念性力量两大类，这两类因素不同程度地推动了区域一体化的发展。在物质性力量当中，共同利益和制度建设两大要素被强调得最多，观念性力量当中最为重要的应当是区域认同（或者说区域意识）的重要作用。值得注意的是，所有这些物质性、观念性力量都需要以民族国家为载体，需要核心大国的推动，外部力量和外部因素也是不可忽略的要素。

第一，共同利益。超越民族国家的和平的一体化进程，其演化有赖于参与各方所认识到的共同需要。莫劳夫奇克也指出，在各项问题上的国家利益，而不是理想主义或者地缘政治，才是促使一体化发展的动力。共同利益在一体化的起源和发展中都起着关键作用，要根据区域政治经济发展状况和地缘政治环境来判定。

第二，区域认同。强调区域认同的重要性，并不是建构主义者的专利。功能主义者哈斯发现，建立在实用主义利益基础上，并以此为出发点的政治进程必定是脆弱的，容易出现反复。如果得不到深层次的意识形态或哲学信念的支持，基于实用主义考虑的利益，如期望获得经济收益，可能只是"短暂的"利益。在民族国家层次上，这样的意识形态或哲学信念包括强烈的民族主义和民族认同感等。从历史和现实相结合的角度考察，认同和文化一样，从其渊源上看都是种族划分边界结构和内涵的产物。但从其形成过程来看，实际上，国家不存在持续不变的认同。

第三，一体化的制度建设机制一直作为中介或干预变量被广为讨论。美国学者奥兰·扬认为，机制是利益相关的行为体的预期趋于一致的产物。机制一旦创立，它们自身就会改变起初创造它们的实体的权力分配。有学者说，国际制度或机制帮助国家解决集体行动问题，通过提供互惠（实施针锋相对战略）促进合作，并且把各种有问题的领域联系起来考虑。这样，区域性国际制度就增强了各国解决争端和相互合作的动机。新自由制度主义的代表人物罗伯特·基欧汉也指出，国际机制是行为者在自身利益的驱动下所达成的一系列协议安排，它的主要功能是促进政府间特定的合作性协议的形成，它减少了信息的不对称性，从而降低了环境的不确定性。利用国际机制促进国家合作的成功做法取决于降低政策协调过程中交易费用的努力，以及为各国政府提供信息的措施，而不是取决于规则的强制。一种合作机制一般包括三个层面的内容：一是合作的原则；二是合作的组织机构；三是组织机构的决策和执行程序。

第四，地区大国的推动也是区域一体化发展不可或缺的要素。传统的区域一体化理论虽然没有明示区域主导力量这一先决条件，但从理论和实践上暗含了区域主导力量不可或缺的作用因素。在论述北大西洋区域共同体的形成问题时，社会与政治学家卡尔·多伊奇就曾谈到，与势力均衡相比，一个强大的中心的存在对一体化来说也许更重要。

第五，外部力量与外部因素。无论欧洲、东亚还是世界其他地区的区域一体化，都不能忽视外部力量的作用与影响，区域是全球体系的"次体系"或"子系统"，地区一体化因而也会受到区域外国家、地缘环境与国际格局的影响。第二次世界大战结束后，欧洲丧失了其中心地位，在这种情况下，联合自强成了欧洲国家战后重建、重拾国际地位的最佳选择，欧洲的联合还得益于美国的马歇尔计划及北约的安全担保。欧洲一体化的成功绝不是偶然的，而是一系列区别于世界其他地区的特殊因素综合作用下的结果。学者多用"内"与"外"、"结构"与"认知"的两分法分析、概括影响着欧洲一体化缘起的各项要素，并以此作为欧洲一体化成功的经验。

在区域层面，欧洲一体化的起步与成功有着特殊的地理与社会历史条件。

第一，欧洲国家对彼此之间的战争的体验和反思极为深刻、强烈。欧洲是在战火的洗礼中一步步走到今天的。在民族国家正式出现之前，各欧洲民族之间的战争使欧洲战火纷飞。民族国家出现之后，欧洲大国林立，此消彼长，彼此之间的争战愈演愈烈。人类历史上的两次超大规模的世界大战，欧洲都是战争的肇始方。如果说第一次世界大战代表着欧洲支配全球的结束、霸权衰落的开始，那么第二次世界大战之后欧洲则进一步衰落，霸权旁落，欧洲强国都沦为二流国家。欧洲及欧洲人为数千年以来的战争付出了无比惨重的代价，最终失去了世界权力中心的地位。战火不断的欧洲终于决定休战止戈，从战乱频发这一负面的历史遗产中吸取教训，决心用一种区别于战争的方式创建战后欧洲的新秩序。

第二，欧洲共同发源于爱琴文明、古希腊文明、古罗马文明，直至一脉相承的拜占庭文明与拉丁－日耳曼文明。在欧洲文明的共同背景下，欧洲确实存在着统一的根本因素，这种因素有着共同的、根深蒂固的古代文化和基督教的背景。欧洲人从未放弃寻求彼此之间和平共处的方案。据西方学者的考察，早在中世纪末民族国家形成之际，欧洲思想界就已出现一些关于超越主权国家建立某种超国家组织的主张，但是行之有效的方案一直没有出现。这些挫折后来证明都是值得的，因为源远流长的欧洲统一思想，自上而下与自下而上的欧洲统一实践，持之以恒地为欧洲统一做了思想和社会动员。实践出真知，联邦主义、功能主义、新功能主义、政府间主义等一体化理论既来源于欧洲一体化的现实，又对欧洲一体化进程做出了不同的解释。虽然欧洲各国在一体化的进程中，对于一体化的目标和性质都有各自不同的理解，但是支持一体化的欧洲思想始终占据上风，并推动着欧洲一步步发展到了今天的欧盟。

第三，欧洲的地理是其走向统一的得天独厚的天然条件。欧洲的地理环境与远古文化传统中有利于出现洲内统一的前景的因素，确实比其他各洲都多。欧洲也较早地在经济与社会方面组织了起来。据学者考证，经济全球化和自由贸易源起的欧洲，很早就已经形成了一个统一的经济地域。经济大师凯恩斯就注意到，1914 年以前欧洲的经济生活差不多是完全国际化的。尽管欧洲语言和民族众多，但是的确有一种"欧洲精神"存在：好知、理性主义、创业精神、经济活动的能力和组织的能力、对个人和民主的尊重等。各国的社会和体制也有一致之处。可以说，在某种程度上欧洲是一个整体，特别是在经济和知识上。尽管这一经济和社会上的统一的欧洲，被欧洲的民族国家醉心于权力争夺与扩张所导致的第一次世界大战和随之而来的危机，以及再一次的世界大战所打断，但是这些渊源已久的统一因素得以保留和积淀，并在适当的时机开出了欧洲联合之花。从个人层面来看，欧洲漫长的历史中有着无数的仁人志士一直在为欧洲联合奔走呼号，自下而上不停地做着舆论和实践动员，这也为欧洲一体化的源起提供了深厚的基础与原动力。

（二）欧洲一体化对教育政策的影响

欧洲一体化整体进程也会带动教育等方面的发展。在欧盟一些政策性的文件中，从欧洲经济共同体时期开始，教育问题成为重要的议题之一，从此以后一发而不可收。随着欧洲一体化进程的深入，欧盟的教育政策逐步从其他政策中的一部分发展成教育的单一政策，到现在已经形成了欧盟的教育政策体系。

1. 共同体为教育政策提供了发展的土壤

在欧洲经济共同体成立之初的 1957 年 3 月，六个创始国在罗马签订《罗马条约》，同意为在职业教育与培训领域内达成一个共同政策而由其理事会制定一些关于共同职业培训政策的"基本原则"，为教育合作播下了制度的种子。不过直到 20 世纪 60 年代后期，虽然共同体的视野逐步扩大，在传统的经济和社会事务外，教育问题受到关注，但一直没有一致的行动。此后，1973 年，欧洲因石油危机引发的经济大萧条导致失业率增加，职业教育的作用引起了政策制定者的重新思考，职业教育问题被屡次提到欧盟的议事日程上并推出了相应的教育计划。这些教育计划为提高欧盟范围内的就业率、促进经济增长、增强欧盟凝聚力做出了重要贡献。例如，1974 年，欧洲共同体通过的第一个教育行动方案就提出在移民子女教育、加强各国教育体系间的联系、促进外语学习等六个领域的合作。从 1987 年起，欧洲共同体陆续推出了一系列教育与培训计划，虽然其中有主要针对普通教育领域的专项计划，但从这些计划的主旨来看，其中的普通教育似乎更倾向于对职业教育与培训起辅助作用。

2. 欧盟的战略目标促成了教育政策的体系化

欧洲共同体在教育领域合作业务的扩大和形象的提升也提高了共同体对教育领域的重视。1991 年签订的《马斯特里赫特条约》标志着欧洲联盟的建立，意味着欧盟在经济合作上取得极大成功后，继续向政治合作的一体化方向发展。作为促进经济和政治发展的重要工具，教育除了在《马斯特里赫特条约》中被赋予了合法地位之外，欧洲法院和欧盟理事会还联合负责教育合作。加之经济全球化和信息社会的到来突显了教育的重要性，"知识社会"和"终身学习"理念深入人心，两大因素使欧盟的教育进入了新的发展阶段。

1995 年，欧盟委员会成立了教育和文化总司，负责教育及文化事务。教育项目包括两个整合阶段：1995—1999 年，六个教育项目被合并成两个，即苏格拉底教育项目和达芬奇职业培训项目。措施上也有了新的变化，例如，关于学校教育的夸美纽斯计划已经归到共同体司法管理权里，意味着得到了强制性推行的保障。2000—2006 年，教育与培训领域发生了更多变化。当前欧盟的教育政策强调终身学习，这是基于 2000 年发起的里斯本战略。教育也被推到实现"知识欧洲"的前沿,对欧盟的发展具有关键作用,从而引起了欧洲在教育领域合作的巨大变化。

2006 年,欧盟把所有的教育项目整合成包容性更高、综合性更强的终身学习项目。欧盟理事会首次采用了单一的整合框架,把所有教育项目整合成一个终身学习项目。分配到教育方面的资金也急剧上升,在 2007—2013 年,安排了超过 1% 的欧盟预算用于教育。而 1986 年,这一比例仅为 0.1%。

里斯本战略被采纳后,欧盟确立了以后所有教育行动都适用的一个新的政策合作基础,设定了五项最重要的基准,并运用了新的工作方法——"开放式协调法"。与此同时,其他项目也取得了进展:1999 年由 29 个国家发起、在高等教育系统形成聚合的博洛尼亚进程,于 2010 年建成了欧洲高等教育区。2000 年,欧盟里斯本战略提出,要把欧洲建成世界上最具竞争力和最具活力的知识经济社会,保持经济可持续性增长,有更多、更好的工作机会,社会更具凝聚力的战略目标。

2011 年开始实施的欧盟 2020 战略提出了三大增长方式:一是实现智能增长,大力发展以知识和创新为基础的经济;二是实现可持续增长,着力促进更具资源效率、更加绿色和更具竞争力的经济;三是实现包容性增长,全力促进能体现社会和国家聚合力的高就业经济。为此,欧盟理事会制定了相应的战略框架,并决定把 2009 年 5 月所确立的在欧盟层面采用的"开放式协调法"应用到该框架中。由此形成了当前欧盟最新的教育政策。

综上所述,欧盟的教育政策是欧盟一体化战略的组成部分,为欧盟一体化服务,随着欧盟一体化的发展进程而发展。

二、欧洲利益多样化

自从欧洲开始一体化,作为欧盟雏形的一体化组织就已经看到自身和成员国之间的利益关系是一个重要问题。有学者认为,欧盟组织内部主要存在四种力量:借推动欧洲一体化强化自己国家利益的法国;以欧洲整体利益为优先的德国,以及与德国一样支持欧洲一体化的意、荷、比、卢四国;主要关注经贸议题,但对于政治性的议题也愿意持开放的态度的芬兰、西班牙、葡萄牙、希腊等国;希望通过欧盟快速提升自己国家的政治经济地位,同时借助欧盟的法规来削弱国内保守派力量的中东欧国家。各种力量代表不同利益方,共同体的进步必须要解决各方利益问题。因此,欧盟采用了一些金融工具和立法提案权来对共同体和成员国的各方面利益加以平衡。欧盟在发展过程中,在经历了一些利益博弈事件后，在"自有财源"之上，先后推出了结构基金和凝聚基金，较好地解决了共同体和成员国之间的利益关系。从相关文献中可以看到，欧盟使用的是相对的"劫富济贫"的方式协调国家利益，即利用欧盟的自有收入设立项目基金支持教育发展，进而促进欧洲一体化的发展。

（一）欧盟与成员国之间的利益冲突案例

欧洲共同体成立后，它与成员国之间的利益冲突主要发生在农业领域。相对于只涉及分阶段废除关税和配额问题的工业领域而言，农业共同市场的建立既复杂又难于管理。首先，这是由于所有欧洲国家都有一套复杂的农业管理方式，诸如用补贴和价格支持来保障农民获得适当的收入。其次，这是由于各国自身的经济条件变化和对共同体的净贡献率的矛盾。后者以德国为代表，其矛盾表现更为突出。

德国承载着挑起战争的原罪，为恢复主权以及获得国际社会，尤其是欧洲邻国的认可，德国一直以欧洲整体利益为优先，为欧洲一体化做着大量的贡献。这种奉献精神在为德国赢得世界认可的同时，也为德国带来第二次世界大战后的快速恢复和发展，成为共同体中最大的赢家之一。因此，德国几乎从欧洲煤钢共同体时期起，就心甘情愿地承担着共同体最大净贡献国的角色，1992—1999 年德国平均的贡献率高达 0.67%。不过这种情况也在苏联实际控制的东德经公投自愿并入联邦德国后发生了改变。在民主德国并入联邦德国后，德国的平均收入明显下降，致使其国内预算不堪重负，与其承担的净贡献率形成较大反差，德国政府也表现出不愿意承受这个负担。

与德国一样长期承担着高额的净贡献率的国家还有荷兰，超过了本国 GDP 的 0.6%，显然已引起了其国内民众的不满。其他净贡献率较高的国家还有瑞典、奥地利和比利时三国，他们的净贡献率都在 0.3% ～ 0.5%，法国和意大利两国的净贡献率则在 0.1% 上下。随着经济增长速度的放缓，各国国内矛盾的增多，抵制高贡献率逐渐成为这些国家的常态。这也是欧盟内部各国利益冲突的表现之一。

（二）欧盟协调成员国利益的机制

欧盟官方不具有在成员国内强制执行欧盟政策的权力，因此，欧盟的一体化诉求是通过经济杠杆、欧盟自有财源和各种基金进行调节的。具体到教育政策，也主要是通过提供项目经费，刺激成员国达到通常由欧盟理事会制定的教育政策的目标。

1. 欧盟的自有财源

根据相关欧盟条约规定，欧洲法院根据法律规定予以保障的从税收取得的收入，主要来源于关税和农产品进口税，以及对所有商品与服务征收 1% 的增值税。为了避免使较为贫穷国家比富裕国家负担更高的比例税负，在 1988 年，欧洲共同体通过了向各成员国征收与其收入成正比的第四项财源，由此构成了欧盟的财政收入来源。在欧盟的收入中，越是富裕的国家贡献率就越大。其中，德国多年来都是贡献率最大的国家，之后是荷兰，其净贡献率与德国相似。在 20 世纪 90 年代，英国、瑞典、奥地利和比利时等国的净贡献率在 0.3% ~ 0.5%。此外，法国和意大利的净贡献率则在 0.1% 左右。而西班牙、葡萄牙、爱尔兰和希腊等国则是获得的受益比贡献要高得多的国家。以西班牙为首的结构性基金主要受惠国又坚决抵制其收益的任何削减，因此，各国间一直在竭力维持团结，争取扩大并继续保持和平与繁荣的架构，保证有足够的资源促进中东欧国家走欧洲一体化道路，但各国在短期内所面临的现实问题又使彼此之间的国家利益成为各国博弈的内容。这种一体化诉求和国家利益的磨合与协调也反映在欧盟教育政策上。通过接下来对欧盟结构基金问题的探讨将进一步集中讨论。

2. 欧盟的结构基金

早在 1957 年签订的《罗马条约》中，欧洲共同体就有设立一个社会基金的条款，用以帮助因加入共同体的自由贸易而受损的国家调整劳动力。因此，欧盟的结构基金在很大程度上成为协调各成员国间利益的工具。而在实际使用中，共同体的这笔社会基金基本上都是用于成员国（尤其是经济较弱的国家）职业教育与培训的资金。

例如，从 1963 年起，欧洲共同体就陆续推出旨在推进工作和学习跨国流动的系列项目，支持共同体内部的教育与培训活动。1973 年，英国加入共同体时提出设立一项地区援助基金，以帮助共同体内经济困难地区发展的主张得到采纳，这就是后来在欧盟逐步扩大进程中发挥了重要作用的欧盟结构性基金。从 20 世纪 70 年代起，共同体围绕一组基金和目标来制定其地区政策。到 2000 年，欧盟的结构性基金达到了 320 亿欧元，发展成为三大基金，分别是欧洲地区开发基金，在进入新千年时该基金年度预算就达到了 130 亿欧元；欧洲社会基金，用于工人再培训，每年 75 亿欧元；欧洲农业保证与指导基金的指导部分，用于农业地区的结构改革，每年 40 亿欧元。这三项基金的开支被集中于三个关键目标：人均 GDP 低于欧盟平均 75% 的地区，涉及欧盟人口的 20%；经历经济与社会转型的地区，或面临结构性问题的地区，涉及欧盟人口的 18%；不设定专门地区，支持教育、培训与就业政策的改革与现代化。

　　欧盟不具备强制推行其政策的权力，其政策所奉行的是协调性和辅助性原则。因此，欧盟赖以推动其教育政策的就是手中的钞票了。超过欧盟 GDP 的 1% 的自有财源使欧盟有资本使用经济杠杆手段，主要以项目的形式作为政策工具推行自己的政策。上述问题就直接成了影响欧盟教育政策的重要因素。

第四章 欧盟教育政策的主要内容

区域性组织的教育政策有脱离国别个性经验的独特价值。欧盟是具有国际影响力的区域组织，一直致力于保持其在世界上的竞争力，教育政策在其中发挥了重要作用。欧盟的教育政策内容多，涉及范围广，在不同的发展阶段，其教育政策内容也有差异。本章主要内容包括欧盟的基础教育政策、欧盟的高等教育政策、欧盟的职业教育政策。

第一节 欧盟基础教育政策

在世界经济全球化发展的过程中，知识在社会经济结构中起到越来越重要的作用。在经济全球化教育市场的背景下，以国际组织整合发展区域教育合作计划的趋势已经形成。同时，基础教育的国际化逐渐受到各国的关注。在基础教育阶段怎样和终身学习进行有效衔接，并为职业教育和终身教育打下一定的基础，是新世纪基础教育改革的当务之急。

一、欧盟基础教育相关政策概述

（一）《里斯本条约》和《欧盟基本权利宪章》

《里斯本条约》是欧盟具有宪法作用的政策。该条约对欧盟的教育行动进行了原则性规定。《欧洲联盟运行条约》的一些内容包含了欧盟教育行动基本准则、教育行动目的、教育行动途径和方法。这些条款规定欧盟的教育行动基本准则是：通过鼓励成员国之间的合作，以及在必要情况下通过支持和补充成员国的行动，促进优质教育的发展。充分尊重成员国在教学内容、教育组织体系方面的职责及其文化与语言的多样性。这一准则反映了欧盟运作的包容、多元的基本价值取向，为欧盟层面的所有教育行动（包括基础教育政策的制定与实施）所恪守。

这些条款对欧盟的基础教育行动目的做了若干规定：一是发展教育的联盟维度，并通过成员国语言的教学和传播达到这一目标；二是通过在学术方面承认文凭和学习期限来鼓励学生与教师的流动；三是促进教育机构之间的合作；四是就成员国教育制度所共有的问题开展信息和经验交流；五是鼓励开展青年及社会教育培训者之间的交流，鼓励青年参与欧洲的民主生活；六是鼓励发展远程教育。

这些条款对欧盟教育行动的途径做了两点规定：第一点是方向性的规定，鼓励联盟与成员国与第三国及有关国际组织在教育和体育领域进行合作，特别是与欧洲委员会的合作。第二点是程序性的规定，其要求：一是欧洲议会和理事会应根据普通立法程序，在咨询经济与社会委员和地区委员会后，制定激励措施，但不对成员国法律与法规进行任何协调；二是理事会应经欧盟委员会提议通过建议。

这些条款对欧盟教育行动基本准则的界定是非常明确的，但是由于没有对"优质教育""教育的联盟维度"等关键词做进一步的解释，因而为欧盟介入基础教育领域留下了最大的可能性。

《欧盟基本权利宪章》作为与《里斯本条约》具有同等效力的文件，对儿童的受教育权也做了比较详细的规定。在《欧盟基本权利宪章》里，涉及儿童受教育权利的条款主要有两条：一条是专门的儿童受教育权利条款。该条款规定，每个人都有受教育权（包括接受义务教育的权利），享有职业教育和继续教育培训的权利。同时，为了保证依照尊重民主原则设立教育事业的自由和父母确保其子女接受符合其信仰与教学信念的教育与训练的权利，要求成员国通过法律做出规定，并予以保障。另一条是从儿童权利的角度，对儿童受教育的权利做了相应的规定，认为儿童享有受必要保护与照顾的权利。儿童可以自由地表达其观点，这些观点在儿童相关事务上都应该依其年龄与成熟度而考虑；所有与儿童相关的行为，不论是涉及公家机构还是私人机构，儿童的最大利益应作为首要考虑；每个儿童均享有在某一时间段内维持个人关系及与双亲直接接触的权利，除非这种关系违背儿童的利益。

（二）里斯本战略和欧盟 2020 战略

里斯本战略是 2000 年欧盟成员国领导人在里斯本通过的首份欧盟十年经济发展计划。其最初的目标是在 2010 年前将欧盟建成全球最具竞争力和最具活力的知识经济体。因此，它围绕经济发展、就业、科研、教育、社会福利、社会稳定等方面制定了 28 个主目标和 120 个次目标。但是，由于在计划实施过程中遇到的困难太大，导致备受批评。2005年，欧盟不得不修改其目标，重启里斯本战略。里斯本战略认为，欧盟的教育和培训体系必须调整为以满足知识社会不断提高水平和质量的就业的需要。欧盟委员会要求在2012年以前，18～24岁没念过高中的人数应该减半。

欧盟2020战略是欧盟委员会继里斯本战略之后的十年战略。欧盟2020战略认为，1/4的学生阅读能力不佳，1/7的青年人过早辍学，约50%的青年人受过中等教育，但通常不能与劳动力市场的需求相匹配，因此，欧洲必须采取行动，处理这些问题。为此，欧盟要求各成员国确保对所有层级的教育和培训系统（从学前教育到第三级教育）的有效投资；改善教育结果，在这个整合性的方法框架内治理教育系统的每个组成部分（学前教育、初级教育、中等教育、职业教育和第三级教育），增强学生的关键能力，并减少辍学学生的数量；通过建立国家学历文凭框架并让学习结果以劳动力市场的需求为导向，增强教育体系的开放性和实用性。

（三）《关于终身学习关键能力的建议》

终身学习一直是欧盟教育政策的核心内容。欧盟的基础教育政策要求基础教育为学生的终身学习打下良好的基础。《关于终身学习关键能力的建议》和《欧盟理事会关于面向21世纪在欧洲学校教育合作背景下提高基本技能的决议》两个政策较为全面地阐释了欧盟对基础教育的要求。

《关于终身学习关键能力的建议》是欧洲议会和欧洲理事会于2006年12月18日颁布的政策，该政策的主要目的有：第一，界定实现个人价值、积极的公民意识、社会凝聚力和知识社会的就业所需的关键能力；第二，支持成员国的工作，以确保在最初教育和培训结束的时候，青年人的关键能力已经发展到一定水平，足以为他们的成年生活以及进一步学习和工作打下基础，使成年人能够获得终身发展；第三，为政策制定者、教育机构、雇主和学习者在国家和欧洲层面努力实现共同商定的目标提供一个欧洲层面的参考工具；第四，为共同体在共同教育与培训项目中的进一步行动提供一个框架。

《关于终身学习关键能力的建议》把关键能力分为八种，并认为每种能力都是非常重要的，因为它们能在知识社会中为个人的成功生活做出贡献。《关于终身学习关键能力的建议》对每种能力进行了界定，确定每种能力所必需的知识、技能和态度。

2010年，欧盟在欧洲学校教育合作背景下提高基本技能方面提出决议。该决议指出，基于在促进读、写、算及科学和技术等核心能力方面存在的复杂性和艰巨性，学校应该重点从课程设计、学习动机、性别差异、新技术对基本技能的影响，以及使用新技术以帮助学习者形成和保持自主学习的动力、学生背景（社会经济背景和文化背景）与基本技能掌握水平之间的联系、教师及教师教育者、学校特色等方面采取改革和完善措施。同时，该决议要求成员国从两方面推动这些政策和措施施行：一是建立和完善提升学生在阅读、计算和科学方面学业成绩的国家战略，尤其关注贫困学生；二是对国家现有政策及其成效进行分析和评估，为新政策的制定提供依据。

（四）完善幼儿教育的政策

欧盟的幼儿教育政策主要关注教育平等，要求幼儿教育为儿童的发展提供最好的基础。其主要的政策是《幼儿教育与护理》。该政策是在 2011 年 2 月颁布的。其开篇就阐明了幼儿教育的重要性："幼儿教育与护理是终身学习、社会一体化、个人发展和就业能力的重要基础。"该政策认为，优质的幼儿教育与护理能让更多的家长，尤其是母亲进入劳动力市场。该政策从课程设计、师资管理等角度对幼儿教育与护理进行了规范，建议成员国在幼儿受教育机会、提高幼儿教育与护理质量两方面开展合作，要求欧盟理事会做好支持工作。成员国在幼儿受教育机会方面的合作包括：以幼儿教育与护理的效率支持包容和减少辍学；扩大残障儿童、移民儿童获得优质教育资源与护理的机会（如激励弱势家庭参与，调整供给以适应家庭的需要，并提高可及性和可负担性）；搜集关于通适性和定向性提供教育的优势的资料；设计有效的投资模式，合理平衡公共资金与私人资金的投入。成员国在幼儿教育与护理质量上的合作包括：寻找课程中认知因素与非认知因素的适当平衡；促进幼儿教育与护理人员的专业化；制定政策来吸引、教育和留住合格的幼儿教育与护理人才；提高幼儿教育与护理工作人员的性别平衡；促进关怀和教育相结合，提高质量与公平、效率相结合的幼儿教育与护理系统；促进幼儿的家庭与教育、护理、各层级教育之间的过渡；确保质量，设计连贯、协调的教学框架。涉及关键利益相关者，欧盟理事会从四个方面对幼儿教育与护理提供支持：促进良好的政策和做法的鉴定和交流；透过公开协调的方法与成员国合作开展教育和培训，支持发展创新的办法，发展跨国项目和网络下的终身学习计划；在关于研究和发展的框架下，对这些领域的研究提供支持；鼓励成员国通过结构化的基金在这些领域进行投资，特别是以支持员工培训和发展基础设施的方式进行。

（五）推进移民教育的政策

由于鼓励公民流动，欧盟移民教育成了基础教育必须面对的关键问题。理事会在2009年11月26日颁布的《理事会关于具有移民背景儿童教育的决议》认为，移民为社会经济发展做出了巨大贡献，移民子女可以通过受教育的方式成为移民接收国的成功的公民，因此，要求移民接收国为移民子女提供免费教育，同时采取措施提供公平的教育，提高移民学生的成绩水平，帮助他们融入社会。因此，各成员国应该采取适当措施，确保所有儿童都能获得均等的受教育机会。

例如，建立和加强反歧视机制，促进社会融合；提高学校教育途径的透明度，消除教育障碍；改善学校教育质量，减少学校之间的差异；提供个性化的学习和个人支持，尤其为教育程度较低的家庭背景的移民儿童提供专门多样性文化的培训；设计适当的移民接收国的语言教学模式，确保课程的高质量；开发学校与移民社区的伙伴关系等。

从欧盟基础教育政策的内容来看，欧盟基础教育政策有两个非常重要的特点：第一，以终身学习为主要理念和原则，统领基础教育的所有政策。终身学习计划提出至今，已经成为欧盟教育政策的一个重要标准。2001年11月，经过广泛的咨询，欧洲委员会向欧洲议会和理事会提交了建立以终身学习为指导原则的教育与培训体系的建议，并列明了具体的优先行动。2009年5月公布的《欧盟教育与培训合作的战略性框架》也认为，优质的学前教育，小学、中学、高等教育，职业教育和培训都对欧洲的成功有至关重要的作用。然而，在一个迅速变化的世界中，终身学习是一个优先事项——它是就业、经济成功，让人们充分参与社会生活的关键所在。第二，突出基础教育的实用性。一方面，终身教育是与职业教育、培训、劳动力市场等紧密联系，以社会经济发展为目标指向的概念。优质基础教育作为终身教育的基础，自然也以之为导向。另一方面，欧盟一直非常看重基础教育与经济发展、欧洲一体化的关系。早在欧洲共同体时期，人们就认识到教育政策有助于经济发展和欧洲一体化目标的实现。比利时在1973年向欧洲共同体委员会提交的报告中就指出，基础教育与职业教育分离是影响欧洲一体化的主要障碍，不管在何种层次，现在已经没有任何好的职业教育不包括一个合理的普通教育，也已经没有任何好的普通教育是和具体的操作以及实际的工作没有任何联系的。这种思想为欧盟时代基础教育政策改革提供了一个基本方向——扩大义务教育中的职业教育的比例，强调基础教育实用性。

二、欧盟基础教育政策制定原则

（一）能够应对经济全球化与知识经济的挑战

2000 年，欧盟通过了里斯本战略，提出要把欧洲建成世界上最具竞争力和活力的知识经济体，保持可持续的经济增长，创造更多、更好的就业机会，增强社会凝聚力，并且确认了教育和培训在新世纪欧盟经济社会发展战略和未来发展前景中的重要地位和作用。欧盟认为，在当今知识经济和以创新为发展动力的国际大环境中，教育和培训体系是否完善已经成为体现各国竞争力的重要标志。教育和培训系统兼有社会和经济职责，应与经济全球化和知识经济的要求相适应，并能应对经济全球化给欧盟带来的挑战。

（二）能够提高欧洲的创新能力和竞争力

欧盟认为，在教育、研究和创新这个"知识三角"中，教育是形成三者良性互动的必要前提，能够为另两者提供广泛的知识基础和必需的创造能力，是欧洲未来发展和财富的重要基石。2008 年 2 月，欧盟教育部长理事会提出的新政策包括：各级教育的课程设置与开发应以增强学习者的创造力和创新能力为目的；在全欧层面上构想未来社会所需技能，推广"新技能适应新工种"的理念；学校应加强与企业界的合作，将知识向促进经济和社会发展转化，提高欧洲竞争力。2008 年 9 月，欧洲创新与技术研究院在布达佩斯成立，该学院集教育、科研和创新为一体，力求提升欧洲的技术创新能力。为了进一步提高欧洲人的创新能力和创新意识，欧盟委员会将 2009 年定为"欧洲创新年"，营造一个崇尚创造和创新的社会氛围，并使创新成为欧盟的长期政策取向。

（三）能够有助于构建"欧洲维度"

在欧洲，欧盟的教育政策主要起引导和辅助作用，各国政府仍对本国的教育和培训体系负责。尽管如此，欧洲一体化的不断发展要求教育和培训必须有助于构建"欧洲维度"，欧盟试图通过教育改革推动欧洲一体化进程。例如，欧盟进一步加强了教育、培训与文化、语言的政策协调，要求各级教育加强学生对欧洲历史、文化、社会知识的学习，在教学内容中更加突出欧洲的整体意识和概念，以培养年轻一代对欧洲社会与文化的认同。为了强调基础教育在构建"欧洲维度"中扮演的特殊重要角色，欧盟集中各成员国优质教育文化资源，提供欧洲历史和欧洲精神方面的课程和培训，培养学生的欧洲意识和价值观。

（四）能够面向世界

经济全球化的迅速发展是欧盟基础教育和培训体系国际化的根本动因和必然趋势。欧盟认为，在经济全球化背景下，成员国必须开放各自的教育和培训体系，通过成员国之间的合作以及欧盟与其他地区的合作，促进师生交流和人才流动，推动建立校际合作伙伴关系，培养既有欧洲意识又有国际视野和竞争力的人才，同时吸引世界各国优秀人才来欧洲学习深造，使欧盟成为全球优质教育中心。在此政策目标下，欧盟发起并大力推动两大教育培训进程。

三、欧盟基础教育政策实施计划

欧盟基础教育政策的实施主要依托夸美纽斯计划进行。该计划作为欧盟终身教育的补充计划，于1995年启动。这是欧盟第一个全面介入基础教育的计划，覆盖学前教育、小学教育和中学教育，以学生和教师为主，涉及地方当局、家长协会、非政府组织、教师培训机构、大学等层面。因此，任何与学校教育有关的人都会在夸美纽斯计划里找到自己感兴趣的内容。夸美纽斯计划旨在帮助青年人和教育方面的工作人员更好地了解欧洲的文化、语言和价值观，帮助青年人获得必要的个人发展、未来就业和积极生活的基本技能和能力。

（一）夸美纽斯计划的执行情况

夸美纽斯计划在实施的三个不同阶段里，在欧盟政策的大力支持、经费的巨大投入和国家层面的宣传下，共开展了145个多边项目和网络项目，吸引了欧洲不同地区的29个国家参与，在基础教育领域影响极大。夸美纽斯计划在欧盟框架下的所有子项目可分为集中和分散两种形式。集中项目主要由位于布鲁塞尔的欧洲委员会教育、视听和文化执行机构负责开展和执行，分散项目则由29个参与国的国家机构分别负责。

各跨国项目的开展与执行集中行动项目主要负责该计划的宏观方面，如对加入夸美纽斯计划合作学校进行资格审核；多边项目开展（开发学习项目、语言学习计划和虚拟校园建设）；网络建设（促进特定学科、系列学科或多学科领域的创新）；结构建设（帮助提升基础教育的组织、管理、治理或资助，如提升基础教育平等的机会，促进形成教育的"知识三角"，提高学校的管理水平，增强质量保证等，使整体结构更国际化、科学化）；配套项目（主要负责夸美纽斯计划的质量监控和对外推广，通过质量监控的方式保障各子项目开设的水准，通过信息传播、公众交流、活动指导、开发数据库、组织国际会议等方式传播项目成果，让计划得到公众广泛的关注和认可）。

夸美纽斯计划的分散项目主要负责：学生流动（参与项目的学校的中学生在国外学习或生活 3 ～ 10 个月）；教育机构工作人员的流动（鼓励教师参与跨国的教学任务、进行境外培训或交流访学等）；语言预备课程（开展最多 6 周最少 60 学时的出访国语言强化培训）；强化项目（参与国的师生开展为期 2 ～ 6 周的出国前强化培训课程，让师生在出访前对与项目有关的内容有前期的了解）；项目筹备（帮助教育机构建立联系，寻找预期的国外合作机构，开拓新的国际流动学习路径等）。

（二）夸美纽斯计划的具体目标和操作性目标

夸美纽斯计划的具体目标是：培养学生和教育工作者对欧洲文化、语言多样性的理解和价值观形成，帮助学生获得个人发展、未来就业和作为欧洲公民积极参与社会事务的必备的基本生活技能。其操作性目标是：提高教学质量；增强欧盟范围内不同成员国之间的包括学生和教职人员在内的人员流动；加强不同成员国的学校之间的合作伙伴关系；鼓励学习外语；支持和发展以信息与通信技术为基础的教育内容革新、教育服务、教学法和终身学习实践；提高欧洲地区的教师培训质量；支持和发展教学方法和学校管理。

欧盟认为，基础教育计划的具体目标的制定要特别注重发展学生的能力和综合素质。基础教育对学生必备能力的培养在一个人一生的成长发展中起着至关重要的作用，良好的基础教育有利于个人顺利地步入社会，成就自己的事业。鉴于这种重要性，欧盟委员会在 2006 年特别颁布了能为接受基础教育的青年人提供未来发展所必备的八项核心能力。

第一项核心能力是用母语沟通的能力。用母语沟通的能力是指能用口头和书面的形式（听、说、读、写）来表达概念、想法、感觉和意见，能用恰当的方式在各种社会和文化背景中进行语言互动的能力。用母语沟通要求个体具备词汇、语法和语言的知识，还包括对口头交流的认识。每个人要能在不同的沟通环境中通过口头和书面等方式表达，并及时调整自己的表达方式。要想尽快具备母语沟通的能力就要多进行一些有建设性的对话，鉴赏一些艺术作品，乐于和他人交流。

第二项核心能力是用外语沟通的能力。外语沟通能力除了具备与母语沟通能力一致的知识外，还包括对相关国家的社会习俗、文化以及语言多变性的理解。外语沟通能力的核心技能包括理解口头表达能力、会话能力以及阅读和理解书面语言的能力。此外，外语沟通能力还包括正确使用辅助工具的能力。与外语沟通能力相关的积极态度包括对文化差异与多样性的理解，对外语及跨文化交流的兴趣与好奇心。对于官方语言不是自己母语的群体，学习外语的能力主要是指学习官方语言的能力。每个人学习外语的目的和原因各不相同，有的是为了旅游和工作，有的是为了了解异国文化习俗。出于不同的目的和原因，使用外语沟通的能力越来越受到广大学习者的重视。

第三项核心能力是数学和基本的科学技术能力。这个能力实际包含两种能力：一种是数学能力，另一种是科学技术能力。数学能力是指开发和运用数学的逻辑思维来解决日常生活中的一系列问题的能力。培养健全的数学能力重点在于掌握数学的基础知识。数学能力还包括运用数学的思考模式（逻辑思维和空间思维）来表达（公式模型、结构、图形和图表）。科学技术能力是指运用科学知识和方法来认识自然界，以便查明问题，形成有根据的结论的能力。科学技术被看作知识在应对人类需求时的有效应用，它包括对人类活动产生变化的理解，体现了一个合格公民应具有的责任感。掌握数学能力就必须具备全面的数字、测量和基本的数学运算知识，还要能理解数学概念和术语，有用数学解决问题的意识。每个公民应当具备用数学原理和方法解决在家庭和工作中的日常问题，并能用数学的语言进行交流的能力。而掌握科学技术能力就需要了解自然世界，了解基本的科学概念、原理、方法、技术和技术产品，也要了解科学技术对自然界的影响，使每个公民都能更好地了解科学理论的发展、风险和局限性。

第四项核心能力是数字化能力。数字化能力是指信息技术在工作、休闲和沟通中的应用能力，即使用互联网的能力。数字化能力是以信息通信技术为基础，通过互联网进行检索、评估、储存、生产、介绍和交流信息等活动。它要求在日常情况下对信息技术有全面的了解，并且能意识到通过互联网进行工作、学习和研究会带来的机遇和风险。每个人都需要知道如何利用信息技术来进行创新，注意有用信息的有效性和可靠性，以及在进行信息技术互动时存在的法律和道德原则。

第五项核心能力是学会学习的能力。学会学习的能力是指个人追求学习和坚持学习的能力，它意味着不断获得加工和吸收新知识，在自己已有的生活经验的基础之上，能通过有效管理自己的时间和资料来组织学习。这个能力包括能意识到学习的必要性，发现好的学习机会，克服学习中的困难，还包括获得、处理和吸收新知识并能寻求指导。学会学习让学习者能利用以前学到的知识和生活中的经验来处理发生在不同情境中的事情，如在家中、在工作中、在教育培训中。动机和自信是一个人重要的能力。当学习是针对特定的工作或专业目标时，个体就应当具备相应的能力、知识和技术。在所有的情况中，学会学习都要求个体清楚自己所偏好的学习策略、优点和缺点，而且能主动寻找教育培训的机会、指导和支持。除此之外，个体还应当把时间分成自学和合作学习两部分，并能分享同伴的学习成果，从他们那里有所收获。

第六项核心能力是社会和公民能力。社会和公民能力包含了个人的、人与人之间的、跨文化的能力，以及能让个体有效地融入社会和工作中的各种行为能力，尤其在这个日益多元化的社会中，能在需要的时候解决各种矛盾与冲突的能力。其包括两个方面：一是社会交往。要想顺利地进行人际交往，就要明白在不同社会环境（如工作）中已被普遍接受的行为和礼仪，了解欧洲社会中的多元文化和社会经济发展态势，还要知道如何进行跨文化交流，能在不同的环境中表现宽容，发表不同观点，建立自信，要能应对压力和挫折。二是公民素质。它是建立在社会知识和政治概念基础上的，包括民主意识、公平、平等和公民权等。作为一个欧洲公民，不仅要了解当今世界发生的国内和国际大事、国际发展趋势、欧洲和世界历史，还要了解欧洲一体化的过程、欧盟结构和欧洲社会文化的多样性等，要充分尊重民主和人权，用积极的态度欣赏和理解不同宗教和少数民族的不同价值体系。

第七项核心能力是创新意识和创业的能力。创新意识和创业的能力主要是指个体把想法转变成现实的能力。其包括创新能力、风险承担能力、为达到目标而制订计划的能力以及对项目进行管理的能力。这项能力能使个体不仅在日常生活的家中，还能在工作中抓住机遇，它是获得更多特殊技能的基础。要掌握这个技能就需要个体善于发现存在于个人活动和商业活动中的机遇，对经济的运作有广泛的了解。

第八项核心能力是文化意识和表达能力。文化意识和表达能力是指能通过各种媒介，如音乐、行为艺术、文学和视觉艺术等对思想、经历、情感进行创造性表达的能力。文化意识和表达能力所必须具备的文化知识包括对地区、国家以及欧洲文化遗产的认识，也包括对这些国家所处的地理位置和当地流行文化的了解。

欧盟委员会所制定的上述八项核心能力是每一个欧洲人在知识社会和知识经济中获得成功所必须掌握的核心技能。这八大能力是相互交叉、相互作用和相互支持的。例如，母语沟通能力、外语沟通能力、数学和科学技术能力是学习时的必备技能；学会学习能力又对各方面的学习活动予以支持；掌握和提升数字化学习能力，利用和共享网上资源又会促进个体学习能力的提高，进一步提高学习的效率。所有这些能力集中在一起，将有利于提高人们的未来发展和就业，帮助人们实现个人理想并积极地参与到欧洲社会事务中去。

（三）夸美纽斯计划存在的问题

1. 参与国分布不均

欧盟各个成员国、候选国、欧洲经济区和自由贸易联盟等国家的基础教育国际化背景差异很大，哪个国家的经济、政治力量，历史、地理位置能主导文化、教育体系的质量，该国语言在国际上的作用与影响力，以及教育中的国际化政策发挥的重要作用等，都会极大地影响该国基础教育的国际合作和对项目的参与程度。欧盟年度报告显示，项目参与程度较高的国家主要分布在欧洲传统经济、教育较为发达的西欧地区，南欧的参与程度次之，东欧地区的参与程度最低。虽然所有欧盟成员国、候选国、欧洲经济区和欧洲自由贸易联盟国家都可以公平、公开地申请夸美纽斯计划，得到欧盟对发展本国基础阶段教学的经费支持，但由于欧洲国家众多，各国的经济发展不平衡，基础设施、教育资源和文化资源的配置也很不均衡，这使经济基础相对薄弱、基础教育欠发达的东欧国家无论在项目的主办上还是在参与上，数量都较西欧国家偏低。

2. 参与机构分布不合理

夸美纽斯计划的初衷是希望能通过欧盟强大的经费资助，鼓励全欧范围内基础教育阶段的学校、教师和学生，积极参与超国家层面的多边合作和网络项目，扩大基础教育阶段学校和师生的国际视野，培养具有欧洲公民意识和世界公民意识的人才，让基础教育阶段的学校、教师与学生成为项目的真正受益人，给一线教学单位带来最直接的帮助。但通过对 2007—2013 年开展的 145 个合作项目的调查与分析发现，实际参与夸美纽斯计划多边项目和多边网络项目的机构主要为大学和各教育研究中心，学前与中小学校参与方仅占总数的 18%。对参与培训人员的问卷调查显示，只有约 25% 的项目参与人员是基础教育阶段的教学人员，其余项目参与人员有 50% 来自大学，15% 来自教师进修或培训机构，另有 10% 的人员来自教育研究中心。大学工作人员、教育研究人员和教师培训人员占项目总参与人数的 70% 以上，这背离了项目开设的初衷。虽然参与项目的高等教育机构和教师培训机构强调他们所申请的项目完全是针对基础教育阶段教师培训或中小学教学展开的，但因为高校教师和培训者大多缺少对基础教育阶段教学的切实感悟和深入理解，缺乏对具体教学过程和教学实践的关注，使多数项目成果只停留在理论层面。即便有学前和中小学校能参与部分项目，但大多是作为教学试验基地或实训基地，而不是拥有平等地位的合作伙伴。受访者还称，项目大多由大学或教育培训学院申请，他们邀请学前和中小学校参与，要么是因为这些中小学校可以作为后续实践平台，要么是因为有中小学校的参与更容易获得欧盟的项目拨款。而学前和中小学校参与较少的另一个原因是缺乏与项目主题有关的专业知识，学校定位不明确，缺乏对项目在执行期内的持续有效管理，如在实际执行过程中如何协调校方、地方教委的行政和培训安排，参与方人员的更替管理等。当然，大学对项目的贡献也是得到普遍认同的。高等教育机构有先进的教学培训理念，雄厚的师资培训部门，丰富的培训经验，这为项目的设计、实施质量的保障提供了后续支持。高等学校通常与当地教委、各级学校和基础教育机构有着密切的联系，高校的参与也为欧洲层面的跨国项目有效地嵌入当地教学提供了一定的保障。

但是，夸美纽斯计划的开展旨在服务基础教育阶段的教学，高等教育和教师培训管理机构应该作为催化剂，帮助区域内的学前和中小学校与其他机构（区域内或欧洲层面的）形成伙伴关系。在计划的开展中，由于参与项目的国家众多、群体庞大，夸美纽斯计划所得的经费支持不能使每一位欧洲公民都享受平等的教育和培训机会。再加上受历史原因和地理环境的限制，在资金和项目的具体分配上存在一定的不均衡性，供求矛盾日益凸显。而夸美纽斯计划的目标是希望通过项目的开展，提升欧盟的整体凝聚力，使欧盟成员国的学生都能拥有平等发展和获得就业等基本技能的机会。参与程度相对较低的国家希望能得到欧盟有效的经济和政策支持，提高本国的参与程度，增加本国教育经费资助的份额。通过项目合作寻求差距之间的平衡点，促进本国基础教育的改革与发展，逐步缩小区域间的差距，最终促进地区社会经济的可持续性发展。但由于跨国层面的交流合作耗资相对较大，欧盟教育资金的不足也给项目的平衡开展与实施带来了一定的困难。同时，夸美纽斯计划在项目参与机构、项目成果类型和项目目标群体的选择上也应更为合理和有针对性，能让更多的学前和中小学校成为项目主办方或发起方，让基础教育阶段的学校和教师参与项目的设计与开发，这将为基础教育的发展带来最直接的信息与帮助。如今并入伊拉斯谟计划后，夸美纽斯计划应该继续发挥其在欧洲基础教育阶段国际合作中的作用，使基础教育阶段的师生成为计划真正的受益者，从而最终提升欧盟基础教育阶段教学的国际影响力。

夸美纽斯计划促进了欧盟基础教育的开展，加强了不同地区和国家的学校与教育培训机构的合作与交流，开展了针对基础教育的多项优先发展项目，为欧盟基础教育的改革、发展与合作积累了宝贵的经验，项目的开展与实施对欧盟及世界其他国家都产生了极大的影响。

四、欧盟基础教育政策实施成效

（一）增强了欧盟对基础教育的干预和影响

1. 增强了欧盟对基础教育的干预力度

欧盟对基础教育干预力度的加强是一个渐进的过程。在欧洲一体化之初的欧洲共同体年代，欧洲共同体对基础教育领域是不干预的。但是，随着20世纪70年代石油危机的爆发，欧洲共同体开始意识到基础教育的价值，逐渐推行基础教育相关政策。直至欧盟成立，欧洲共同体对基础教育的干预始终处于"权限不清、权利不明"的状态。

欧盟成立之后，在基础教育领域里的教育行动一方面得益于欧盟运行原则，另一方面也总受到欧盟运行原则的制约。

欧盟运行原则在《里斯本条约》里有明确的表述。

（1）授权原则

所谓的授权原则，就是欧盟仅能在《里斯本条约》里授予它的权能范围内行动。成员国在该条约里未授权的范围归成员国所有，欧盟不能有所超越。

根据《欧洲联盟运行条约》相关规定，欧盟成员国赋予欧盟基础教育方面"支持、协调或补充成员国"的权能。这种授权是有限的。严格来说，这种权能对欧盟意义不大。

（2）辅助性原则

辅助性原则是指在非欧盟专属权能领域，只有当行动目标不能在成员国的中央层面或地区和地方层面完全实现、在欧盟层面行动能更好地实现该目标的情况下，欧盟才能采取行动。除了专属权能，欧盟其他所有权能都从属于成员国。基础教育属于非专属权能范围。也就是说，在基础教育领域，欧盟的所有行动必须从属于成员国的行动，为实现成员国自身目的而辅助成员国的教育行动。

（3）相称性原则

相称性原则是指联盟行动的内容和形式不得超出实现《里斯本条约》的目标所规定的范围，即行动与目标相称。但是，《里斯本条约》里所规定的目标都是非常抽象的，且模糊不清，正如前面所提到的"教育的欧盟维度"等抽象概念。其结果正如我们今天所看到的那样，随着欧盟对这些目标的不断解读，这些抽象概念演变成了一个个目标群。在目标膨胀之后，根据相称性原则，基础教育领域的行动也会越来越多、越来越频繁。

可见，相称性原则与"教育的欧盟维度"等模糊的概念相互配合，为欧盟的基础教育行动打开了缺口。但是，也由于这些行动原则的限制，导致了欧洲共同体时代欧洲一体化过程中超国家层面的基础教育政策和行动陷于混乱之中。

因此，在欧盟基础教育实践中，随着人们对教育在欧洲一体化进程中作用认识的深入，基础教育行动逐渐被认为是实现欧洲一体化的重要方面。教育在欧洲未来发展中扮演着重要角色。因此，尽管教育权能是"支持、协调和补充成员国"的行动权能，但是，在实践中，欧盟层面对教育所采取的行动是强有力的，而且往往得到成员国的默许。

自欧盟成立以来，欧盟不仅成立了教育与培训等相关机构来实现欧盟对各成员国基础教育的超国家治理，通过各种形式为基础教育制定政策。至今，欧盟的基础教育政策已经全面覆盖了基础教育的全部领域，使欧盟对基础教育的干预力度大大增强。

2. 扩大了基础教育对欧盟一体化的影响

欧盟基础教育政策是以欧洲一体化为导向，试图通过区域国际教育合作和教育人口流动，强调教育的"欧洲维度"来促进学生对欧洲共同价值观的认同，成为欧洲公民，并获得欧洲社会（而非某个成员国社会）所需要的能力。这也是教育的"欧洲维度"的核心思想。

通过制定优质的教育质量标准，欧盟成功地对基础教育进行了引导。成员国接受欧盟统一教育质量标准意味着他们正在放弃其国内正在使用的教育质量标准，同时也意味着放弃了对其国内教育的绝对控制。但是，由于欧盟制定的《学校教育质量框架：16 项标准》具有一定的权威性和普遍性，很快就被成员国所接受并付诸实施。《学校教育质量框架：16 项标准》的权威性是根据《马斯特里赫特条约》的有关政策规定，在尊重各国经济、社会及文化的特殊性的基础上制定的。《学校教育质量框架：16 项标准》具有普适性是因为它是根据各国专家组成的研究小组向欧盟国家教育部长会议提交的关于教育质量指标的报告制定的。

《学校教育质量框架：16 项标准》所制定的 16 个指标之中，"学生必须掌握的知识、技能"主要是从欧洲单一市场、建立知识欧洲社会和培养欧洲公民的角度来考虑的。每个二级指标的实现都能有力地推动欧洲一体化进程。"毕业及升学""学校教育督导""教育资源与结构"等一级指标是为实现"学生必须掌握的知识、技能"而服务的。

作为充分体现"教育的欧洲维度"的教育质量指标体系,其每一项指标都是指向欧洲一体化的。每一项指标的实现,都在推动欧洲一体化的进程。夸美纽斯计划中的每一个具体行动都以这 16 项标准为指导,并且在基础教育领域取得了很好的效果。因此,可以说基础教育作为促进欧洲一体化的重要手段日益受到重视,使基础教育的社会功能得到充分发挥,为欧洲一体化做出了不可估量的贡献。

(二)推动了欧盟成员国基础教育的合作联动

夸美纽斯计划的每一项行动几乎都是所有成员国的共同行动。因此,欧盟基础教育政策把成员国基础教育联动起来,为实现欧洲一体化而共同努力是全球罕见的。

欧盟基础教育政策之所以能够联动所有成员国的基础教育,有两个非常重要的原因:一是欧盟基础教育政策的认可度高。欧盟基础教育政策严守《里斯本条约》所规定的行动基本原则,尊重成员国文化、政治、社会的差异性,而且欧盟基础教育政策非常强调专业治理。每次欧盟基础教育政策的出台都会以专家组的调研报告作为支撑依据,这些专家提出的建议具有较强的专业性和科学性,为欧盟基础教育政策提供了高质量的参考文本。二是欧盟基础教育政策的软实施。欧盟基础教育政策的实施不是纯粹依靠权力制衡,更多的是依靠资助各种项目。例如,学生流动项目。欧盟不是通过权力对各成员国强行提出要求,而是通过夸美纽斯计划资助愿意流动的学生个体,以达成其政策目标。由于这种资助对受资助学生而言也是受益的,因此,申请参与项目的人数每年都远远超过项目当年实际资助人数。

第二节　欧盟高等教育政策

随着经济全球化意识的加强和人才的全球性流动,欧洲各国原来的教育体制已经不能适应新的形势和要求,甚至阻碍了欧洲国家间人才的流动。比较突出的问题是各国之间文凭的不对等,在不同的国家获得同样的文凭所需要的学习年限不同。有的国家高中生通过毕业会考后,即可直接进入大学学习,如法国和德国,有的国家却有严格的大学入学考试制度。这些差异给欧洲国家之间学生的流动、学分的换算、文凭的对等造成了困难,妨碍了国与国之间在高等教育方面的互通。建立一整套高等教育质量评估体系,在国际化的背景下具有重要的作用，它已远远超出了欧洲范围内的简单合作与学生的交流。欧洲向经济一体化发展的同时，教育一体化势在必行。欧洲国家必须使其教育结构和政策适应越来越趋向创新的世界经济。提高国家高等教育的国际化程度，增强国家在国际上的竞争力，才能满足培养高素质的、在国际劳动力市场上具有竞争力的欧洲公民的需要。

欧盟为了维持并提升其在国际上的影响力和竞争力，特别重视成员国之间在高等教育领域的密切合作，并在推动高等教育合作的历程中陆续出台了各种公约、决议、条约、行动计划等政策文本，希望在欧盟成员国内部创造一个无障碍的高等教育领域，以促进欧盟高等教育制度化、规范化发展的进程。因此，欧盟高等教育政策是欧盟教育政策的重要内容之一，是实现欧盟高等教育国际化、一体化，促进欧盟国家在高等教育领域合作与交流的重要制度保障。

一、欧盟高等教育相关政策概述

（一）人员跨国流动

加强合作与交流的前提和重要内容之一便是促进人员的跨国流动。没有流动就没有交流，更谈不上合作，因此，欧盟通过各种政策为促进国家之间的流动提供便利和保障。事实上，欧盟从 20 世纪 80 年代中期便开始推出多个欧洲国家之间的大型教育交流计划，这些计划在高等教育领域的实施较为广泛。从流动目的来看，其分为以学习、访问和研究为目的的三种跨国流动；从参与对象来看，有针对学生、教师和教职工三类人群而实施的流动项目。其中，以学习为目的的高校学生之间的流动是最普遍的。学生流动是指学生离开原属学校，到本国或外国的另一所学校从事学习、参观、访问或研究等活动，这里所说的学生流动主要指具有欧洲国家国籍的学生在接受高等教育时或即将接受高等教育时在欧洲范围内的跨国流动，即欧洲大学生到另一个欧洲国家从事学习、参观、访问或研究等活动。

由于高等教育与社会的联系最直接、最紧密，因此欧盟成员国之间、成员国与非成员国之间高校学生的流动能够带来一系列经济效益和社会效益。首先，学生流动能够为接收国带来巨大的经济利益，在某些国家，留学生已经作为其高校招生的重点对象，留学生的学费收入也在大学收入中占有相当比重。其次，学生流动促进了高校生源结构的调整，加大了对人才的培养力度以及加剧了人才的竞争。最后，欧盟国家高校学生之间的流动在各国文化交流、学术探讨、政治关系等方面都起到了积极的促进作用。欧盟以实施大学生流动计划或方案为主要手段促进学生的跨国流动。如苏格拉底计划、英国的国际大学生实习交流协会组织的学生流动计划、英国文化教育协会之下的语言助手计划以及一些大学组织的交换生计划等，其中涉及范围最广、影响最大的是苏格拉底计划。该计划通过促进学生流动和建立欧洲范围内的高校教师资源网，实现各国人力资源的交流与共享，从而提高欧洲教育的整体水平。1995—1996 学年度冬季学期开始到 1999 年是苏格拉底计划实施的第一阶段，在此期间，欧盟为其投入 9 亿欧元，用来资助在多达 30 个国家的教育合作活动和学生流动活动。苏格拉底计划是由许多子计划组成的，包括伊拉斯谟计划、夸美纽斯计划、语言计划、开放课程和远距离学习计划、成人教育计划等。在这些子计划中，与大学生流动联系较为紧密的是伊拉斯谟计划和语言计划。

伊拉斯谟计划开始于 1987 年，该计划旨在促进欧洲各国高等教育的合作，其重点内容是大学生的交换培养。伊拉斯谟计划是欧盟高等教育合作的实质性开端，鼓励了欧盟成员国高等教育领域内的学术流动、学生互换，以及高等教育机构和企业之间的联系。该计划主要包括四个方面的内容：一是要在各个成员国大学之间建立合作网络；二是为学生到别国学习提供资助；三是改善成员国之间对文凭和学习时间的互认；四是为教师和学生成立的有关欧洲问题的各类协会提供资助。欧盟组织的伊拉斯谟计划资助的留学生占到了欧洲全部留学生人数的 1/3 左右。

当然，伊拉斯谟计划只是欧盟推动跨国流动的各项计划和措施中影响最大的一项，除此以外，欧盟还实施了一系列计划来促进学生的跨国流动。如语言计划是通过各种语言学习课程，帮助人们提高外语和交往能力，促进不同文化之间的交流与理解；达芬奇计划是一个复杂的职业培训计划，它支持高等教育机构和公司联合组织的一些实验计划，如继续教育与培训、技术转让以及学生、毕业生、高等教育工作人员和公司工作人员之间的交换等。

2007 年，欧盟推出了欧盟整体行动计划，将原有的伊拉斯谟计划、夸美纽斯计划、达芬奇计划、成人教育计划等整合起来，更有效地促进了学生的跨国流动。另外，促进中东欧国家与欧盟国家高等教育部门之间合作与交流的田普斯计划，为中东欧国家高等教育的学生流动、课程发展、学生实验设备、基础设施等提供了全部费用，对促进中东欧国家的高等教育发展和师生流动发挥了巨大作用。

随着高等教育一体化进程的深入，欧盟除了制订大学生流动计划以外，还于 1989 年在伊拉斯谟计划中引入欧洲学分转移与积累系统，以解决流动大学生学业不能被受访大学承认的难题。后来，随着学分转移与积累系统提高学生学业成就可比性的功效日益显著，它对于学生流动的重要作用在 1999 年得到了《博洛尼亚宣言》的肯定，成为在博洛尼亚进程中欧洲各国高等教育体制融合，构建欧洲高等教育区的一大助力。

（二）欧洲学分转换系统

为了推动大学生在欧盟国家之间的流动，欧盟委员会开发出了欧洲学分转换系统。欧洲学分转换系统在伊拉斯谟计划行动框架中就已开始实施，之后又不断得到完善，成为反映学业的新标准，它不再只用学时反映教学，而是把实习、研讨会、试验、在图书馆或家中进行的自学、考试等时间都考虑在内，对所需的总的工作量进行评估。

每个培养阶段包括一定数量的学分，并且连文凭也被划分到学期，每学期有 30 个学分，按学期来换算，便于学生在学期末重新确定学习方向。按照欧洲学分转换系统，学士相当于 180 个学分，硕士相当于 300 个学分（180 学分+120 学分），博士学位则是在通过答辩后授予。

该系统主要包括信息包、学习协议和成绩档案。使用欧洲学分转换系统的高等教育机构必须向该系统提供机构的地理位置、住宿情况、注册程序和校历等普通信息和课程信息，如开设课程的内容、要求、评估模式、学时、课程类型、教学方式、学分以及提供课程的院系的介绍。该系统为学生在规划跨国学习项目时使用。在到其他国家学习前，学生必须与有关机构签订一份学习协议，注明将要到国外学习的课程。成绩档案记载着学生每门课程的学习情况，通常用欧洲学分转换系统学分即评估等级进行表述（欧洲学分转换系统采用"A、B、C、D、E、FX、F"七个等级标准定义考试或评估的结果），以反映学生去国外学习前后的学习成果。

欧洲学分转换系统的建立与欧洲高等教育和研究空间的建立是彼此关联的。该系统使学生在欧洲其他国家学习获得的学分和成绩得到承认，从而促进了欧洲国家高等院校之间的学术交流与合作。欧洲学分转换系统正日益成为各国学分系统的共同基础，在促进学生流动和推行国际教学计划方面发挥了重要作用。它增强了欧洲高等教育的兼容性、吸引力和竞争力。

二、欧盟高等教育政策实施计划

欧盟为促进其境内的高等教育交流与合作主要实施伊拉斯谟计划。伊拉斯谟计划成立于 1987 年，2014 年在其基础上创建了应用于欧盟所有教育与培训领域的交换计划——"伊拉斯谟 +"计划，其国际化方案为伊拉斯谟世界计划。

（一）伊拉斯谟计划出台动因

1.政治动因

自第二次世界大战以来，欧洲出台的多项政策为伊拉斯谟计划的出台奠定了法律基础。比如，《欧洲共同体条约》是建立欧洲共同体的根本性法律文件，在《欧洲共同体条约》中，明确提出要促进教育的国际合作，并指出欧洲共同体在教育的国际合作领域的行动宗旨是在教育中引入"欧洲维度"，要通过学习成员国的语言，鼓励师生的流动，鼓励文凭和学习经历的互认，促进教育机构之间的合作，在各成员国教育系统的共同问题上进行信息和经验的交流。这些行动宗旨为伊拉斯谟计划提供了法律根据。将职业教育纳入高等教育中，保证了欧洲共同体成员国的学生进入高等教育机构接受学习的平等权利，确保共同体学生享有自由流动的权利。这为伊拉斯谟计划的实施提供了条件。

教育合作是外交政策投资的一种形式，会为以后的国家关系带来一定的好处。而到国外学习和进行学术交流的学生和教师在国外留学和进修时所学到的知识，以及在国外的生活经历中所受到的价值观、政治观点、文化等方面的影响，对他们今后的生活会起到一定的作用，同时也会对本国的文化产生一定影响，更有助于促进国家之间的合作。因此，许多欧盟成员国不仅支持本国学生到外国留学，更愿意接收外国留学生到本国的大学中进行学习。

著名学者尼夫对高等教育政策领域所出现的各种趋势和发展进行了研究，通过研究国家政策对高等教育产生的变化，对政府和高等教育的关系变化进行了分析。尼夫认为，20世纪80年代影响西欧高等教育发展的主要变化是"新凯恩斯主义伦理"、"立法危机"、"过度负荷的政府"以及所谓的"福利国家的危机"等，这些因素引起了欧洲高等教育的改变。政府的一些行政职责应该分给私人部门从而缩减政府职能。在该意识形态下存在这样一个前提，即个人选择增强，而市场力量被充分压制着。在公共机构层面同样如此，通过减少公共开支在高等教育中的使用，迫使高等教育机构寻找额外的私人资助，从而对社会、工商业界的需要做出最好的回应。政府对金融危机的回应倾向于两种形式的假设：常见于欧洲北部的经费驱动的政策和在地中海地区继续实行的以社会需求为基础的政策。1984年尼夫进行全国性研究，得出如下结论：第一，中央政府对研究领域的监督职能加强；第二，通过起草优先行动项目或是为评价性研究制定标准，使政府更加可控；第三，根据政府的意图，明确承诺改善高等教育机构和工业之间的关系。这些政策起初是为了解除20世纪80年代初期的经济困境所出台的短期计划，但之后逐渐转变成了长期的战略性计划，即

"评估型政府的诞生"，其特征是战略性评估和由过程控制转变为成果控制，从而促使高等教育更密切地朝着"国家优先"的目标发展。这些政策和趋势促进了欧盟伊拉斯谟计划的学生流动和教职工的流动，从而实现全欧盟的人力资源最大化。在这一时期，国家政治、经济的健康发展前所未有地依赖高等教育。

2. 经济动因

高等教育国际化对经济发展和高新技术进步有着明显的推动作用。第二次世界大战以后，国际经济形势发生了很大变化，经济全球化的步伐加快，欧洲各个国家的经济增长与参加国际经济贸易大市场的程度日益相关。世界经济全球化的趋势促使欧洲各国的高等教育要培养出能适应日趋复杂化的国际经济环境，掌握世界经济贸易、管理和生产等专业知识的综合型人才。如美国的国际教育交流协会和教育考试中心制订的"全球能力计划"指出：要强调全球能力的确认和测量以及开发能够提高国际技能的教育的重要性。因此，欧洲共同体各成员国政府大力推进高等教育国际化进程，不仅是出于培养具有国际竞争力的高级人才的目的，更是为了通过高等教育领域的国际合作，建立更好的国际关系，从而为国家带来长远的、直接的经济利益。

在高新技术革命浪潮下日益激烈的国际竞争以及欧洲在 20 世纪 70 年代遇到的经济大衰退，使当时的欧洲共同体意识到，要发展各成员国的经济和科技，人才培养至关重要，并且，随着统一大市场的提出，资金、商品和人才在成员国之间的自由流动也显得越来越重要。为此，改革共同体的高等教育模式，促进各国在高等教育领域的合作，鼓励大学师生的跨国学习和交流，成为欧洲共同体的重要议题。伊拉斯谟计划正是在此背景下应运而生的。

3. 文化动因

经济全球化和经济一体化发展对社会文化产生了很大影响，文化交流在经济全球化背景下将发挥日益重要的作用。而教育的国际合作，尤其是高等教育的国际合作更是促进各国文化交流的有效途径。许多大学推进国际合作的目的就是扩大学生的国际视野，培养学生具备跨文化知识和技能，从而促进各国间经济、政治、文化、环境等方面的发展。

随着科学技术的发展，地域上的距离被大大缩短，学生学习多元文化的要求已经超越了国家的边界，对于探索其他国家和民族的文化知识，掌握能够参与国际市场竞争的知识技能充满了热情。研究人员要在学术上不断创新和发展，就必须参与国际合作，从而了解本学科的最新发展趋势和最前沿的知识和技能，更新已有的知识体系。大学要提升自己的声誉和办学的水平，也要不停地学习和借鉴他国的成功经验，也正因如此，一个国家的政府在制定本国重要的教育政策时，常常需要进行反复的国际比较，将他国成功的经验和教育模式作为参考。任何国家和地区都不可能只依靠自身力量求得高等教育高质量的发展，只有依赖良好的国际环境，互相学习、互相合作、取长补短，才能够适应世界潮流，跟上时代的发展步伐。因此，为了适应经济全球化、文化交流全球化的发展趋势，使欧洲学生具备国际性视野，旨在推动学生在欧洲共同体成员国内自由流动的伊拉斯谟计划就显得极为重要。

欧洲高等教育合作是欧洲教育和培训领域发展最早也是最为成熟的一个领域，其悠久的跨国合作历史为伊拉斯谟计划的发布建立了牢固的基础。欧洲学院、欧洲文化基金会等机构的建立为伊拉斯谟计划的顺利开展奠定了基础，同时也在不断推动计划的实施。伊拉斯谟计划的发布也是出于欧洲的政治、经济和文化方面的考虑。欧洲各国希望通过在政治、经济和文化上的交流与合作来促进欧洲一体化进程，因而鼓励高等教育机构师生流动和大学合作的伊拉斯谟计划势必会起到重要的推动作用。

（二）"伊拉斯谟+"计划的实施

欧盟作为欧洲一体化的联盟区域，始终以不断增强其在国际上的影响力为目标，并为此做着不懈努力。不可否认，伊拉斯谟计划取得的成绩和效果是显著且颇具影响力的，然而，在伊拉斯谟计划实施的过程中，世界格局和环境也在不断发生着变化。欧盟认为，教育、培训和青年的成长是不断变化的领域，当前世界各国普遍面临严重的经济危机，各国青年都处在严峻的失业状态，就业机会缺少与毕业生就业能力欠缺的矛盾突出，工作技能的要求日趋提高，教育国际化趋势日益明显，全球人才竞争激烈，信息与通信技术的发展扩大了学习的范围和视野，面对这些变化，需要将各项计划的目标加以整合和强化，以正式的与非正式的学习方式来满足世界各国对教育的需求，不断提升欧盟对于世界的价值，与世界接轨。

由此，欧盟开始重新思考自己的定位，并着手对各种政策进行调整。为了进一步推进伊拉斯谟计划，2014年1月，欧盟新出台了一项名为"伊拉斯谟+"的计划，该计划从2014—2020年在高等教育领域的教育、培训、促进青年成长、体育运动方面给予了大力支持。其具体内容包括：一是终身学习计划，如伊拉斯谟计划、达芬奇计划、夸美纽斯计划；二是青年行动计划；三是国际合作计划（伊拉斯谟—曼德斯计划、田普斯计划、阿尔法计划、与工业化国家合作计划等）；四是新运动计划。

与之前的伊拉斯谟计划相比，"伊拉斯谟＋"计划更加强调人员的流动、跨国合作和高等教育组织机构之间的合作联盟，并重点在高等教育领域的知识革新、专业培训和青年成长方面给予支持。其中新增加的新运动计划将支持一些基层运动项目，并针对球赛造假、兴奋剂、暴力行为和种族歧视等一些基本运动规则给予跨国干涉。该计划整合并包含了六项欧盟之前已有的教育培训计划，并优先为体育运动提供支持。作为一个整合性计划，"伊拉斯谟＋"计划能够为教育、培训、青年和体育运动方面的合作提供更广阔的机会，并且比欧盟之前的高等教育计划提供更简捷的经费资助办法。

这个 7 年项目的预算为 147 亿欧元，与当前的消费水平相比增加了 40%，反映出欧盟对该项目投资的承诺。事实上，"伊拉斯谟＋"计划是一个涵盖领域较为广泛的计划，但其重点主要针对教育特别是对高等教育领域的支持，这点从经费预算上就可以显示出来。欧盟在"伊拉斯谟＋"计划中做出的 2014—2020 年经费预算分配为：教育与培训占 77.5%，青年发展项目占 10%，学生贷款支持占 3.5%，国家学术机构支持占 3.4%，管理成本占 1.9%，莫内计划占 1.9%，体育运动项目占 1.8%；而从对机构的支持上来看，对高等教育领域的预算占到了 43%，职业教育与培训机构占 22%，中小学校占 15%，成人教育机构占 5%，预留资金占 15%。

（三）伊拉斯谟世界计划的实施

1. 以经济发展为基础

20 世纪 60 年代欧洲共同体的建立标志着欧洲开始了经济一体化的进程。经济的共同发展为教育的跨国合作奠定了现实基础。20 世纪 70 年代以后欧洲共同体开始关注教育和社会经济的发展，因而高等教育的跨国合作逐渐引起了欧洲政治领导者的关注。1999 年，欧洲 29 国签署了《博洛尼亚宣言》，在经济深化发展的基础上，整合欧盟各国的高等教育资源；加大资金投入力度，建立欧洲高等教育区，实现学生和教师在各国的自由流动。推动宣言进程的伊拉斯谟世界计划正是欧盟经济不断发展推进的产物。当然，教育并不是消极被动的。项目也成为欧盟经济发展进程的有机组成部分，对经济发展起着重要的不可或缺的作用，积极、有效的高等教育国际合作将进一步推动国家经济发展的进程。

2. 以政府领导为支撑

多数国家早期的高等教育国际合作，基本都停留在高等教育机构层级之间，较少由政府或国际组织推动。这种合作通常具有偶然性与不稳定性，缺少统筹部署。而伊拉斯谟世界计划是在《罗马条约》等基本法的基础上发展起来的。它们不仅为项目确定了基本目标、原则和方向，而且提出了许多具体政策和措施。欧盟在该项目中发挥着核心作用：一方面，负责项目本身的制定、修正、实施、评估等主体工作，统一划拨所需资金；另一方面，不断加强与非欧盟成员国及经合组织、联合国教科文组织的联系与协调，为项目的宣传和顺利实施创造条件。该项目的经验证明，在高等教育的合作与交流的过程中，政府起着举足轻重的作用，这些工作所产生的影响力和所达到的覆盖面，都不是仅依靠院校自身力量可以实现的。

3. 以服务欧盟利益为目的

近年来，全球国际学生人数呈逐年上升趋势。他们的学杂费、生活费和旅费构成一个价值数百亿美元的庞大市场，无疑可以给高等教育输出国带来丰厚的利润，因此越来越多的国家加入国际高等教育市场的争夺战中。据联合国教科文组织预计，2025 年全球留学生人数将达到 720 万，其中 70% 来自亚洲。中国将成为最主要的生源地之一。基于对国际留学生市场的理性分析，欧盟在伊拉斯谟世界计划中专门开辟了中国窗口。项目对中国的预算总额为 2600 万欧元，鼓励欧洲大学加大与中国中西部大学的合作力度，根据中国经济和社会发展的实际需要，资助重点学科领域的合作，旨在将区域高等教育合作与区域经济合作和政治合作紧密地结合起来，争夺特定地区的潜在的人力资源市场，最终推动欧盟社会经济的发展，服务欧盟的利益。

三、欧盟高等教育政策实施成效

一直以来，欧盟认为高等教育领域的创新与改革能够推动社会和个人能力的高度发展，所以欧盟要维持在全世界的地位，需要利用高等教育为社会和个人创造更多的工作机会，从而促进经济的增长和繁荣。同时，欧盟把高等教育机构视为帮助欧盟实现战略发展目标的重要阵地，为实现欧洲 2020 年战略目标，欧盟委员会制定了一系列政策以支持欧盟国家高等教育的发展，并取得了显著的成效，主要体现在以下五个方面。

（一）极大增加了欧洲大学毕业生的数量

欧盟高等教育政策通过各种激励措施促进了欧洲大学生的流动，各项资助政策和课程方案为大学生完成学业提供了便利，进而增强了学生学习的积极性和主动性，使欧洲大学毕业生的数量迅速增加，取得高等教育学历资格的人数和比例逐年提升。

　　欧盟成员国也纷纷制定了自己本国的具体目标，这些目标都有具体的衡量指标，并根据这些指标制定了一系列实施政策。与美国、加拿大、韩国和澳大利亚等国的高校毕业生数量相比，欧洲具备大专及以上同等学力的毕业生数量较低，这无疑会削弱欧洲在国际上的竞争力和发展潜力。因此，欧盟成员国为达到欧洲 2020 战略目标，都制定了各自的具体目标并发布年度报告。欧盟委员会则对各成员国的经济、教育改革进行分析，并对其下一年的工作提出建议。

　　欧洲大学毕业生数量的提升主要体现在以下三个方面：首先，扩大了高等教育入学率，在这方面不仅提高了学生初次入学率，还提高了完成高等教育学习任务的人数比例，即毕业率；其次，降低了大学辍学率；最后，提高了高等教育的质量和相关性，各国都吸引了更多的留学生并帮助他们顺利完成学业。

（二）有效提高了欧洲高等教育的质量

　　高品质的高等教育能够为学生提供一切毕业后通向成功所需的知识、技能和核心能力，而高品质的学习环境能够为其提供高品质的教育。因此，每一个高等教育机构都应该有一个严格的质量监控机制，并受到欧洲教育质量保障机构的监督和检查。

　　毫无疑问，具有高等教育学历的人比没有高等教育学历的人更容易获得工作机会，然而欧盟一度认为现有的高等教育课程无法适应变化着的社会经济需要，无法为学生提供未来生涯所需的知识。因此，欧盟委员会一直致力于推动欧盟成员国高等教育的现代化进程，努力为学生提供能够适应不断变化的劳动力市场所需的各种技能。欧盟高等教育政策促进了更加灵活、更加新颖的学习方法的开发和使用，如信息通信技术以及其他一些教学新技术。此外，欧盟认为高等教育现代化改革更多地依赖于高校教师和研究人员的能力和积极性。而当前高校职工的能力水平远远跟不上学生规模的扩张速度，所以需要加强教职工的培训，为他们提供良好的工作条件，执行公开公正的招聘程序，支持教师入职和在职专业发展等。鉴于此，欧盟高等教育政策的各种实施计划中都有针对高校教师发展的行动方案，并期望通过教师能力水平的提升促进整个高等教育质量的提升。

（三）迅速增进了欧洲内外的跨国流动与合作

　　欧盟高等教育政策以构建欧洲高等教育区为目标，使跨国学习与培训变得更加容易。其中，"学士—硕士—博士"结构的学位课程、学分转换累积制度等质量保障机制为跨国流动提供了便利。

首先，欧盟高等教育政策促进了学生的流动。1987—2005年，参与伊拉斯谟计划的大学生共有1524736人完成出国学习；1997—2000年，参与该计划的大学或高等教育机构有1800多所；2001—2003年，参与伊拉斯谟计划的学生增加了7%，是该计划在1987年创立以来总数首度突破百万人。1987—2005年，伊拉斯谟计划学生交流人数最多的国家是法国（239787人），其次是德国（239517人）、西班牙（213528人）、意大利（173299人）、英国（149993人），在2001—2005年，来自非欧盟成员国的交流学生人数最多的前三位，分别是波兰、捷克与罗马尼亚。其次，欧盟高等教育政策促进了教师流动人数的增长。欧盟伊拉斯谟计划也支持教师前往外国教授课程（通常为短期课程），该课程为合作大学的正式课程之一。在2003—2004年，参与伊拉斯谟计划的教师人数是18476人，较2002年增加9.3%。在欧盟18国的教师交流增长8.1%，新成员国与候选国增长13.1%，尤其在拉脱维亚、保加利亚、立陶宛与葡萄牙大幅增加。芬兰与马耳他出国交流教师比例最高。德国、法国与意大利成为教师交流最喜欢前往的国家。据统计，截至2005年，教师参与伊拉斯谟计划出国交流者已经达到117402人，相对于1997年的7797人，人数增长了约11%。

为了实现20%的流动目标，2011年欧盟各国部长又采纳了一项关于促进学习流动的计划，承诺为学习流动创造更加积极有利的环境。该计划为学生跨国流动提供了指南和信息，增进了学术资格的认定。在欧盟高等教育政策的诸多实施计划中，"伊拉斯谟＋"计划最能体现对跨国学习与培训的大力支持，该计划还进一步增进了欧洲高等教育机构之间的跨国合作和交流。

（四）切实强化了教育、研究与企业的联系

通过建立密切有效的教育、研究和企业之间的联系能够增强高等教育的国际吸引力，欧盟高等教育政策在这方面也切实起到了推动作用，它通过知识在高等教育机构、研究机构和企业之间的流通和转换而增进了三者之间的联系。

首先，欧盟开展欧洲创新和技术研究院行动计划。该计划是提升欧洲经济竞争力的关键动力，它增强了欧盟成员国的改革创新能力，强化了各国面对欧洲社会各种挑战的能力。具体来说，其提升了将教育研究与企业改革创新相结合的能力，鼓励了最具创新力的个人和公司形成合作团队，实现了长期的社会和经济变革，创造了欧洲高质量的就业机会。2010年，该计划创建了三个知识创新团队，即气候知识创新团队、再生能源团队、信息与通信技术团队。这三个团队旨在通过高等教育、研究和企业之间的合作进行改革创新。

其次，促进大学商务合作计划。欧盟试图成为世界企业改革创新的引领者，因此特别注重教育部门与市场的接轨。高等教育机构与企业的合作能够促进知识的转移与分享，有利于建立长期的创新合作伙伴关系。同时，该计划还能够帮助高校不断开发与市场接轨的课程，为大学生提供劳动力市场所需的知识和技能。为此，欧盟创建了"大学—企业"论坛，通过论坛加强了大学与企业之间的联系与对话，进一步开发了合作项目。

再次，教育领域创业精神行动计划。教育领域创业精神指的是开发学生的创业意识和创业精神，全力支持具有企业家潜质的学生。该行动计划帮助学生树立创业思维，并通过一些活动将其付诸实践。

最后，支持研究者计划（玛丽·居里行动计划）。该计划是通过玛丽·居里奖学金授予部分研究者一定的研究经费，无论研究者是什么国籍，只要符合奖学金的申请条件，都可以通过奖学金资助到海外开展学习、研究和培训活动。

（五）有效创新了高等教育行政和经费管理机制

欧盟各国在高等教育领域的花费差距很大，整体来看，欧洲高等教育投入较低，占国内生产总值的比例平均为1.3%。相比而言，美国为2.7%，日本为1.5%，目前公共投资压力较大，因此有必要提高资源的回报率。欧盟2020战略目标中明确强调：高等教育制度需要充足的资金，作为一个日益增长的消费领域，应该重视高等教育的公共投资；应促进高等教育经费来源渠道的多元化，并实现投资来源的价值利用最大化；高等教育面临的挑战需要更灵活的行政和经费管理机制，为高等教育机构提供更大的自主权。

因此，欧盟委员会支持成员国实施灵活有效的行政管理和经费管理机制，以更有利于高校开展研究。如灵活的资助政策使学生受资助的渠道更畅通，程序更简化；国家工作坊是教育培训中的一种公开的协调方法，它创新了高等教育行政管理和经费使用的机制。

当然，欧盟的高等教育政策不仅推动了欧洲高等教育的发展，也对欧洲整体社会经济实力的提升发挥了重要作用。经济合作和经济一体化是高等教育合作的基础，高等教育的一体化发展是随着经济一体化程度的加深而逐步深入的。然而，教育并不是消极被动的，它在经济的发展中也发挥着不可或缺的作用，它使市场因素在开放的教育环境下更加深入地渗透到包括东欧在内的各个国家，指明了高等教育市场化的发展方向，激活了国家经济的新增长点。总之，欧盟高等教育政策加速了欧洲高等教育现代化的进程，为将欧洲打造成全球最具竞争力与活力的知识经济体，使欧洲人民更能加深对欧洲这块土地的认同感做出了很大贡献，并且对整个欧洲国家以及高校都产生了深刻的影响，未来欧盟高等教育政策将进一步朝着促进各国高等教育深度融合的方向发展。

第三节　欧盟职业教育政策

作为社会政策中的一个重要组成部分，职业教育政策承载了经济与社会的双重功能，反映了不同时代背景与不同决策人和各利益集团的意愿与利益。欧盟教育政策历经数十年的发展，其意义和价值在整个欧盟政策体系中已逐步得到认可和强化。进入 21 世纪之后，在欧盟经济与政治一体化的进程中，职业教育政策领域的改革已成为欧盟实现其总体战略目标的重要前提。

一、当前欧盟职业教育政策面临的新环境

经济与金融危机给整体欧洲社会带来了深刻的影响，在欧盟许多成员国中，失业率达到了前所未有的"高水平"状态，特别是青年人的失业率。职业教育与培训本身面临结构调整的挑战。人口老龄化意味着各成员国将不得不深度开发现有学龄人口的潜能。劳动力人口越来越少，各国必须致力于不断提高生产率、竞争力以及创新能力。这些挑战其实早在金融危机爆发前就已显现，目前随着公共财政的紧张而更加恶化。未来欧盟将面临更为错综复杂的社会环境和经济形势，要想成为更具聪明才智、更具有可持续发展性和包容性的区域就必须构建一个灵活的、高质量的教育与培训体系来应对当前与未来的需求。

第一，随着知识经济的发展和经济全球化的推进，国家战略资源中的人力资本、知识技术资源和国际资源的重要性与日俱增。

欧盟在一体化进程中已在经济、文化、教育等领域具有强大的竞争优势。但是随着中国、印度等新兴发展中国家日益加大对技术研发的资金投入，注重价值链、产业链的优化升级，全球竞争主体悄然发生了转变，欧盟正面临激烈的国际竞争。应对经济全球化浪潮的挑战，提高欧盟的整体竞争力和凝聚力同样是欧盟及各成员国十分关注的重要问题。而教育与科技经济之间的关系越来越紧密，日益成为知识经济时代社会发展和进步的重要推动力。这就要求处于经济、社会和就业"十字路口"的职业教育与培训在满足欧盟各国技能需求、

解决就业问题、提高社会凝聚力等方面必须发挥出应有的作用。提高职业教育与培训的吸引力和整体质量，不断提升欧盟职业教育与培训的国际形象和竞争力将是未来十年欧盟职业教育与培训所必须完成的战略性任务。而教育的发展离不开充足的投入，投入充足了才能确保教育的有效性，否则教育的功能将难以得到充分发挥。对人力资本的低投入使欧盟实现可持续性与包容性增长的前景越发黯淡。为了确保教育与培训体系更加高效，改革势在必行。

第二，劳动力市场变革不断加快，人力资源结构亟须优化。

走出经济危机是当前欧盟面临的重要任务，然而最大的挑战是改变欧盟低学历、低资格水平、高辍学率现象，适应劳动力市场变革，优化人力资源结构。2010 年，欧洲仍有大量的 18 ~ 24 岁的青年人在未取得任何职业资格之前就不再接受任何教育与培训。欧洲职业训练发展中心的需求预测显示，科学技术的进步将增加对中高级技能型人才的需求，其代价就是低技能人员将被淘汰，即使是那些以往只需较低技能的职业也将不断提高其对中高技能资格的需求。2020 年，欧盟各成员国 54.7% 的工作要求中级资格水平，40.9% 的工作要求高级资格水平，只有不到 10% 的工作只需要低级资格水平或不需要资格，这就意味着只具有较低技能或不具有任何技能资格的劳动者将很难找到就业的机会。而迫切需要将技能进行升级的群体却很少参加继续教育。非正式学习对早期离校者来说几乎是不存在的，在低技能和失业的成人中，参与终身学习的比例较低。终身学习的低参与率使大量没有完成高中教育、迫切需要提升技能的成人陷入低技能的困境。

越来越多的证据显示，就业将会呈现明显的两极分化的状况，即高技能劳动者收入将不断增长，而低技能或无技能劳动者的收入将不断下降。减少早期辍学者的数量将极大地节约欧洲的公共与社会成本，使个体免于陷入贫困与被社会排斥的危机中。近年来，早期辍学者高失业率问题的复杂性与多面性越发凸显。尽管有数据显示，欧盟整体就业率有所提升，但青年人长期就业率仍处于较低水平，对欧盟社会的和谐发展仍是一个极不稳定的因素。

第三，技能的匹配问题日益凸显。

职业教育与培训必须对劳动力市场需求的不断变化做出及时的回应。从长期来看，职业教育与劳动力市场需求变化的整合需要对新兴产业与技能及现有职业的变化有着更深入的了解。这就意味着参与技能预测的各利益相关方需要有更为密切的合作，应包括来自行业部门、社会合作者、有关社会组织以及教育和培训提供方的代表。

职业教育的内容与方法必须进行定期的调整，不断改善基础设施，以适应并跟上生产技术与工作组织形式不断变革更新的步伐。在一些以工作本位学习为主要职业教育与培训项目的国家，职业教育与培训学生有着相对较好的就业前景，高等教育毕业生就业率高于高中毕业生 11 个百分点。但是由于资格和能力所造成的职业不匹配状况仍较为突出，这就要求职业教育与培训体系必须对现代劳动力市场需求做出更为快速的反应。

第四，向绿色经济转型已成大势所趋。

欧盟 2020 战略明确提出要发展低碳经济，促进绿色可持续发展。这就意味着欧盟将面临大规模的产业结构调整与转型。新的经济形态必然带来新的就业机会，也必将对不同职业与不同行业部门的技能需求产生较大的影响。在当前现有的一些职业中，这些技能需求已经显现。具体而言，劳动力市场需要在发展一般意义上的绿色技能（如减少浪费与提高能源使用效率）与特殊技能间找到一种平衡。正如信息与通信技术是今天每个人所必备的基本技能一样，绿色技能对于未来每一种职业都是至关重要的。向绿色经济转型必须依靠两个基础：一是雄厚的核心技能基础；二是通过职业教育与培训来改造现有的技能。职业教育与培训能够也必须协助欧盟形成欧盟 2020 战略中所提出的以知识经济和绿色经济为基本特征的新经济增长模式。

第五，人口老龄化趋势不断加剧。

未来的欧洲劳动力市场将同时面临人口老龄化及青壮年劳动力不断减少的困境。60 岁以上的人口增长速度是 2007 年之前的两倍。其后果就是，成年人特别是老年工作者不得不继续通过职业教育与培训来更新并增强他们的技术与能力。老年劳动者对终身学习需求的不断增长意味着我们应提供更为灵活的学习方式、更符合个性化需求的培训方式以及完整的对非正式与非正规学习进行认证的制度体系。

二、欧盟职业教育政策实施计划

（一）达芬奇计划

1. 达芬奇计划的动因

（1）经济全球化是达芬奇计划拓展的核心动力。

步入 21 世纪，科学技术的迅猛发展引发了货物运输及信息传递的跨时代变革。信息化扩大了国家之间、地区之间和各种世界组织机构之间的交流协作。

而贸易与资本流动的各种壁垒被各项合作协议一一打破，跨国贸易迅速增长，致使经济全球化浪潮席卷而至。经济全球化意味着整个世界的资本、资源、信息的经济全球化应用。面对巨大的机遇，发达国家纷纷利用自身经济的有利优势，增加跨国投资，不断增加资源占有率，拓宽产品市场。同时发展中国家也有机会发挥资源禀赋和比较优势，迅速成为全球产业链中的重要一环。

世界各国越来越多地融入一个"无国界的地球村"中，给经济全球化带来了机遇，也带来了挑战。随着经济全球化的不断深入，由经济全球化产生的产业转移和产业升级也不断显现。经济全球化的范围也从最开始的劳动力、资本和货物的自由流动逐渐演变成知识、文化与贸易服务领域的交流融合。这直接导致很多发达国家传统产业的就业容量迅速萎缩，而服务行业的就业容量却急速增长。

技术、产业结构及工作组织形式的变革对从事工作的员工的知识技能有了新的要求。应聘工作的员工一方面需要有相关工作的经验与技能，另一方面更需要有不断学习、提升自我的能力。如果一个员工不能与时俱进，更新自身的技能，很有可能被新劳动力市场无情淘汰。人们深刻地认识到，在经济全球化背景下，所有的竞争归根结底都是人才的竞争。

在挑战个人能力的同时，经济全球化促使整个世界的经济不断融合，新兴的国家经济体迅速崛起，传统强国面临前所未有的压力。欧盟面对多层面的竞争，意识到一个国家的综合竞争力与千千万万社会人员的个人就业竞争力息息相关。只有进一步加强各成员国的经济融合程度，重新调整职业教育系统，才能提高公民的就业竞争力，继续在多极化的竞争中保持自身的优势。所以，欧盟开始着手进行职业教育与培训的新时期改革，加大对职业教育与培训的投入力度，以此应对经济全球化造成的产业调整。

面对新的全球浪潮，第一代达芬奇计划作为直接覆盖整个欧洲职业与教育培训的跨国行动计划，整合变得刻不容缓。欧盟希望通过新的达芬奇计划，快速提高欧盟在国际市场的整体优势，更新职业教育与培训自身的内容，为有需要的学员提供更多的继续学习的机会，使各成员国迅速从"资源驱动"转化为"知识驱动"。同时，也希望新的达芬奇计划为广大欧洲公民适应职业生涯中将面临的各种转变做好思想准备。故经济全球化是达芬奇计划再次拓展重组的核心动力。

（2）结构性失业是达芬奇计划演变转型的关键问题。

欧盟许多成员国尚处于从传统工业向现代工业过渡的时期，正需要大批高素质、高技能的人才。从供需关系来说，整个欧盟应该有足够的岗位等待求职者应聘，但现实是，欧盟居高不下的失业率一直是困扰各成员国的普遍的社会问题。个人受教育程度越低，失业率越高。而在人口老龄化的欧洲，青年劳动力的稀缺性与日俱增，但 15 ～ 24 岁青年人的就业率却较低。

根据欧盟的权威报告调查：2009 年欧盟 28 国（2020 年英国正式"脱欧"）的总体失业率高达 8.9%，其中 25 岁以下劳动力的失业率高达 19.6%，即每 5 个青年人中有一个失业。青年的失业问题成为全欧洲失业问题中最严峻的一项，也成为制约欧盟经济发展的主要障碍。按照经济学理论，造成这种现象的原因有两个：一是经济发展减缓导致社会创造的普通就业岗位减少、高技术就业岗位增多，青年人由于没有高等级的教育资历和经验技术，对高技术岗位望尘莫及，只能竞争普通职位。二是结构性失业。结构性失业是指青年一旦进入劳动力市场开始工作后，就有相当比例的人不愿再主动接受任何形式的教育与培训，青年人的知识结构和技能水平渐渐变得不能适应劳动力市场的新需求。这一现象，导致社会出现一种尴尬局面：一方面大量的劳动力处于长期失业状态，另一方面又有大量的高技术岗位由于无人可以胜任而空缺。

显然，结构性失业带来的影响更为深远，且向我们揭示了一个重要事实：随着高科技生产技术不断发展，社会对于高技能劳动力的需求是不断增长的。但机会只属于有准备的人，对于那些不能随着时代要求提高自身技能的人，只能在飞速发展的时代面前慢慢出局。所以个人接受职业教育与培训的程度和自身学习的主动性，共同决定了个人的长期就业状况。

成千上万的青年人丧失接受再教育的主动性与欧盟成员国实施高福利的社会保障政策息息相关。欧盟社会保障体系的完善在全世界一直遥遥领先，这使相当一部分失业者尽管失业，仍然能拿到数额不菲的社会保险金。这导致懒惰风气弥漫，只要社会保险金足以支付生活成本，便不想再工作赚钱的大有人在。某些人甚至"主动失业"，安于在家。青年一代就业意愿的降低，给欧盟国家造成了极大的财政负担，同时也造成了极大的人力资源浪费。

所以，充分开发欧盟潜在的劳动力资源，实现青年群体的充分就业显得日益迫切。欧盟想要缓解严重的结构性失业，自然离不开职业教育与培训。2006 年，在欧盟 28 国的劳动力人口中，具有高中和高中后教育资格证书的约占 47%，其中大部分都是通过职业教育与培训获得的，很多是受益于第一代达芬奇计划取得的成效。

经过第一代达芬奇计划的实施，欧盟职业教育领域的就业政策、文化政策、企业政策、信息政策、经济政策及劳动力市场等诸多领域都建立起了良好的协调性。欧盟利用这些已经建立好的各领域资源，再一次对达芬奇计划进行修订和完善，积极寻求社会合作伙伴的帮助与支持，扫清青年人主动接受职业教育与培训的障碍，采取多方面鼓励措施吸引失业者，促使更多的低技能劳动者进人职业教育与培训体系。故结构性失业是第一代达芬奇计划不得不演变转型的关键问题。

（3）终身学习是达芬奇计划修订完善的宏观指导。

从早前的博雅教育到今天的终身学习，欧洲一直都走在世界教育潮流的前列。终身学习是当下热门的教育理念，欧盟早在20世纪90年代就多次强调其重要性。终身教育理念意味着教育的各个阶段将不再彼此割裂，正规教育和非正规教育、普通教育和职业教育与培训之间的界限变得不再重要。终身教育对传统教育与培训的组织、结构和内容提出了质疑，模糊了传统意义上的职前教育与继续教育、正规学习与非正规学习、普通教育与职业教育和培训之间的区分。

对于终身学习，欧盟不仅认为其与个人学习和经济发展有关，还把它当作改造社会、发展个人、促进欧盟一体化的重要战略。在欧盟的里斯本战略中，就已将终身学习作为调整教育发展的新方向。里斯本战略明确指出，调整现有教育系统的一个关键步骤，使其有能力为任何年龄的任何个人提供个性化的学习机会。通过对全年龄段公民的终身教育进行投资，使每个公民的知识得以增长、能力得到发展，从而提高全民的就业能力，促进信息化社会的创建。

按照此方针，2001年欧盟委员会又发表了《实现终身学习化的欧洲》的宣言。这份重要宣言对"终身学习"进行了清晰的概念界定："贯穿每个公民学龄前到退休后的所有正式、非正式和非正规的学习，同时涵盖了一生中各种情况下提高知识、技能和能力的各种学习活动。旨在使个人、公民、社会和就业四个方面实现长远增长和进步，发展个人综合能力。"由此，欧盟根据新的终身学习定义，制定了欧盟终身学习基准目标。

在面对经济全球化、知识经济、结构性失业、人口老龄化挑战的同时，欧盟在职业教育与培训计划的制订与实施方面，还必须长远考虑终身学习体系的构建。为全面有效地实施终身学习战略，新时期的达芬奇计划必须对传统教育政策进行彻底反思，尤其是要在职业教育与培训中贯彻终身学习的功能、内容、目标、传授途径，更需要颠覆固有束缚，并且采取积极有效的措施，将职业教育与培训纳入满足人们终身学习需求的终身体系，把大力提高继续职业教育与培训的参与率作为当务之急。这不但是更新个人知识能力、促进经济发展的重要手段，同时也是促进社会包容、实现和谐发展的欧洲公民的精神基础。故推动终身教育的发展及终身学习理念在欧洲的不断深化，是未来达芬奇计划修订完善的宏观指导。

2.达芬奇计划的实施

1995—1999年是达芬奇计划实施的第一阶段。为了有效管理该项计划，欧盟通过招标，在布鲁塞尔建立了技术支持办公室，并于1995年开始工作，参与国建立了国家协调单位协助欧盟委员会。技术支持办公室主要负责为项目建立基础设施，包括项目所有的文件，协助征集建议，根据选拔程序协助选择项目，做合同的行政和财务管理，以及发布行动信息等工作。1997年，技术支持办公室因故被关闭，由欧盟委员会内部成立的项目监管室取代。国家协调单位由成员国组织，受欧盟委员会调遣。其主要作用是传递信息，即负责在国家层面推广计划，根据程序一（由成员国负责的项目适用）选择并管理项目，根据程序二（由欧盟委员会负责的项目适用）承担项目选择的顾问。另外，欧盟还成立了达芬奇计划委员会，该委员会的运转经费由达芬奇计划和成员国共同承担。这个委员会由每个成员国派两名代表，经欧盟委员会任命组成，社会伙伴作为观察员参加该委员会。该委员会负责为项目财政资助（数量、资助持续时间和接收）制定准则，项目内部事务的协调，选择的程序、跟进、评价，以及宣传和成果转化等工作。欧盟在实施这一计划的决议中列出了包括提高成员国职业教育与培训体制和管理的质量和创新能力，在职业培训中促进"欧洲维度"以及提高工人劳动技能以减少失业等19个目标。

2000—2006年是达芬奇计划实施的第二阶段。欧盟委员会希望该计划能通过加强欧盟在教育与培训领域的合作建设"知识的欧洲"。该计划被赋予支持成员国的终身学习政策的使命，在知识和技能以及积极的公民意识和就业能力方面发挥作用。该计划还被寄希望能支持和补充成员国所全权负责的职业培训、文化和语言多样性问题的解决。具体来说，达芬奇计划的第二阶段目标是根据《欧洲联盟条约》相关规定在两个方面发挥作用：第一，促进职业培训系统质量的提高，实现创新和"欧洲维度"，通过跨国合作促进职业培训的实践。该目标进一步细化为以下三个方面：一是在所有层次的初始职业培训中改善人们（特别是青年人）的技术和能力，尤其是通过与工作相关的职业培训以及着眼于提升就业能力和促进职业整合与再整合的学徒制达到目标；二是改善职业培训的质量，着眼于增强和发展适应能力，特别是为了适应技术和组织变化的技术和能力的终身职业培训；三是提高和强化职业培训对革新进程的贡献，着眼于促进竞争力和创业精神，同时要着眼于新职业的产生，特别要关注培养职业培训机构（包括大学、企业和中小企业）间的合作。第二，要特别关注在劳动力市场中处境不利的群体，包括残疾人、移民、妇女和年长者，要促使他们参与培训，还要提高男女两性的机会平等，反对性别歧视。此外，欧盟理事会还规定了欧盟执行计划的措施、计划的参与、计划的执行、与成员国的合作、联合行动、达芬奇计划委员会的职责、社会伙伴的角色、与其他政策措施的相容性和补充性、欧洲经济区和欧元区等国家的参与、国际合作、资金预算、监督和评价。

（二）哥本哈根进程

1.《哥本哈根宣言》

欧盟理事会教育、青年和文化司于 2002 年通过决议，确定了未来各国在教育与培训领域合作的优先发展方向，鼓励各成员国及欧盟委员会在其责任框架范围内邀请候选国、欧盟自由贸易联盟国及欧洲经济区国共同参与推动，并不断加强在职业教育与培训领域的合作。

同年，职业教育与培训发展史上一次重要的会议——欧盟哥本哈根首脑会议召开。会上发表了旨在加强各成员国在教育与培训领域合作的《哥本哈根宣言》，明确了决议中的四项优先发展领域，包括职业教育与培训领域的"欧洲维度"，即在跨国背景下，强调欧洲教育与培训的同一性；提高透明度并加强信息和指导体系建设，即整合各种政策工具（包括欧洲学分转换、证书与文凭补充文件、欧洲通行证），提高职业教育与培训的透明度，同时加强政策建设，开展职业教育与培训机会等方面的信息交流、指导和咨询服务，支持并鼓励欧洲公民的职业与地域流动；开展能力与资格的认证，即通过调查研究提高透明度、可比性以及对在不同国家间所取得的能力或资格的认证并承认其学分，开发行业能力及不同国家间正式与非正式学习相互认可原则；加强质量保证体系的建设，即加强成员国间的合作，鼓励各国经验与方法的交流及各国职业教育办学模式和质量标准方面的交流，开发并寻求共同的质量标准，关注各类职业教育、培训教师与培训者的需求。

同时，该宣言制定了确保加强欧洲职业教育与培训领域合作目标有效及成功实施的基本原则，是欧盟各成员国在职业教育与培训领域精诚合作的前奏。该宣言还指出，欧洲多年来在职业教育与培训领域的合作在创造未来的欧洲社会方面起到了决定性的作用，同时高质量的职业教育与培训的发展是里斯本战略目标中的关键部分，尤其是职业教育与培训能够提升社会包容性及凝聚力、促进流动、提高就业率并增强竞争力。为了表示对欧盟要达成世界最具竞争力的经济实体的支持，各成员国皆承诺在今后的工作中要不断加强彼此间在职业教育与培训领域的合作，以使欧盟的职业教育与培训系统更加透明、质量更高，并加强其欧盟维度。

实现上述目标的过程即哥本哈根进程，这一进程将有助于各成员国对彼此的职业教育与培训政策进行比较，明确共同的优先领域，并就共同原则与政策工具达成一致，从而实施共同行动。

教育与培训领域目标的实现离不开社会合作者的鼎力支持，这是欧盟职业教育与培训的重要特色之一，也是其得以不断发展的关键所在。2002年，欧盟社会合作者制定了《发展终身学习能力与资格行动框架》，明确了社会合作者在发展终身学习与能力资格的目标框架下的优先行动领域，包括明确并预测能力与资格需求，承认并确认能力与资格，提供信息、支持与指导，提供资源。这一框架指出，各个层面的社会合作者，包括整个欧洲层面、行业、国家及企业，应精诚合作，承担起各自在发展终身学习与能力资格领域的责任和义务，实施具体而有效的行动以促进终身学习的实现。这一框架的制定与实施促进了社会合作者积极参与到职业教育与培训领域，推动了欧盟职业教育与培训在各个层面上的合作与发展。

2. 哥本哈根进程的发展

随着《哥本哈根宣言》的发布，哥本哈根进程的逐步展开，欧盟委员会与欧盟理事会又相应地制定了一系列相关政策，如2003年，欧盟布鲁塞尔理事会上明确了教育与培训体系应达到的五项基准目标，其中有三项目标和职业教育与培训政策有着密切的联系，包括各成员国应将18～24岁青年人早期辍学率降至10%，20～24岁的青年人中至少完成高中阶段教育的应达到85%。

2004年，欧盟理事会通过了一项关于职业指导的决议及一项关于职业教育与培训的结论，内容包括职业教育与培训的质量保证，正规与非正规学习的认可与确认。作为哥本哈根进程的一个重要部分，欧盟每两年对进展情况进行一次回顾与政策的修订。2004年12月14日，来自32个欧洲国家负责职业教育与培训事务的部长与欧洲社会合作者及欧盟委员会在马斯特里赫特对《哥本哈根宣言》的实施情况进行了第一次进展回顾，并发布了《马斯特里赫特公报》。该公报中回顾了哥本哈根目标的实施进展情况，再一次肯定了职业教育与培训在劳动力市场及社会一体化中的关键作用，并同意进一步加强彼此之间的合作。而且，最值得关注的是，在欧盟的历史上，这些来自32个国家的部长、社会合作者以及欧盟委员会首次共同对职业教育与培训的里斯本目标的实现所做出的贡献进行了评估，在此基础上确定了指导欧盟和国家层面职业教育与培训体系改革的优先行动领域，指出了在未来的行动中，重点应放在国家层面的实施，并将哥本哈根进程与 2010 年教育与培训计划更加紧密地联系起来。各国均赞同将《哥本哈根宣言》中政策工具付诸实践，包括质量保证、学历与证书的互认、指导与咨询、欧洲通行证，发展教师与培训者的能力，提高公共和私人机构对于职业教育与培训的投资。同时，与会各方也决定实施共同政策及政策工具使职业教育与培训更具灵活性，以确保其能够对工作场所的新要求做出及时的反应，满足那些处于"被边缘化"危险之中的社会弱势群体的个性化需求，实现社会的融合与和谐发展；开发灵活的、个性化的培训路径，开发新的教学方法，改善教学环境；开发欧洲资格框架、职业教育与培训学分转换系统，提高并改善职业教育与培训统计数据，明确教师与培训者的学习需求。实现这些目标也是欧盟就业指导方针对于职业教育与培训领域的要求。从中不难看出，职业教育与培训已经成为各项相关政策领域中的一个核心议题。

共同行动优先领域的确立表明了欧盟的职权能力得到前所未有的扩大，应该说这是欧盟职业教育与培训政策发展中的一个重大突破。各国不再固守于本国教育与培训事务的完全自治权，而是希望通过与各国及各个方面更广范围的合作，使本国的职业教育与培训更好、更快发展，适应新世纪来自各方的多样性挑战，联合起来，共同进步，进而促进整个欧盟乃至整个欧洲的繁荣，实现里斯本目标。

2005 年，欧盟根据里斯本议程的进展情况对里斯本战略进行了回顾与修订，并予以重新启动，形成了将经济增长与就业相结合的综合指导方针。整合后的指导方针再次肯定了职业教育与培训对于欧盟就业与增长议程的重要作用，职业教育与培训成为促进增长、增强竞争力，以及促进创新、研究与开发的优先领域。整合后的指导方针的宗旨是促进欧洲委员会和成员国之间就业与工作领域的合作，通过更好的教育与技能培训，以便更多地投资于人力资本，同时提高劳动者积极适应需求的能力，成为需要重点发展的优先领域。

三、欧盟职业教育政策实施成效

（一）促进了人员自由流动和劳动力市场的一体化

人员的自由流动是欧洲一体化的主要标志，也是欧盟各项政策领域中的关键议题。随着经济全球化、知识经济、欧盟扩大以及欧洲在各个领域一体化的逐步深化，欧盟范围内劳动力的自由流动和劳动力市场的一体化是每个欧洲公民的基本权利和要求，也是欧盟职业教育政策的重要任务之一。欧盟为了破解各国职业资格难以"通行"、学习结果互不认同、阻碍劳动力跨国流动的难题，先后开发出一系列"欧洲工具和原则"。上述工具考虑到了各国教育与培训体系及劳动力市场的多样性特征，可比性、透明度是这些政策工具的主要特征与目标。欧洲共同的政策工具和原则包含的内容非常丰富，涉及学分互认、质量保障、学习结果认证等方面。其中，在促进职业教育领域的人员流动（包括工作和学习流动）方面最重要的政策工具是欧洲职业资格框架和欧洲通行证。

1. 资格证书互认的基础：欧洲职业资格框架

欧洲职业资格框架主要解决的是欧盟各成员国职业资格难以通行的问题。由于整个欧洲的教育结构和体系存在差异性，通过课程和培训所获得的学习成果和能力便成为描述所获资格的重要参照标准。欧洲资格框架就是以一定的学习成果（包括知识、技能和能力）为共同的资格参照标准并设置相应的等级的。它是一个元框架，即国家资格框架的"总框架"，其主要功能是作为转换平台，便于对不同国家资格证书的评估与比较。它通过制定质量保障原则、运用学分转换和累积系统等方式建立起国家之间、行业部门之间资格证书领域方面的互信与合作，从而提高了资格证书的透明度，加强了对学习结果的转换和认可。

欧洲资格框架的建立为各国职业资格的互认提供了一个共同的参照框架和转换器，实现了以下三个方面的目标：一是在欧盟内部增加各成员国公民所持有的资格证书的透明性、可比性和可携带性；二是在欧盟外部推动国际行业组织在其资格证书体系与欧洲资格框架的共同参考点之间建立联系，使其资格证书置于欧盟资格证书体系的相关位置；三是在欧洲区域促进终身学习和提高公民的流动性等。

为了与欧洲资格框架对接，所有国家都已经或正在参照欧洲资格框架开发国家资格框架。国家资格框架描述学习者对应特定的资格证书应该知道什么和会做什么，并且学习者怎样在一个系统内从一种资格转换到另一种。该措施极大地促进了各国公民在欧盟范围内的学习和工作流动。

2. 学校和工作流动的护照：欧洲通行证

欧洲通行证是 2004 年由欧洲议会与欧盟理事会开发出的一套旨在提高职业资格与能力透明度的工具，可以看作职业教育的"欧洲护照"。欧洲通行证帮助欧洲公民在留学或求职时有效地展示他们的资格和能力，为欧洲公民在欧洲范围内学习和工作提供了便利。它实际上是展示个人资格与能力的文件袋，其中包括五种帮助个人在欧盟成员国间流动的工具：欧洲通行简历、欧洲流动性文件、语言能力档案、证书补充文件和文凭补充文件。它是持有人高等教育文凭的附录文件，提供持有人所获得的高等教育文凭的信息，如学习期限、证书及学分等。

《哥本哈根宣言》把上述五类文件整合成了新的欧洲通行证，并于 2004 年正式启用。欧盟创建了一个专门管理欧洲通行证的门户网站。欧洲通行简历和语言能力档案可以在网上在线完成，并可以随时更新，其他三个文件要有授权的教育和培训机构填写并颁发给个人。

欧洲通行证的使用提高了资格证书的透明度，极大地方便了欧洲公民在欧盟各成员国间的就业和学习流动。从 2005 年到 2010 年 9 月，已经有 2900 万人访问了欧盟的欧洲通行证门户网站，约有 2500 万欧洲人下载了欧洲通行证模板。2012 年 12 月，欧洲通行证在上述五个文件的基础上又添加了欧洲技能护照作为其第六个文件。此外，欧洲通行简历和语言能力档案在六年中在线完成了 9904056 份。

欧洲通行证工具的大量使用，体现了它对整个欧洲公民的价值。欧盟开发的认可非正规和非正式学习的欧洲共同原则和生涯指导对个人的学习和就业前景产生非常积极的影响，特别是在工作中的学习、帮助人们发现自身的潜力等方面。

综上所述，欧洲通行证、欧洲资格框架、欧洲职业教育学分体系、生涯指导、认可非正规和非正式学习的欧洲共同原则等欧盟职业教育中的关键工具，有利于提高欧洲职业教育的透明度，提高了对知识、技能和能力的认可度以及职业教育体系的质量，能够加快欧洲职业教育一体化的发展。同时，为了推广使用这些工具，欧盟还积极创造环境，如搭建欧洲网络平台，创建国家咨询体系，实施试点项目，提供经验交流平台等。

（二）提高了职业教育的吸引力

欧盟的职业教育与培训政策一直将提升吸引力作为其重要目标，欧盟通过发布一系列报告和宣言、开展项目、建立资格框架等方式来提升职业教育的吸引力。欧盟为提升职业教育与培训的吸引力所采取的措施主要有：构建灵活开放的职业教育与培训体系，为学习者提供更多进一步学习的机会；改进工作中的学习，从而保证青年人和成年人所获得的技能与劳动力市场的要求之间保持高度相关性；增加职业教育学生、教师及培训师参加国际交流项目以保障他们的学习机会，以及通过职业教育来促进社会公平与社会融合等。

欧盟提升职业教育吸引力的举措之一，是通过实现职业教育与培训路径的多样化，使学习者在职业教育与培训中获得更多的学习选择，更容易遵循自己的学习路径，职业教育与培训系统更灵活和开放。在欧盟一些国家，不同类型的教育之间的迁移已经成为可能，例如，以学校为基地的职业教育和工作场所的学徒制培训之间的迁移，或普通教育和职业教育之间的流动都已实现。一些国家为了满足不同学习者的需要，引进了普职兼修的课程方案，采用模块化课程，或引进部分资格证书培训课程。

打通职业教育迈向普通高等教育的通道是欧盟提高职业教育吸引力的又一举措。一些国家把普通教育项目和职业教育项目结合起来。例如，在芬兰，普通教育学生的高中毕业证书中可以有职业教育与培训学习的内容，职业教育与培训证书中也可以有普通教育学习的内容。立陶宛则把职业教育与培训模块引进普通教育，并将之作为职业教育与培训的一部分。值得注意的是，许多国家支持学徒制学习以及其他形式的在职学习。从总体上看，欧盟倡导为学生提供高中阶段职业教育与培训的多样化选择，从而帮助学生向更高层次学习迈进的政策是成功的。欧盟委员会最近的一项研究发现，国家间更显著的差异在于职业教育系统对人们在一生中重返学习的开放程度。调查显示，在欧盟高中阶段的学生中，平均80%的人参与的是可以直接进入大学的普通教育计划或职业教育计划。德国政府在2008年承诺，要实现职业教育资格与学术性文凭的等值，高等教育要向成功通过职业教育与培训最终职业资格考试并有三年在岗工作经验的人士开放。在一些国家，高等教育体系正在被重组，专业化水平在提高，并引入了职业导向的课程。

加强职业教育与劳动力市场的联系，是欧盟职业教育受欢迎的重要原因之一。具体办法是强调职业教育机构与企业合作开展学徒制培训、激励企业为雇员提供在职培训。欧盟各成员国用资金激励企业加大培训投资力度，最常见的是提供培训基金和税收激励。许多国家通过为培训基金征收特殊税（范围从0.1%到2.5%）的方式促使企业将一定比例的资金投入员工的培训中。多数欧洲国家都有针对公司和个人的税收激励措施，以鼓励对教育与培训的投资。在这些国家中，最近引进税收激励措施的有奥地利、法国、立陶宛、捷克。不过，不同的国家在税收激励上的规定是不同的。例如，在芬兰，针对现有工作技能发展的培训支出是可减免的，而为员工获取学位或资格证书的培训费则不可以减免。在一些国家，如法国、荷兰和奥地利允许雇主减去一定数额的培训成本。税收激励通常适用于从合格的培训提供者那里购买职业教育与培训内容。

欧盟还不遗余力地促进职业教育与培训领域的国际交流，以此作为提升职业教育与培训吸引力的措施之一。在欧盟各国看来，使国家职业教育与培训体系与更广阔的世界保持联系，对保持其先进性和竞争力非常重要。职业教育与培训需要扎根于地方劳动力市场，但是也要有国际视野，培养学习者理解外国市场、语言和不同文化的技能。基于这种认识，很多国家都利用欧盟各种不同的学习项目。欧盟最大的职业教育计划是达芬奇计划，参加该计划的职业教育与培训学生在 2000 年大约有 18000 人，在 2009 年总人数上升到 50000 人左右。通过达芬奇计划，参加流动的教师和培训师也从 2000 年的 5000 人增加到 2009 年的 12000 人。此外，在欧盟，学校本位的职业技术教育中也增加了国际维度。丹麦要求所有专业的课程方案中都要包含至少一个国际项目，或一门国际课程。在芬兰，高中阶段的职业教育与培训，国家核心课程中就包含了国际化和流动的课程。爱尔兰职业教育与培训计划和课程中都包含一段时间的工作实习，实习过程与欧盟的达芬奇计划整合起来，从该计划中获得资金支持并实现国际流动。在荷兰，执行终身学习计划的国家机构要求学校更好地利用现有资源，同时要更加开放，以变化的眼光来看待将来这些方面会对职业教育与培训产生怎样的影响。

增进职业教育与培训的机会均等和包容，强调职业技术教育与培训的双重功能，即经济功能与社会功能，也是欧盟提升职业教育吸引力的重要措施。具体途径是，帮助受教育水平较低的青年人和早期辍学者接受职业教育与培训，在职业教育与培训中满足低技能者和老年人的需求，加大对移民和少数族裔进行职业教育与培训的支持力度，在职业教育与培训中支持有特殊需要的学习者，并为处于社会排斥危险境地者提供终身指导等，为提升欧盟职业教育的吸引力提供了切实的保障。

总之，欧盟提升职业教育吸引力的政策旨在构建一个更加综合和包容的职业教育体系，既要满足那些天资聪慧的学生的学习需求，也要将那些处境不利的群体纳入其中。

（三）提升了职业教育与培训的质量

在欧盟的职业教育政策中，对质量的关注是其重要的内容之一。欧盟认为，职业教育与培训质量直接影响到各成员国劳动力的整体素质以及各成员国之间的相互信任程度和劳动力的流动。因此，欧盟采取多种措施，有效地提高了职业教育与培训的质量。

首先，建立欧洲职业教育与培训质量保障参考框架，为欧盟各国职业教育的质量提供标准。在 2001 年，欧盟开启了职业教育与培训领域质量问题的欧洲论坛。2004 年，欧盟委员会决议通过共同原则、指导方针和工具，这两个事件加快了欧洲职业教育质量保障体系的建设步伐。2009 年 6 月，欧盟倡议为职业教育与培训建立一个欧洲质量保障参考框架。自此，欧盟对职业教育与培训质量保障政策的认识趋于一致。最终，欧洲委员会于 2008 年 3 月向欧洲议会和理事会提交了有关建立欧洲职业教育与培训质量保证参考框架的建议，在 2009 年初该建议正式被欧洲议会采纳。

该框架不仅有利于提高并监督各成员国的职业教育与培训质量，还有利于提高各成员国职业教育与培训体系的透明度和信任度，对于实现欧洲职业教育一体化和实施欧盟范围内无国界的终身学习战略具有重要意义。欧洲职业教育与培训质量保证参考框架是欧盟范围内统一的职业教育与培训质量保证参考体系，其为欧盟各成员国提供了一个可供参考的质量保证过程、质量指标和监控程序。该框架根据各成员国的实际情况，综合选定了一套能测量与评估职业教育与培训质量的指标，欧洲职业教育与培训质量保证参考框架所确立的指标包括师资培训投入、职业教育项目参与率、职业教育项目完成率、就业安置率、培训技能使用情况、失业率、弱势群体职业教育参与情况、劳动力市场培训需求确认机制和促进职业教育与培训参与的策略。同时，把整个职业教育与培训的过程分为计划、实施、评价和检查四个阶段，并明确规定了每一阶段的具体质量指标。此外，欧盟在职业教育与培训质量保障过程中，形成了欧盟、成员国、职业教育与培训系统、职业教育与培训机构、企业等多元主体共同参与的质量保障机制。

其次，保障职业教育与培训师资的质量。高质量的职业教育与培训需要优秀的职业教育教师和培训师。欧盟通过多种策略来加强质量保障方面的合作，主要的措施有以下四个方面：一是招聘更多高质量的专业人员加入职业教育教师队伍。例如，瑞典建议应该提高职业教育教师和培训师的地位以吸引人才进入这个行业。而德国、爱沙尼亚、匈牙利、瑞典和英国则正在开辟新的途径，从商界和民间吸引专家从事职业教育与培训的教学工作。在法国，已经有从商界和民间吸引专家从事职业教育与培训教学的证书。二是提高职业教育教师的入职门槛。包括比利时、爱沙尼亚、丹麦、冰岛、意大利、拉脱维亚、西班牙等国家，已经或即将要求职业教育教师有高级资格证书。马耳他、奥地利和塞浦路斯等国已经把教师培训机构提升到或并入高等教育机构。丹麦、德国、爱沙尼亚、奥地利和瑞典等国则要求职业教育教师和培训师须同时具备学术学位和职业教学技能。在德国和芬兰，全职的培训师一般要有硕士层次的资格证书。三是强调职业教育教师与培训师的终身学习。大多数国家看到了加强对职业教育教师与培训教师开展培训的必要性。如意大利和芬兰，在地区层面为职业教育教师和培训师提供培训。法国将工程师和经理人员借调到职业学校开展教学活动,同时提高对公司内部培训师的知识和教学技能的要求。捷克共和国、希腊、斯洛伐克已经将职业教育师资的继续教育列入法律条文。四是通过改革职业教育与培训课程,加强培养内容的针对性,开发技能需求和供给的预测系统,用以提高劳动力市场定量的（岗位数）和定性的（技能和能力）供需匹配,界定职业教育培养的关键能力,着眼于学习者长远的职业适应和职业发展进行培养,尤其是创业精神、积极的公民权和外语能力。

（四）建立了职业教育与培训经费的保障机制

欧盟职业教育与培训政策中一直关注经费保障问题。除了强调"进行越来越多有效的人力资本和创造力的投资是重要的",号召成员国实现"人力资源人均投入的年度增长",且要有效地使用经费和其他资源。

欧盟还通过欧盟基金补助成员国职业教育与培训开支、安排资金支持哥本哈根进程的优先领域,以及提高职业教育与培训资金的使用效率等措施,初步建立了职业教育与培训的经费保障机制。

首先,通过欧盟基金补助成员国职业教育与培训开支。欧盟在《马斯特里赫特公报》中明确指出,欧洲社会基金和欧洲地区发展基金应用来支持《2010教育与培训行动计划》。欧洲社会基金是欧盟支持就业、经济和社会融合的财政工具。2007—2013年,欧洲社会基金经济价值约为750亿欧元,接近欧盟预算的10%。它在此期间投资的优先领域包括:①改善人力资本（占总基金的34%）;②增加就业机会,促进可持续发展（占总基金的30%）;③提高工人、公司、企业和企业家的适应能力（占总基金的18%）;④改善弱势群体的社会融合（占总基金的14%）;⑤提高国家、地区和地方层面的机构的能力（占总基金的3%）;⑥推动就业和社会融合方面的改革（占总基金的1%）。

各国对欧洲社会基金的使用情况因为各自的优先领域而不同。欧洲社会发展基金被用于支持处于社会排斥危险境地的人,从而促进社会融合;或被用于开发和实施欧洲共同工具和原则;或被用于加强职业教育与培训和劳动力市场之间的联系。还有一些国家用欧洲社会基金来支持职业教育课程改革和职业教育教师、培训师的专业发展。

其次,终身学习项目资金是近年来欧盟职业教育可利用的可观资金,对促进欧盟职业教育发展起到了积极作用。随着欧盟经济社会环境,特别是劳动力市场的变化,欧盟把各种教育类型整合进了终身学习项目,欧盟理事会在终身学习项目上的2007—2013年的预算为136.2亿欧元。其中,专事职业教育的达芬奇计划第三阶段获得的预算是34.05亿欧元。达芬奇计划帮助学生获得国外体验，了解他国培训文化和传统，促进成员国之间的经验分享与交流。大多数国家通过达芬奇计划来资助职业教育学生、教师和培训专家的跨国交流。

其他可供欧盟成员国发展职业教育与培训的欧洲基金包括欧洲地区发展基金、欧洲投资银行和欧洲经济全球化调节基金等。这些基金被用来发展职业教育与培训的基础设施、支持创新和技术开发、创造新的学习环境（如建设校内小型或中小型企业）以及投资于职业教育与培训改革。例如，欧洲经济全球化调节基金每年有约5亿欧元的年度预算来支持那些在经济全球化中下岗的人员，并将资助对象延伸到那些直接受经济危机影响的人。

此外，提高职业教育与培训资金的使用效率是欧盟范围内近年来比较突出的一个方面。各国主要采取了三种不同的方法来确保投资效率，即通过权力下放和机构自治提高资金使用效率、采用新的资金分配方式来提高投资的科学性和发挥职业教育设备的规模效益。

通过上述措施，欧盟初步建立了对职业教育的资金保障机制。在2000—2007年（经济危机以前），欧盟在教育与培训上的开支十分稳定，保持在GDP的5%左右。在2000—2003年，欧盟教育与培训支出从占GDP的4.88%增长到5.14%。为应对2007年爆发的经济危机，欧盟在2008年11月通过了一个2000亿欧元的经济复苏一揽子计划，其中1700亿欧元来自成员国，其余300亿欧元来自欧盟预算和欧洲投资银行。职业教育与培训的投资是欧洲和国家层面经济复苏投资的主要领域。欧洲社会基金还在2009—2010年筹集了190亿欧元帮助成员国加强其"积极劳动力市场政策"，为经济危机中最易被影响的群体提供支持。在欧盟的带动下，大多数成员国也加大了对积极的劳动力市场政策经费的投入力度。在欧盟资金激励政策的支持下，2002—2007年，个人对教育培训的支出从占GDP的0.6%上升到0.7%。

综上所述，欧盟层面对职业教育与培训进行了大量投资。在欧盟的政策倡议下，欧盟成员国采用多种策略来应对经济危机的挑战，从而保障了职业教育与培训的经费投入。而且，各欧盟成员国采取了多种方式，来提高职业教育与培训资金的使用效率。

第五章 欧盟教育政策的发展趋势

欧盟教育政策发展多年，取得了一些成就，但是从影响政策发展走向的外部因素来看，目前欧盟教育政策所处环境和形势并不令人乐观。21世纪以来，欧盟在政治、经济和文化等方面遭遇了诸多问题和挑战，而直接与教育需求紧密相关的人口老龄化问题也日益突出，这些因素必然对欧盟教育政策的制定和发展产生重要影响。本章主要内容包括欧盟教育政策基本的情况、欧盟教育政策面临的挑战、欧盟教育政策未来的走向。

第一节 欧盟教育政策基本的情况

21世纪以来，欧盟官方先后发布了两个教育发展战略规划：第一个是2002年的欧盟2010战略，第二个是2009年的欧盟2020战略。前者立足于2000年的里斯本战略，成为欧盟历史上第一个教育与培训合作领域的实体性框架，其基本目标和宗旨是通过开发欧盟层面的互补性工具，以及开放合作的方式相互学习和交流经验，共同推进国家层面教育与培训体系的发展。后者是欧盟较新制定和出台的教育发展总体性规划，当前欧盟所有的教育行为都是在此框架下展开的。欧盟2020战略成为研究和判断欧盟教育政策未来走向最直接的参考，它至少向我们呈现了欧盟八年内（2013—2020年），甚至更长时间范围内教育政策的基本目标与内容。

一、教育面向世界

按照欧盟2020战略的总体设计，在2020年之前，欧洲教育一体化以支持成员国确保个人、社会以及全体公民职业成就的整体提升，促进经济持续繁荣、就业稳定，同时提升民主观念、社会融合度，公民积极参与以及跨文化对话的教育及培训体系的深入发展为总体目标。这个总体目标放在一个更广阔的视野之下，可以看作欧盟及其成员国在全球繁荣与发展的背景下对世界开放的重要性认识的一种反映。这种开放在教育领域表现为向所有人提供卓越并极具吸引力的教育及研究的机会，其价值和功能对欧盟实现成为世界领先知识经济区的目标意义重大。经过多年的实践和研究，欧盟教育治理者也意识到教育与培训合作的成效必须建立在一个以终身学习为纽带的整体合作框架之上。而事实上，终身学习已经成为整个欧盟 2020 战略的基本原则，其内容涵盖了教育的各个层次和领域——从正规教育到非正规教育，从早期幼儿教育到中小学教育，再到高等教育、职业教育与培训以及成人学习。

二、重点推进职业教育的成效

（一）促进了"欧洲维度"职业教育的社会化

欧盟职业教育政策的成功推行离不开各成员国的积极配合与紧密合作，没有成员国的支持和配合，再好的政策文本也是纸上谈兵。虽然鉴于发展水平和文化归属的不同，欧盟各成员国的职业教育发展现状不尽相同、各有千秋，在欧盟层面上，却为各国提供了职业教育发展经验交流的平台。不仅为各国提供了统一的教育培训学习成果鉴定标准，而且也让人才资源得到了最优化的配置，体现了标准性和灵活性相统一的特点。

此外，在欧盟职业教育政策的发展过程中，职业教育的主体由最初的职业培训院校不断扩展到企业、社会组织以及国际机构等。而稳定和谐的合作关系是欧盟理事会在制定政策时为各类多元化的参与主体提供的可靠保障，同时也充分调动了职业教育参与主体的积极性，促使各类社会参与主体积极创新培训方式，以满足不断发展的职业教育与培训需求。例如，在达芬奇计划中欧盟就提出，计划要面向一切正在提供职业教育与培训的机构和组织，以及有可能提供职业教育与培训的社会主体开放。可以看到，在涉及职业教育参与主体时，职业教育政策的设计者已经高瞻远瞩地考虑到了任何可能被调动的社会力量，通过合作和共赢调动各参与主体的积极性，保障其社会化的推进有序实施。

（二）加速了"欧洲维度"职业教育一体化进程

资格框架和学分体系在实际的运用中对欧盟职业教育一体化进程的推进发挥了关键作用。通过框架体系的建立和运行，欧盟职业教育有了转换和参考的标准后也更加切实可行了。欧盟强调，要保证资格框架和学分体系得到所有成员国的全面适用和推行。通过研究不难发现，欧盟职业教育政策的制度化运行实质就是一种相互作用，形成合力，解决沟通与衔接问题的方法，具有内在关联性和逻辑性，目的就是实现不同国家之间的人员流通，促进职业教育的一体化进程。职业资格作为两大体系的核心和关键，沟通了职业培训与劳动力市场，也是欧盟职业教育一体化的主线。虽然资格框架和学分体系所强调的重点和具体的实施细则不尽相同，但其功能和作用的发挥都是围绕学习成果和职业资格展开的。学分体系是通过将不同等级的学习成果具体量化为一个一个的单元，让评估和转化更加科学，取得职业资格的情况更加多变，让每一个学习者都可选择适合自己的学习方式。资格框架则是发挥转换器的功能，为不同的职业资格之间的转化和承认提供了参考，同时扮演了中介和桥梁的角色。这些都为"欧洲维度"下各国不同发展阶段、不同发展模式下的职业教育提供了欧盟层面的参考，让各国在不同体系之间自由转化和互认，对欧盟职业教育一体化进程起到了强有力的推动作用。

（三）实现了职业教育效率与公平的兼顾

职业教育的效率是指通过合理的职业教育政策和制度的落实，使劳动者充分就业、社会经济得到发展。职业教育发展的公平是指职业教育政策要兼顾到每个公民，它的受益者不仅包括那些具有发展潜能的社会人才，还包括各类社会弱势群体，如早期辍学儿童、不具备任何劳动技能或劳动能力的人群，妇女、老年人以及移民等。效率是前提，就像蛋糕本身一样，而公平是效率的衍生结果，即蛋糕的分割是否合理公平。从管理学的角度来说，效率是先于公平的，只有先把蛋糕做大了（实现效率），才能谈公平地切分蛋糕（实现公平）。

欧盟职业教育政策的制定和落实合理兼顾了效率与公平两个价值取向和基本原则，充分发挥了职业教育在促进就业、稳定社会、发展经济、促进产业结构调整方面的积极作用。欧盟在职业教育政策推进的过程中，十分注重行动计划的重要性。通过各级各类、各种各样的行动计划来推进自己的职业教育政策和措施，对提高欧盟职业教育的效率具有重要意义。选择以行动计划的方式推进政策主要是由于欧盟的超国家组织性质，最初在推行教育政策时，由于涉及政治主权和对教育的掌控，各国并没有过多地向欧盟让渡主权。也正是因为在推进政策时的束手束脚，让欧盟委员会教育职能部门想到了以行动计划的方式来调动各国的积极性，充分发挥自己的权限。至今为止，行动计划已经成为欧盟职业教育政策的主要运行方式之一。例如，在欧洲共同体时期，就有了关于促进职业教育发展的伊拉斯谟计划等。在欧盟成立之后，欧盟理事会先后出台了达芬奇计划，并把该计划分为跨度长达十年的两个阶段来实施，目的就是为了制定阶段化的职业教育发展规划。在行动计划的推动下，欧盟的就业率有了显著提升，特别是妇女的就业率更是历史性地达到了 60%，增长速度加快。到目前为止，已经有超过八成的欧盟女性接受过包括职业教育在内的培训，职业教育的效率性和公平性得以凸显。

进入 21 世纪以来，欧盟还出台了许多有关现代技术方面的职业教育发展政策，以便让欧盟的职业教育更好地适应不断变化的社会生活。例如，欧盟理事会在其颁布的相关计划和决议中，提出要加强网络电子技术在职业教育与培训领域的运用，提高职业教育与培训的技术含量，更好地保障职业教育的效率，把职业教育这块蛋糕做大做强。说到职业教育领域的技术应用，不得不说的就是新信息通信技术。2001 年，欧盟出台的"电子化欧洲行动计划"强调，今后要加强对新信息通信技术的运用，将其更好地融入职业教育与培训的教学过程中，鼓励师生在授课的过程中充分利用新信息通信技术来发展职业教育。

三、政策实施所遵循的共同原则

欧盟 2020 战略提出了六项基本原则。

第一，自愿原则。根据欧洲联盟基础条约相关规定，欧盟在教育与培训领域要充分尊重成员国对其教育系统所负有的职责，成员国在教育与培训领域的合作应当完全出于自愿。在此基础上，欧洲教育与培训的合作还应该坚持终身学习的理念，并在四大核心战略实施中有效利用"开放性协调程序"以提高效率和透明度。

第二，适当原则。欧盟的教育与培训应当切合实际和有实质性的内容，应当产生明确的和可视化的结果，并且这些结果在通常情况下可为他人所借鉴、评估和传播。

第三，借鉴原则。哥本哈根进程在欧盟职业教育与培训合作中成为一个非常成功的典范。因此，欧盟 2020 战略的实施应该在目标和优先领域充分借鉴哥本哈根进程的经验。另外，博洛尼亚进程在欧洲高等教育一体化和建设欧洲高等教育区的过程中取得的重要进展也是值得借鉴和参考的，尤其是其质量保障、学历互认、流动和公开等方面的工具和程序。

第四，创新原则。实施欧盟 2020 战略的过程中要突出欧盟教育和培训与相关政策领域，尤其是与就业、企业、社会政策、青年政策和文化政策跨界合作中的首创精神，重点关注教育、研究、创新这个"知识三角"的协调一致和"欧洲研究区"目标的充分落实。

第五，国际化原则。加强与第三方国家的政策对话以及与国际组织之间的合作交流。

第六，一致性原则。欧盟 2020 战略对欧盟委员会和各成员国的行动分别提出了要求。

欧盟委员会应开展的行动有：一是支持成员国实现战略目标，运用上述原则及工作方法采用监测指标；二是通过联合进展报告对目标实现的程度进行监测与评估；三是在流动性、就业和语言学习方面进行立项，对这些目标的可行性进行探讨；四是与成员国合作，对如何提高现有监测指标进行跟踪研究，关注创造、创新、创业精神。

成员国应在两个方面采取积极行动：一方面是在欧盟委员会的支持下运用"开放性协调程序"，以战略目标为基础加强教育及培训领域的国内合作与交流；另一方面是在国家间致力于实现上述战略框架中的教育目标，相互学习，取长补短。值得一提的是，在共同的政策实施原则之下，欧盟还为成员国在教育与培训制定过程性监测标准。根据欧盟 2020 战略，这些过程性检测标准包括：一是成人参与终身学习的比例要达到 15%；二是 15 岁以上人口中低水平阅读、数学能力和科学素养的比例控制在 15% 以下；三是 30 ～ 34 岁人口中接受过第三级教育的比例不低于 40%；四是过早离开教育与培训系统者的比例应低于10%；五是从 4 岁起至义务教育年龄儿童的学前教育参与率至少要达到 95%。

通过上述基本动向和政策具体内容的介绍和分析，可以看到当前欧盟教育政策呈现了以下基本特征。

第一，政策目标的多元化。欧盟 2020 战略的核心战略实际上反映了欧盟在具体政策目标上的多向度，即着力实现终身学习的常态化和普及化，促进各级各类教育和培训质量与效益的平衡与发展，强调社会公平与融合以解决欧洲当前社会发展中面临的各种危机与挑战，突出创新意识与创造能力的培养以适应全球科技革新与未来发展。这种多向度的政策目标是欧盟应对经济全球化语境下欧洲社会经济发展的必然选择。

第二，政策实施的可操作化。欧盟 2020 战略不仅提出核心战略，还围绕战略目标的实现制定了政策实施的具体原则以规范教育与培训实施过程中的边界与限度，这些原则实际上指明了欧盟未来教育与培训需要关注和优先发展的领域，对各国具体执行和操作具有直接指导的意义。此外，欧盟 2020 战略还为各国设计和提供了具体行动的内容及其监测标准，甚至包括一些具体的工具，如"开放性协调程序""欧洲流动质量标准"等，它们使政策的执行更具可操作性。

第三，政策的弹性化。无论如何，欧盟目前还不完全具备国家性质的治理权威和权限，尤其在教育领域其权能仅限于"支持、协调和补充"，因此，当前及未来相当长时间范围内欧盟只能以弹性整合的方式化解内部的利益博弈，保持软性或柔性的姿态处理整合的纷争，采取合作和交流的方式发展教育及其他方面。从这个角度来看，欧盟教育政策的一个目标趋势便是通过落实和深化"欧洲维度的教育"以推进欧洲的政治一体化。

第二节 欧盟教育政策面临的挑战

欧洲一体化的关键和基础在于超越传统的民族国家认同的"欧洲"，尤其是在当前经济一体化已经取得明显成效并得到认可的形势下，这种超国家认同对欧洲政治一体化和全面治理的意义尤为重大。从以往的经验和现实形势来看，对于欧盟，通过教育、文化等"软"手段在整个欧洲形成牢固的超国家认同意识，进而建构起强大的政治领导机构和体系，最终达到以柔克刚的全面治理的发展目标似乎是一个必然的选择。

一、人口老龄化

一个老龄化国家通常指的是 60 岁以上人口的比例大于 10%，或 65 岁以上人口比例超过总人口的 7%。人口老龄化是当今世界普遍存在的重大社会问题，不同国家和地区的老龄化程度不尽相同，但老龄化的后果是相同的，那就是，老年人口比日益提高，老年抚养比日益增加，有效劳动力大大减少，而国家或地区的经济投入一再增加，这必然给经济发展带来重大影响。在通常情况下，低出生率和低死亡率（或者平均寿命延长）是导致人口年龄结构老龄化的主要原因。据统计，2009 年欧盟 27 国平均年龄为 40.6 岁，预计到 2060 年将达到 47.9 岁。2010 年，欧盟总人口已超过 5 亿，占世界总人口的 7.3%，但其中老龄比例高达 25.9%，而据预测，到 2060 年这一比例将达到 29.5%。换句话说，目前整个欧盟的人口构成中超过 1/4 的人是老年人，而且以后老年人所占的比例会更高。这样一种人口结构实际上已经在欧盟社会经济发展各领域产生"多米诺骨牌"效应。

人口老龄化的直接后果是劳动人口的减少。在劳动人口减少的情况下，要维持和发展更高水平的经济发展就必须提升就业率和生产效率。国际劳工组织的报告显示，2012 年，世界面临严重的就业挑战和广泛蔓延的工作岗位不足。继持续三年的全球劳动力市场危机形势及其对未来经济形势产生的不利影响之后，全球已积压了 2 亿失业人员——而危机之前仅有 2700 万。另外，为了避免失业人员的持续增加,全世界需要补充4亿个工作岗位。而据欧盟统计局预测,

2005—2030 年，欧盟 65 岁以上的老龄人口将增加 52.3%，而 15 岁到 64 岁之间的劳动力人口则将下降 6.8%。要想弥补人口老龄化带来的劳动力缺口，欧盟平均就业率必须达到 70%。截至 2011 年，欧盟 27 国平均就业率为 68.6%。其中就业率最高的是瑞士、冰岛和瑞典，分别达到 81.8%、80.6% 和 80.0%，最低的是克罗地亚和希腊，分别为 57.0% 和 59.9%。而同期，日本和美国的就业率则分别为 74.0% 和 70.4%。

进入 21 世纪以来，欧盟平均就业率仅在 2008 年超过 70%，这很大程度上是欧盟及各成员国通过包括教育及培训等多种手段促进就业所取得的成果（因为从 20 世纪 70 年代起，欧盟就积极致力于解决失业问题，提高就业率），但是 2008 年全球金融危机之后，整个欧盟的就业形势受到严重影响，再次跌落到 70% 以下。因此，解决失业问题，补充劳动力成为当前及未来一段时间内欧盟社会经济发展的核心课题。

作为世界上最早进入人口老龄化的地区，欧盟目前人口老龄化现象严重已是不争的事实。欧洲人已经意识到：一个老年人多于青年人的社会，永远不会是个有活力和上进的社会。一个学校里空荡荡（或者都是非欧洲移民子女的所在地）但养老院人满为患的社会，是无法应对全球危机的。面对这样的事实，欧盟采取的一项重要措施就是直接"进口劳动力"。目前，欧盟通过有计划地从经济不发达国家引入一定数量的劳动人口，优化劳动力结构，以维持现有的高福利经济模式，尤其是吸收大量的经济和技术移民以直接增强欧洲经济的创新精神和活力，提高欧洲经济的整体竞争力。而要大量引进移民，全面调整移民政策便成为欧盟的一种必然选择。为此，欧盟委员会开始实施新的移民政策和吸引人才的措施，对科技人才和技术移民，积极简化审核与批准手续，放宽停留时间，提供与成员国国民同等的社会福利待遇。通过该项措施，2010—2011 年，欧盟 27 个成员国移民总数达到 880.8 万人（移进和移出之和），其中意大利是最大的移民目的地国家，移民总数为 311.7 万人，约占总数的 35%。大量的移民涌入欧洲，在一定程度上补充了欧洲的劳动力市场但也带来了一系列的"移民后遗症"，如移民及其子女的教育问题，不同文化的碰撞、交流与融入问题等。而这些问题的解决需要欧盟从政策层面提供各种支持和保障，这就必然要求欧盟不断地制定和完善促进移民及其子女教育的政策，以进一步确保为社会提供高质量的劳动人口。

除了直接"进口劳动力"，欧盟在改善已有劳动力的质量上又推出新措施，面对青年人不断减少的劳动力市场，开发老年人的劳动力成为一大新课题。欧盟提出平均退休年龄应当增加 5 年，即平均退休年龄是 64 岁，这对老年人技能的更新提出了新的要求。而这种需求无疑只能通过教育和培训来完成。这也是 21 世纪以来欧盟大力推进终身学习政策的一个重要原因。事实证明，通过终身学习计划中的成人学习项目，更多老龄劳动者获得了继续学习的机会，并从中获得胜任新工作的能力。

有调查显示，人口老龄化对教育发展产生的一个直接影响是在师资培养方面。目前，欧洲一方面学习教育专业的毕业生人数在下降，另一方面许多教师已接近退休年龄。未来几年，一些欧洲国家或将面临严重的师资短缺情况，这些国家包括德国、英国、意大利、荷兰、奥地利和比利时等。

低就业率从另外一个角度看就意味着高失业率，虽然二者不能直接对等但中间的联系是不言而喻的。因此，可以说解决和提升就业问题也就是要解决高失业率的问题。但是，解决问题的方式是不同的。前者可以通过直接"进口劳动力"，而后者很大程度上可以通过两种途径来实现：一是创造更多的就业机会；二是提高劳动人口的能力和素质以适应激烈的就业竞争。欧债危机爆发以来，欧元区和欧盟失业率持续上升，债务危机和金融市场动荡已延伸至实体经济，就业形势不断恶化。欧盟国家中失业状况最严重的是希腊、西班牙和葡萄牙，失业率分别高达 27.0%、26.2% 和 17.6%。失业率最低的是奥地利、德国和卢森堡。从年龄层看，25 岁以下青年人的失业率依然远远高于平均水平，欧元区为 24.2%，欧盟为 23.6%。希腊、西班牙和意大利青年人的失业率分别高达 59.4%、55.5% 和 38.7%，德国最低，为 7.9%。目前，欧盟正采取各种手段降低失业率。通过教育和培训一方面提高就业人员的胜任能力以防止失业，另一方面提高失业或未就业人员的就业竞争力，提高就业率已成为一个不二选择。因此，无论从提高就业率还是从降低失业率来看，教育与培训都是一种重要的手段。这也是欧盟在大力发展经济的过程中始终重视职业培训的根本原因。

二、国家主义与超国家主义的矛盾

半个多世纪以来，虽然欧盟不时遇到有关在教育政策领域的主权问题，但是，这一超国家机构的地位上升却是有目共睹的。教育机构能够按照自己的判断参与欧洲教育项目。而欧洲委员会也有权无须所有成员国同意开展各类项目。

但是，欧盟在推动教育一体化中的有限性也是显而易见的。教育系统必须服务于国家利益，并且欧盟的财政支出仅仅占教育机构资金来源的一小部分。教育的大众化使大多数院校还是属于地区性的，招收本地学生，为本地劳动力市场培养劳动力。即使达到伊拉斯谟项目提出的 10% 留学比例的目标，仍旧有90% 的学生不能出国学习，他们只懂得本国语言，大多数仍为本国服务。没有迹象表明（当然不是在短时期内）民族国家的教育控制权会发生完全的转变。

欧盟作为一个超国家组织所关心的大部分是规则设定，也就是根据所赋予其的职责行事，并且建立公平竞争的规则。在教育政策领域，欧盟正向一个竞争市场发展，而不是成员国制定教育政策的替代者。虽然在欧洲层面教育行动的一些功能得到了加强，但这些政策计划并未涉及成员国教育政策的核心功能。换句话说，民族国家即使在支持国际化的同时，依然保护着它们的主权。作为民族遗产的一部分，教育依然是国家文化主权的重要级成部分，所以，国家主权在欧盟教育政策中是一个敏感问题。《马约》本身也存在相互矛盾，既要求成员国协调其教育政策，又保护这些国家教育政策方面的权力。1996年，欧洲委员会发布的白皮书再次强调，辅助性原则可以帮助成员国在不同的情况下采取不同的行动：一是共同体行动要支持和补充国家层面的行动；二是任何决定都必须在合适的层次做出；三是只有当其他层次的个人、家庭、政治权威无法行动时，最佳层次的政治机构才可以行动；四是学习型社会必须有个人行动，其他的责任可以由成员国、地区或其他分权的领域来承担。与此同时，欧盟委员会又强调，成员国需要在欧洲层面进行合作，使欧洲成为一个具有竞争能力的实体。因此，在教育政策问题上，成员国到底应该分权还是集权？这个问题无论在理论上还是在实践中都是不清楚的。从法律角度看，这个问题并不奇怪，欧盟仍然是一个国际机构，但它不是传统的国际组织，在很多方面它突破了传统国际组织的框架。

这些特征是超国家性与局限性的统一，体现了国家主权依然是成员国在超国家机构中为维护国家利益而做出让步的依据。这种现实决定了欧盟法律的兼顾性与宽容度，一体化目标的模糊性导致了欧盟法律的局限性，但一体化目标的价值取向导致了欧盟法律的超国家性。于是欧盟法律的功能便成了以"法律宽容"维护一体化的"实践宽容"。从欧盟的发展状况来看，正是欧盟法律中有意识地实行"法律宽容"，使一体化在两个向量（整体与个体）运动、作用形成的"宽容"空间中得以持续发展。从目前欧盟的决策机制来看，它维护了欧洲一体化结构内成员国国家主权的独立与平等，以及与超国家权力之间的某种平衡，然而并没有结束或缓解超国家权力与国家主权之间的抗争。随着一体化的深入发展，因对一体化的需求和一体化下发展不平衡的存在而导致的超国家权力与国家主权的抗衡，在新的历史发展阶段中有可能出现新的高潮。

三、教育政策实施的有限性

由于欧盟作为一个超国家联合体在推进欧洲一体化进程中的领导地位的

合法性遭到质疑，欧盟通过其教育政策对欧洲教育的干预和影响只能是在"鼓励、协调和建议"的权限范围内的软性治理。在实施教育政策的过程中，欧盟尽自己的能力以组织和参与的方式介入了成员国的教育政策领域，但这并不是说欧盟要在教育政策领域建立"统治地位"。相反，在教育政策领域，共同体不仅没有能力成为"统治者"，就连实行传统的指令模式都会遇到巨大的困难。2000年后，欧盟将"开放式协调"引入教育政策领域也是出于这种考虑，以将自己的能力发挥至最大限度。因此，当前欧盟在教育方面的一项主要治理策略就是通过具有软性色彩的终身学习政策的逐步推进和完善，来实现对成员国教育活动的干预。在这方面，共同体的权能并非唯一的障碍，很多非权能性的因素也产生着重要的影响，如欧盟正面临日益严峻的老龄化、人口下降、竞争力和创新能力的衰退以及经济全球化的挑战，复杂的经济社会发展环境使政策执行越来越受到限制。虽然《里斯本条约》给欧盟带来了一些新的变化，它致力于创新，体现了权力的制衡，改革了投票机制，使欧盟层面的一些决策变得更加容易，并且让大国与小国、不同人口国家之间能得到更好的平衡，促进欧盟更加有效地复兴经济，但欧盟能否用"一个声音说话"，依然还面临很多挑战。例如，成员国政府在一些关键问题上仍具有各自决定权，欧盟的一些重大决策仍需全体一致同意。因此，欧盟只是一个联盟，不同于一个国家也不同于世界银行等国际机构。即使在经贸领域几乎已经具备一个整体（国家）性质，但在其他领域仍有很多问题无法解决，决定权仍保留在成员国手中，它依赖于成员国让渡一些主权。在发展教育政策的决策层面，欧盟始终在超国家层面决策与国家自治的逻辑关系中努力寻求平衡；在教育体系层面，寻求多样性与统一性的协调；而在发展终身学习领域的宗旨上，则是将教育作为一种工具为经济服务还是服务于公民的自身发展中左右兼顾。

（一）问题差异性所导致的有限性

成员国面临的教育问题存在很大的差异性，很难用统一的规定去解决。虽然多数成员国都面临教育活动参与率低、劳动力整体素质有待提高以适应经济社会发展的需求等问题的困扰，究其原因却各有不同。有些国家是因为青年人辍学率高，有些国家是因为老年人参与率低，还有些国家是教育政策体系本身的质量有待提高，等等。显然，欧盟不可能通过立法或统一的政策来解决各种不同背景下所面临的问题。

（二）决策复杂性的制约

在制定与改革教育政策的过程中，需要协调地方、区域和国家机构之间的关系，考虑各种利益集团的权益，即使是成员国政府都很难应对这种复杂的局面。由于资源有限、与地方层面相距遥远，欧盟根本没有能力替代成员国政府组织具体的实施过程。因此，欧盟要实现自己的教育政策发展目标，就必须建立开放的协调机制。

（三）改革广度的有限性

教育政策与成员国的政治、经济及就业政策有着直接的联系，牵涉诸多的政策领域。教育政策的改革不可能单方面进行，它既要适应社会、经济与就业战略的要求，同时又会对社会、经济的发展起到巨大的推动作用。而这种全面的调整只有成员国政府才能承担起来，欧盟至多是在原则上提出倡导而已。

（四）政策实施效度的有限性

应对人口老龄化、迅猛的技术革命以及经济全球化发展，欧盟将发展终身学习作为实现其经济社会宏伟目标的战略性举措，这也是源于欧洲在严峻的经济社会发展形势下，其劳动生产率与创新能力已落后于美国的危机意识。第二次世界大战后所建立的那种有限市场竞争与高水平的社会运行成本被认为已难以适应当今的挑战环境。在这一理念下，教育必须成为经济发展的重要推动力量。然而，根据欧盟就业报告的数据显示，由于教育体系应对不力，这一战略所取得的成效远低于预期，特别是成人参与终身学习的比率。为此，欧盟于2007年的经济危机后，重新修订了欧洲2020战略，确立了新的发展目标，其中25～64岁成人参与终身学习比率设定为不低于15%。尽管早在2000年，发展终身学习就已被列为欧盟实现"知识社会"理想的重要战略，但所有的工作计划最终并没有带来令人满意的效果。

四、教育政策实施标准化的局限性

进入新世纪后，欧盟教育政策最重要的实施机制就是"开放式协调"，即在欧盟层面设立各种指标与基准目标，实现"指标化"与"标准化"，并充分利用这些指标与基准目标，推动成员国教育体系的改革与发展。通过这种方式，欧盟在成员国教育政策领域的权能得到的"隐性"的扩大，促进了成员国在教育政策领域的趋同。但是，这种实施机制在实践中也暴露出很多明显的局限性。

（一）主权让渡问题

这种"标准化"的效果在很大程度上取决于成员国政府合作的愿望与能力。

欧盟的教育政策趋同是目标的趋同而不是政策本身的趋同。但即使如此，成员国层面上对主权问题一向是非常敏感的。教育与培训在欧洲一直是一个备受争议的领域，不仅是由于其在国家形象方面的象征性价值，也源于公众对于"共同政策"的抵制。根据欧盟的统计，大多数的欧洲公民认为教育政策的决定权应归于各个成员国。其中心问题就是主权的让渡问题。欧盟在教育领域推出了一些政策措施，却同时在其有关文件中（如一些重要的条约）反复重申教育政策的制定权归属于各成员国。同时，成员国教育系统的复杂性与多样性也为指标与基准目标的确定与实施造成了困难。

（二）确定指标与基准的问题

虽然目前欧洲统计中心已经能够提供关于成员国教育体系比较系统的统计数据，但由于成员国对某些具体的制度、模式或概念的理解与做法有所差别，因而很多时候这些数据的准确性与可比性不能完全得到保证。此外，指标与基准由谁来确定、依据什么标准来确定都是比较棘手的问题。这种状况使确立共同目标的指数成了一项非常困难的工作。

因此，在近几年的教育政策文件中，欧盟呼吁从欧盟和成员国层面不断改进并完善相关数据的统计，为"开放式协调"方式的有效实施提供保证。

（三）量化与质化的问题

实施"开放式协调"的核心是要建立可以量化、可以比较的指数体系。但在很多情况下，数字并不能说明一切问题。如欧盟在教育领域设立的基准目标，包括青年人完成高中阶段教育的比率、成年人参与终身学习的比率等。但是这些学校教育和继续教育与培训的质量如何、效率如何、学习与培训成果如何等问题并不是单单依靠这些数据所能体现出来的，也就是说，学习作为人类的一种活动，一种过程性行为，更多的应该是质量的考量，现在却需要采用量化的指标甚至是一种基准指标对成员国进行衡量。因此，以指标与基准目标为基础的量化体系在诸如成果之类的问题面前就几乎没有什么作用了。

五、教育政策实施效度的不均衡性

教育政策的有效实施需要和欧盟其他社会政策、经济政策之间进行协调与配合，需要与社会各界、各利益相关方的密切合作，同时还将面对欧盟不断扩大所带来的压力。近年来，欧盟在这些方面都做出了极大的努力，实施了许多具有针对性的政策措施，其效果是显著的，但在有些领域其进展的速度还是没有达到预期，为欧盟新世纪宏伟战略目标的实现提出了挑战。

　　由于欧盟的特殊性质，在其政策的实施过程中存在"水平的"和"垂直的"关系问题。

　　在水平层面上，欧盟通过"开放式协调"为成员国确定共同的目标，监督并评估目标的实施，促进成员国教育体系的改革与发展，相对来说，其实施的效度可以得到一定程度的保证。但是，在垂直层面的管理上却存在较大的缺陷。欧盟是成员国水平层面协作的"组织者"或"管理者"，可以由此来解决在垂直层面上存在的权能不足的问题，把具体落实政策的任务交由成员国政府，也就是实行分权。

　　近年来，欧盟在教育政策的实施过程中，将越来越多的权力下放给各成员国政府，各成员国或者再次将权力交给有关部门或机构。虽然这在很大程度上保证了政策的灵活性，即各个成员国可以根据自身的文化、政治、经济等诸多方面的特点，采用不同的方式来确保教育政策的实施，但是，在落实欧盟教育政策的过程中，成员国政府必然选择适合自身国家的法律与实践的方式。欧盟成员国在共同体框架内按照国家利益的原则来行动是无可争议的。但问题是成员国的"国家利益"既包括长远利益，又包括眼前利益；既有政治利益，也有经济利益；既有欧盟的集体利益，也有成员国的个体利益，还有国内利益等。也就是说，成员国的利益具有极大的复杂性，这对政策的落实产生了极大的影响。各国有可能将优先领域完全置于本国的实际情况而没有考虑欧盟整体的发展，或其政策立场由于本国利益集团的影响而与欧盟的政策背道而驰，从而使欧盟教育政策的实施成效大打折扣。

　　同时，根据欧盟的教育年度进展报告显示，大多数既定指标与基准目标的总体完成情况不理想，这里面的原因是多方面的，有的是本身的基础比较差，若要赶上欧盟的平均水平还需要一段时间的发展，还有的是政府对于政策的实施没有采取有效的措施。因此，各成员国必须加倍努力，认真落实各项教育政策，才能满足应对21世纪的挑战的需求。对于欧盟教育政策决策者与具体的实施者，这种状况已传达出了一个明确的信息，即欧盟层面的机构必须与成员国政府或有关机构密切配合，在充分尊重各成员国各自利益的基础上，有效地实施教育政策。

　　综上所述，21世纪以来欧盟正经历着一场全面的危机，它考验并决定着欧洲一体化下一步的走向。德国学者鲁德格认为，危机是欧洲一体化的发动机。而要解决这一系列的危机，一体化就必须进入一个全面治理的阶段。欧盟能否从全面危机走向全面治理？这一问题的提出，本身即意味着提出了这样一个基本价值判断：具备强有力的政治领导是欧盟实现全面治理的关键。目前的形势表明，欧盟扩大到 27 国这样庞大的规模后，实际上仅靠部分成员国的努力已经很难维持和推动其发展。尽管《里斯本条约》创建了一些政治领导角色，但由于欧洲国家并未准备好让渡更多的权力，"政治领导"就成了一种概念性的虚设。因此，加强和推进政治一体化是实现欧洲真正统一和欧盟全面治理的关键。但基于目前欧盟领导机构陷入的信任危机以及各成员国内部极右势力对政局的控制，如何赢得欧洲政党和民众的支持就显得非常紧迫和重要。从长远来看，通过教育以及文化融合等手段来提升政治认同应该是一个必然的途径。这也是欧盟教育政策长久以来强调"欧洲维度"，致力于欧洲认同的根本动力。

第三节　欧盟教育政策未来的走向

欧盟教育政策发展至今，已经实现了从最初附着于经济政策的隐性生存状态到当下致力于欧洲教育一体化建设的软性治理状态的历史演变。而某一领域政策的发展会受到来自多方面因素的影响，是各种因素共同作用的结果，因此具有很大的不确定性。欧盟教育政策也是如此，欧盟特殊的历史与文化背景以及经济、社会的发展和教育之间的密切关系在一定程度上影响新世纪欧盟教育政策的发展趋势。未来基于历史与当下，欧盟教育政策的未来趋势也不例外，它是历史发展的必然结果，也是对当下所面临的外部危机和内部问题所做出的应对。因此，本书试图以欧盟为实现其欧洲治理而形成及变化的价值取向为参照，对其教育政策的未来走向进行分析和论证。

一、强化政治认同

古希腊学者亚里士多德认为，一种政体如果要达到长治久安的目的，必须使全体人民都能参加而且怀着让它存在和延续的意愿。亚里士多德这里所谓的"意愿"就是政治认同。但这种解释显然还不够严谨和准确。《中国大百科全书·政治学》对"政治认同"做了这样的解释："政治认同是现代民主的一个重要理念，指的是人们在社会政治生活中所产生的一种感情和意识上的归属感，是把人们组织起来的重要凝聚力量。"深圳大学教授吕元礼认为，人们在一定社会中生活，总要在一定的社会联系中确定自己的身份，如把自己看作某一国家的公民、某一政党的党员、某一阶级的成员、某一政治过程的参与者或某一政治信念的追求者等，并自觉地以组织及过程的要求来规范自己的政治行为，这种现象就是政治认同。根据马克思主义政治学的基本理论，吉林大学的杨勇和娄淑华将"政治认同"定义为"政治共同体内的社会成员在社会政治实践活动过程中产生的，对自身所属的政治共同体的属性与自身的政治身份，在政治情感和政治意识上的一种归属感"。

综合上述观点，在欧洲一体化背景下，欧盟追求的政治认同是指，具有欧洲公民身份的欧洲人承认自己作为欧洲人在欧洲政治生活中的政治身份，并选择将欧盟作为欧洲统一和治理的合法领导集团的政治意愿。政治学理论认为，政治认同是政治秩序建构的基础，政治认同的程度决定着政治秩序的稳定性和有效性。认同度高，秩序的稳定性程度就高，有效性就好，否则政策就难以得到贯彻。

对欧盟教育政策而言，政治认同是其当下及未来相当长时间内追求和努力实现的最高价值目标，它将在欧洲政治一体化进程中决定欧盟教育政策及其他领域的政策目标。纵观欧盟教育政策的历史变迁可以看到，欧盟教育政策的价值取向经历了一个从第二次世界大战后初期追求和平的价值，到20世纪50至80年代中期追求经济发展的经济理性，再到20世纪80年代中后期至90年代末经济和政治双重一体化的实用价值，最后发展到21世纪以来追求经济、政治、文化和社会多向发展的多元价值的演变过程。但是，随着21世纪以来越来越严重的人口老龄化、经济衰退、民主赤字、文化冲突以及由他们所引发的一系列连锁反应，欧洲实际上正处于一个全面危机的困境之中。如何走出危机、摆脱困境是欧洲政治精英当前最为关注的问题。

在当前这个后金融危机时代，欧洲内部对于欧盟的前景主要有两种判断：一种是悲观的判断，认为欧盟会因为财政危机和利益纷争而分崩离析；另一种是乐观的判断，认为欧盟会迎难而上，推动一体化向纵深发展，使欧洲变得更具竞争力。基于对欧洲的历史和传统、地理和文化的认识，同时根据当前全球一体化和区域一体化发展的形势分析以及对欧盟内部政策的观察可知，未来的欧洲仍将在一体化的道路上继续迈进，而欧盟也将在其中继续扮演一体化领导者和欧洲治理者的角色。这种角色扮演的成功与否主要取决于欧盟的政治认同的强弱，同时决定着欧盟包括教育在内的各领域的政策的制定和实施。历史与传统、地理和文化自不必赘述，本书仅从当前区域化发展和欧盟对危机的应对两个角度对这一判断做进一步分析，因为这事关欧盟教育政策（当然也包括其他领域的政策）的存亡问题，也直接决定着欧盟教育政策的价值取向问题。

首先，从区域化发展来看，欧洲一体化的建立将是一种必然趋势。20世纪中后期开始，以经济一体化为先导的全球一体化浪潮使世界越来越成为一个整体，尤其在应对环境变化、资源开发和利用、文化对话等事关人类生存和发展的重大问题上，这种整体意识越来越得到普及和内化。随着经济全球化的加速发展，世界政治也发生了巨大变化，其中最引人注目的便是世界各地区区域化的兴起。一般而言，区域化是指强化特定地理区域内国家以及其他行为主体之间的政治经济合作进程或非政治经济合作进程。关于区域化与经济全球化的关系目前主要有两种相反的观点：一种认为区域化有利于区域内部的合作与交流，为经济全球化奠定合作的基础；另一种认为区域化是地区加强团结以加强对经济全球化的抵制，因此区域化成为经济全球化的阻力。这里，本书无意对这两种观点做深入的分析和评价，但这两种观点说明了一个问题，即区域化是伴随经济全球化而共生的，并且成为当前世界经济、政治、文化发展的一大趋势和特征。这种趋势的典型代表就是欧盟所追求的欧洲一体化。作为区域发展的重要成果，欧盟已经在经济领域取得世界公认的成绩，但要实现真正的一体化，道路还非常漫长，因为欧洲一体化最终是否成功，取决于政治是否发展，而不是经济是否发展。

事实上，随着 2009 年《里斯本条约》的正式生效，欧盟已基本完成了经济与货币联盟的建设，欧洲一体化的重心由此转向了政治联盟的建设。尽管目前的欧盟可以制定共同法律，但只是一种国家的过渡，是建立联邦前的先期必要步骤，瑞士和德国的历史可以证明这一点。而且，现在一些欧洲知识精英已经意识到，在 21 世纪，欧洲需要重提 20 世纪 50 年代的欧洲观念，包括意愿和思想。而且，不可回避的问题是，这一次要强调政治而不是经济，如果不提政治，其他都微不足道。因此，他们认为，如果想要维护欧洲大陆的和平并积极地参与世界事务，21 世纪的欧洲就必须实施联邦原则，即主权国家的政治一体化。而建立一个联邦并非像随便哪个联邦主义者认为的那么简单，不是一天就可以完成的，它需要时间，也许是一个或两个世纪。但这不是乌托邦，而是可能实现的。因此从目前欧洲区域化发展的重点转向来看，未来欧洲一体化将主要是实现政治一体化或建立欧洲联邦。这应该是欧盟当前和未来最核心的和最根本的任务，它决定了欧盟各领域的政策都要为之服务，教育政策当然也不例外。因此，这也决定了欧盟教育政策未来的一个核心价值目标是促进欧洲政治一体化。

其次，从欧洲目前所面临的各种危机来看，其根源是政治危机。人口老龄化是一个世界性难题，不是欧洲独有的困境。关键是如何应对人口老龄化所带来的一系列负面影响。其中涉及的就业问题、移民问题、外交和安全问题等无一不与政治问题直接相关。如果没有一个强有力的治理机构，要从整体上去解决这些问题都是治标不治本的。另外，欧洲知识分子还有一个忧虑：作为一个古老的社会问题，人口老龄化或是人口减少必将影响一个国家或族群的影响力，甚至会有灭族或灭国的危险。试想到2025年，500万丹麦人或是1500万荷兰人，8000万德国人或是4000万西班牙人，可能产生的影响与一个人口超3亿的国家相比会有多大？因此，从一种最原始的安全需求出发，欧洲联合或建立联邦也是欧洲应对未来各种外部冲击和威胁的必然选择。

欧洲目前严峻的挑战和危机还是全球金融危机造成的国家主权债务危机和欧元危机等一系列经济困境。希腊债务危机让欧洲人认识到，由于半国家机构性质的欧盟行使的是部门中央政策监管权力，其监管机构要切实深入成员国财务实际运营当中是很困难的。一旦监管机构在最初的监管环节行事不清、糊涂塞责，势必会埋下祸根。由于欧盟缺乏事后惩罚机制，使其他国家不重视条约规定，为所欲为，条约也就形同虚设，失去了约束力。欧元区国家在德国和法国的带领下试图通过更深入的地区一体化解决该过程中所遭遇的危机，即更进一步的政治一体化。具体来说，欧元区国家试图在现在的货币联盟的基础上组建"财政联盟"即欧洲的"经济政府"，加强和拓展欧盟的权限，使其具有真正的国家权力。日本学者大前研一甚至认为欧盟走出经济危机的关键在于是否有一个理想的政治领袖。他说："对于欧盟结束经济混乱的能力，我没有任何怀疑，但是我认为，理想型指导者的缺失导致了混乱状态的无谓拖延。"因此，他希望在不久之后诞生的第一任欧盟总统，凭借其远见与指导能力平定经济危机，向世界倡导新的金融规则，使欧盟成为"21世纪的世界领袖"。

另外，21世纪以来欧盟面临的信任危机，从表面上看是各成员国对欧盟政治一体化的抵制，但深层次的原因除了各国经济发展水平存在的较大差异所导致的利益博弈之外，还有一个文化认同、政治认同的原因。而要实现共同的文化认同和政治认同需要一个双向的动力，即一方面需要一个强有力的执行机构通过各种手段包括各种国家宣传机器、学校等社会资源去外化这种文化和政治意识。一旦这个过程取得进展，它又会从另一方面反过来强化和突显这种文化和政治意识。这其中的关键是有没有一个强有力的国家机构去实现这种"教化"。因此从这个角度来看，建立一个统一的欧洲联邦，实现欧洲的政治一体化也是解决欧洲文化冲突的有效途径。

通过以上分析可以得出这样一个结论：无论是从区域发展的长远目标来看，还是从应对当前欧盟面临的各种危机和挑战的现实需求来看，建立欧洲联邦或实现欧洲政治一体化都是当前以及未来欧盟发展的必然趋势。因此，政治认同成为当前欧盟在包括教育领域在内的各领域政策的最高价值目标。只有在这个最高目标顺利推进和实现的前提下，其他各领域政策的价值目标才有可能真正实现。具体到教育政策，欧盟未来将围绕服务政治认同这一核心价值制定教育方面的具体政策目标，如提升教育质量、倡导公平、终身学习等。这些具体的价值目标与政治认同这一最高目标形成一种"一对多"的关系，它们相互支持与制约，实现一种辩证的统一。因此可以预见，在欧盟实现其政治一体化之前，追求政治认同将在相当长一段时间内成为欧盟教育政策的最高价值目标，所有的教育政策的制定都将围绕该目标展开。

二、加强多方合作

持续加强在教育领域的多方合作，包括欧盟层面、各成员国层面、社会合作伙伴及各个利益相关方层面、成员国与成员国之间层面等，哥本哈根进程于2010年重启，表明欧盟积极构建并推进教育领域的"欧洲维度"的决心，同时也是欧盟追求教育领域政治认同的过程。欧盟将不断加强成员国教育政策在欧盟教育政策框架范围内的协调，不断完善并推进已有政策工具在全欧盟层面的实施，优化欧盟基金的使用，保障政策的执行、提高政策效益。同时，欧盟也将不断推进教育领域的国际合作，包括邻国、伙伴国、经济合作组织、联合国教科文组织及国际劳工组织等，改进跨国合作工作，推动地区经济发展。

三、完善质量标准体系

20世纪七八十年代以后，随着教育规模的迅速扩大，质量成为全球教育领域被人们关注最多的一个问题。有研究发现，除了"公平"之外，"质量"是在对联合国教科文组织和经济合作与发展组织有关教育文献文本分析时出现频率最高的一个关键词。关注并提升教育质量已成为当今世界教育发展的一个基本特征。欧洲作为人类文明的发源地之一，尤其是近代成为各国教育学习和模仿的典范，在很大程度上是因为其较高的教育水平。致力于完成欧洲统一和复兴艰巨任务的欧盟更是一直重视教育质量问题，在多个基础性政策文件中都要求为欧洲公民提供"优质"或"高水平"的教育。尤其是21世纪以来，欧盟首先在其2010战略框架中提出在21世纪使欧洲教育成为"世界教育质量的参照系"的远大目标，接着在欧盟2020战略中将提升教育质量作为欧洲教育未来发展的核心战略之一。可见，提升教育质量已成为欧盟当前及未来的一项重要政策。

当然，欧盟之所以重视教育质量问题还不仅仅是紧随世界潮流所致，更重要的原因是欧盟教育在质量方面确实还存在问题或有待提高。这可以从欧盟公布的相关报告中略窥一二。2009年，欧盟理事会发布的报告显示，其对2000—2009年这一阶段欧盟总体及各成员国在教育与培训领域各项指标进展情况，特别是对在里斯本战略中提出的五大目标上的进展做了详细的分析。报告指出，2000 年以来欧盟教育系统取得了整体性的发展，比如，到 2005 年，欧盟已实现第三大目标——数学、科学与技术毕业生人数提高 15%，到 2007 年，增长的比例已达到基本目标要求的两倍以上。但是不容乐观的是，第二项基本目标——阅读能力较低表现的学生增加了 20%。另外，在国家层面从欧盟各成员国来看，芬兰的教育表现无疑是最优秀的。它是唯一一个各项指标均超过里斯本战略基本目标的国家。紧随其后的波兰、瑞典和斯洛文尼亚，三国各有五项结果达标。从进步情况来看，德国、葡萄牙两国进步最大，两国自 2000 年以来在五个目标领域都取得了进步。另外，法国、意大利、丹麦、荷兰等十个国家在四个目标领域中取得了进步。德国虽然进步很大，但未达到任何一项基本目标。

2012 年，欧盟报告指出，对于早期儿童教育，尤其要注重质量，因为这一阶段教育的质量将会对人一生的学习产生影响。影响早期幼儿教育质量的主要因素包括父母的参与度、生师比的合理度、良好的管理及规范等。尤其是合理的生师比对欧盟提高早期幼儿教育的质量至关重要。联合国教科文组织提出这一阶段合理的生师比应为 15∶1，欧盟平均水平是 14∶1。但是从国家层面来看，各国差异较大，其中瑞典、丹麦生师比为 6∶1，而塞浦路斯、罗马尼亚、奥地利、比利时的这一数字是 26∶1。教师的数量与质量是保障和提高教育质量的关键。从总体来看，目前许多欧盟成员国 50 岁以上的教师比例较大，将面临严重的教师短缺问题。因此，当前及未来欧盟为了保障教育质量还需改善教师的年龄结构，提升教师的整体能力和素质。报告还特别指出，欧盟内部环境不利于儿童教育质量的问题令人担忧。

事实表明，欧盟在教育质量方面仍存在许多问题，在一些质量指标上仍未达到预期目标，与美国、日本等教育发达国家相比也仍然存在差距，因此，欧盟始终将质量提升作为当前及未来教育政策的重要内容，并积极采取应对措施。比如，在当前的欧洲普通教育中，质量保证已成为教学的重要目标。其具体表现之一就是在中小学中普遍采用校外评定的方式对学生学业水平进行考察。这也体现了欧盟在提升教育质量的政策方面强调评价的合理性和科学性的政策取向。

另外一个与质量相关的问题是效率问题。21 世纪以来，与美国、日本、澳大利亚等国家相比，欧盟的教育投入与产出仍处于一个尴尬的局面。根据欧洲统计局发布的几份调查报告显示，欧盟教育体系最近几年高投入、低产出的表现主要体现在以下五个方面。第一，高等教育学习年限延长。虽然高等教育阶段学生入学年龄一直比较稳定，但与 2009 年相比，2010 年大学生平均年龄稍大，这表明学生留在大学里的时间有所延长。而且从 2000 年到 2009 年，学生的年龄分布发生了一些变化，即整个欧洲大学生的平均年龄增大了（丹麦除外）。尽管从衡量个人受教育情况的分析的角度来看，学习时间和年限越长，一方面可以反映学生受教育程度越高，但是也有可能反映这样一种情况，即好学生可以以最短的时间完成学制规定的课程，而辍学和留级往往是学习时间拖长的原因。后者从经济的角度反映出教育投入与产出的比率较低。第二，义务教育阶段学生人数减少。该报告指出，许多东欧国家义务教育阶段学生人数明显下降。从总体来看，欧盟中小学在校生的总人数在十年间减少了 7%，其中东欧国家减少的比例高达 26%～37%，这些国家包括拉脱维亚、爱沙尼亚、保加利亚、罗马尼亚、斯洛文尼亚、立陶宛和捷克。这反映了这些国家低出生率和向外移民的真实情况。一些较大的国家这种情况也有发生，如波兰减少了 19.3%，而德国则减少了 1.4%。只有卢森堡和丹麦例外，这两个国家中小学在校生增幅超过 10%，分别为 14.7% 和 10.7%。意大利、法国、葡萄牙和西班牙这些国家的情况比较稳定，中小学在校生人数没有明显变化。第三，中等教育阶段的高辍学率。2010 年，16～17 岁的青少年几乎都在接受学校教育，但是 18～29 岁的青年在校率大大降低，甚至低于欧盟 10% 的平均水平。数据还显示，与 2000 年相比，2005 年和 2009 年这两个年份占据在校生人数比重较大的是年龄在 16～19 岁的学生。尽管 16～17 岁，一直到 19 岁年龄段的学生人数减少（主要原因是结束了义务教育），但是在整个在校生群体中，16～19 岁的学生人数仍占绝大多数。而 24 岁还在接受教育的比例下降到只占同龄人群的 25%。25～29 岁还在接受教育的比例由大约 20% 降到了 10%。这种变化在欧盟内部不同国家有明显差异，如在北欧国家这一年龄阶段在学比例超过 20%，而在法国和波兰这一比例为 5% 或更低。第四，学前教育存在很大差异。截至 2010 年年底，欧盟成员国大部分国家 4 岁到学龄前年龄段儿童接受学前教育的比例超过 98%，义务教育入学年龄大多数国家为 6 岁，只有保加利亚、爱沙尼亚、芬兰、拉脱维亚、立陶宛、波兰和瑞典是 7 岁。另外，卢森堡、希腊、匈牙利、波兰和拉脱维亚将学前教育也纳入义务教育阶段。第五，教育经费绝大部分来自公共投入，私人投入所占份额偏小。根据欧盟统计局 2012 年发布的统计数据显示，2009 年世界各国教育经费投入占 GDP 比重最高的几个国家是韩国、美国，欧盟排第七位。从这组数据可以看到，欧盟教育经费投入总体占 GDP 比例较高，其中公共投入所占比例高达 79.4%，韩国和美国分别为 62.5% 和 72.0%。在教育需求日益高涨的情况下，政府无力在扩张公立教育和为学生提供资助方面实现必要的足额资助，增加私人和私营部门在教育方面的投入份额，吸纳优质的教育资源就成为各国政府不约而同的政策之一。

欧盟在教育领域实际上承担了比韩国和美国更大的经济负担，这对于经济持续低迷的欧盟来说无疑是一个沉重的包袱。更为关键的是，高额的投入并没有获得相应的回报，出现了高投入、低产出的问题。因此，从政策走向来看，为了提高教育效率，未来欧盟将鼓励私人投资，改善教育经费投入机制，在不减少总体预算的前提下减轻欧盟的公共经费负担。

以上种种迹象表明，从总体来看，尽管近年来欧盟教育经费预算并没有因为金融危机影响而减少，但相比美国、日本教育经费的投入和产出而言，其效率并不算高，也并没有取得预期的效果。因此，欧盟教育政策将更加关注质量和效率的提升和保障。

四、打造现代化教育体系

打造现代化的职业教育与培训体系，提升创造力，培养创业与创新精神。欧盟 2020 战略中重点强调了"创业"对欧盟经济发展的重要作用，并推出"创新联盟""青年人在行动""新技能与新工作议程"三大项目，强化了创业精神培育和技能培养方面的发展要求。为此，欧盟 2020 战略中也确立了在各阶段教育体系中加强创造力以及创新、创业精神培养的长期战略目标。《布鲁日公告》中也将增强创新性、创造力与创业精神作为欧盟教育未来发展的优先领域。以往的与教育相关的创新与提高国家竞争力的政策主要聚焦于高等教育领域，职业教育领域在此方面的潜能长期被忽视。随着经济社会的发展，技能竞争、创造力与创新力的竞争已经成为摆在学习者与机构面前的重大挑战。职业教育同样也是高科技与创新战略的关键性要素，德国就认为职业教育将为高科技与创新战略的实现提供强有力的技能保障，并通过一系列措施，在职业教育领域倡导并鼓励创新与创业精神的发展。因此，从欧盟层面来说，在未来职业教育的发展中，将积极鼓励成员国职业教育提供方与具有创新性的企业、设计中心、文化部门以及高等教育机构合作以形成"基于知识的伙伴关系"，打造创新与创造性知识的交流平台，引入基于经验的学习方法，鼓励实验，并调整课程使其与之相适应。利用电子信息与通信技术使职业教育更为便捷，并促进学习者积极开展学习活动，在基于工作场所和学校本位的职业教育领域开发新的途径，鼓励成员国投入资金，支持学习者创业等。

打造更为卓越的教育体系，以高质量的教育有效地助推社会包容与可持续发展。提升质量与效率，提升教育的吸引力，实现欧盟教育的卓越发展，仍是未来欧盟教育政策中的核心内容。因此，在欧盟 2020 战略中欧盟将提升教育的质量作为欧洲教育未来发展的核心战略之一。未来的欧盟将继续强化教育的质量保证，大力推进欧洲教育质量保障参考框架的实施，加强对欧盟及成员国层面教育体系的评估，提高各成员国教育体系的透明度，促进互信互认，确保教育师资的质量，为其搭建全方位的专业发展平台，提高教师素质，提升教师职业吸引力。提高教育与劳动力市场的相关性，改革教育的教学与课程设置，加强专业性与关键能力的培养，促进外语学习，注重对劳动者核心技能与素养的培养，培养创新精神与创业技能。推进与行业和企业的合作，加强基于工作场所的学习，保障向学习者（劳动者）提供与劳动力市场紧密相关的高质量的技术技能，提高他们的适应性与灵活性，帮助学习者更好地、更顺利地实现由学校到工作的过渡。强化教育中利益相关者的伙伴关系，通过技能委员会积极参与到劳动力市场监督、技能标准与课程开发中，做好职业技能需求预测，使教育能够更好地满足劳动力市场的需求。

五、消除发展差异

自人类社会产生开始，不公平现象就一直存在，而教育上的不公平尤为突出。人类漫长的社会史也可以看作争取教育公平的历史。但直到今天，一直以民主社会自居的欧洲仍然存在教育不公平现象。中央教育科学研究所研究员李建忠和曾天山在对中国和欧盟教育未来发展进行比较研究的过程中发现，在欧盟内部，国家间教育发展的不平衡性呈现出从北向南的梯度走势，北欧国家表现最佳，其次是西欧，南欧和中东欧表现最差。因此，如何消除或减少这种不平衡性或不公平现象是欧盟实现教育一体化目标亟须解决的重要课题。

2012 年，欧盟发布的报告表明，教育发展的地区差异已经引起了欧盟的高度重视并将影响欧盟未来教育政策的制定。事实上，该报告是指由英国谢菲尔德大学研究小组向欧盟委员会提交的调查报告《警惕差距：欧盟各区域间教育的不平等》。该研究小组通过对欧洲统计局提供的描述教育地域差异的 100 多份图表所包含的数据和信息进行分析和研究，最后得出以下主要结论：一是学习障碍上的地区差异是导致地区经济发展不平衡的原因之一；二是教育的地区差异导致了欧盟各区域间的不公平，同时使人才向发达地区外流；三是整个欧盟地区教育不平等的性质、规模和影响有很大的不同，必须通过政策性手段予以平衡；四是欧洲结构基金的有效使用可以平衡教育的区域差距及其影响。欧盟委员会对这一报告和结论高度重视，随即做出回应，并向成员国发布，以通报该研究小组的研究结果。根据欧盟委员会的通报可以看到，在欧盟内部教育的地区不均衡现象主要表现在成员国之间和成员国内部。

首先，教育发展的不均衡在欧盟国家之间表现明显，并呈现出由北向南逐步递增的趋势。其中，低学历水平的人群在国家人口中的比例最高的地区是在南欧，尤其是葡萄牙和西班牙。与之相反，这一比例最低的国家分别是比利时、荷兰和瑞典。为此，欧盟教育、文化、语言和青年委员会委员呼吁："无论身处何处，所有欧洲公民都应该从高质量的教育与培训中受益。……应对教育的地理差异，是区域平衡发展和提高社会凝聚力的先决条件。"其次，在成员国内部，教育发展的地域差异也十分明显。欧盟发布的报告从五个维度对国家内部教育发展的不均衡进行了描述。这五个维度是，20～24岁人口中接受高等教育人群的比例、高等教育地理障碍比例、接受高等教育的人群在15岁以上人口中的比例、低学历水平人口比例和成人参与终身学习的比例。鉴于成员国内部存在的教育地区发展的巨大差异，为了帮助成员国消除差异，推进教育公平，欧盟委员会承诺向成员国提供更多推进教育公平的参照标准和政策建议。

从国家层面来看，尽管欧盟各国在促进教育均衡发展、保障所有欧盟公民不受居住地制约享受优质的教育资源方面均应承担主要责任和义务，但教育地理空间分布的不均衡由来已久且积重难返，这样的现状对欧盟实现教育一体化无疑是一个极大的障碍。因此，如何消除或缩小教育的地区差异是欧盟当下及未来最为紧迫的任务。欧盟发布的报告在揭示欧盟教育内部问题方面无疑是首开先河，其意义和价值不言而喻。通过对域内各成员国教育不均的描绘，不但可以发现影响教育一体化发展的主要困难和挑战，还可以呼吁各国为构建机会均等的教育体系并从政策和资金方面予以倾斜。欧盟当前及未来更有可能采取软性措施，对国家层面教育发展的不均衡进行干预和治理。比如，从已经取得明显成效的伊拉斯谟计划和博洛尼亚进程中有关人才流动的政策中汲取经验，以人才流动的方式消除教育的地区差异。

需要特别指出的是，21世纪以来，随着欧盟地理范围第六次成功扩大，人口、政治、经济和文化等多方面的冲击和威胁也在增大，这使欧盟内部无论是在教育的资金投入，还是在政策管理，抑或是合作交流等方面都疲于应付。尽管欧盟声称苏格拉底计划和达芬奇计划已取得明显成效，哥本哈根进程和博洛尼亚进程进展顺利。在这样一种身心疲惫的状态下难免会出现不公平现象，尤其在移民教育、语言教育和宗教信仰等方面已产生了诸多问题和冲突。因此，欧盟在未来除了致力于从国家层面和地区层面推进教育均衡发展之外，也将积极致力于对教育公平的具体落实，从提供充裕的学习机会，到教学与课程中方法到内容的公平意识，再到学习结果评价的统一标准等方面体现教育整体的社会融合功能。

六、实施终身学习计划

终身学习作为一种理念最早得到广泛关注是在 20 世纪 70 年代初，并在 70 年代中期迎来了它的第一次"高峰"——联合国教科文组织、经济合作与发展组织和欧洲议会等国际组织对它推崇备至，出台了一系列宣传和倡导终身学习的文件，如欧洲议会发布的《终身教育》、经济合作与发展组织发布的《终身学习战略》。当然，影响最广泛的是联合国教科文组织的《学会生存——教育世界的今天和明天》。但是从 20 世纪 70 年代中期到 80 年代末，终身学习的发展陷入低谷，学术界有很多解释，其中最主要的一种观点是这一阶段的经济危机及其造成的不利影响导致终身学习淡出人们的视线。20 世纪 90 年代以来，终身学习再次引起世界各领域的重视和关注，不仅是教育学家，甚至是经济学家和社会学家都把终身学习当作一个重要概念加以发展和利用，因为至少在一定程度上它能够满足他们的需要。

长期以来，欧洲各国的教育，特别是成人教育是在彼此相对隔绝的情况下发展的，从而形成了多样化的局面。但概括起来欧洲的成人教育发展模式主要有北欧模式、西欧模式、中东欧模式及南欧模式。显然，要使欧盟各成员国充分地从这种多样性中受益，就必须避免由于不相容而产生的壁垒和障碍。在这种情况下，在欧盟层面制定面向各成员国的终身学习政策就成为必然。因此，从 20 世纪 90 年代中后期开始，欧盟出台了一系列的文件和报告，大力宣传和落实终身学习政策。1994 年，欧盟发布名为《发展、竞争和就业》的报告，将推行终身学习作为欧盟应对新经济挑战的"战略性计划"，并倡导成员国教育机构以此为教育发展的总目标。自此，终身学习在欧盟的重要地位首次得到明确。1995 年，欧盟发布报告《教与学：迈向学习社会》以进一步落实和推进终身学习计划。结果，欧盟出台了苏格拉底计划和达芬奇计划这两个以推行终身学习为目标的综合性教育行动框架，同时，欧盟将 1996 年定为"欧洲终身学习年"。2000 年，欧盟里斯本会议发表《实现终身学习化的欧洲》宣言，欧盟以新的目标和高度对终身学习战略重新进行了统一规划和部署，将终身学习作为全方位、跨领域的社会系统工程进行建设，把终身学习置于前所未有的战略地位。有人对此不以为然，认为终身学习只是欧盟教育政策领域的"流行口号"而已。欧盟委员会教育与文化司前司长尼科拉斯·范德帕斯对此反驳道："终身学习这一概念的推广毋庸置疑是成功的。"2006 年，欧盟将现有重大教育计划整合为一体，启动了"2007—2013年终身学习整体行动计划"。为配合该计划的实施，打通欧洲各国教育和培训体制并促进学习资格互认，鼓励学习者和劳动者跨国流动，欧盟委员会于2008年4月公布了《欧洲终身学习资格框架》。2009年5月，欧盟国家教育部长理事会通过欧盟教育和培训下一个十年的战略框架——欧盟2020战略，该框架的首要目标就是使终身学习和自由流动成为现实。

通过上述关于欧盟终身学习计划发展、框架以及具体行动安排的简要介绍，至少可以得到这样一些认识：第一，终身学习计划具有延续性，从20世纪90年代开始一直到今天，终身学习计划在欧洲经历了一个从理念到行动的发展过程；第二，终身学习计划涵盖欧盟教育的各领域和各层次，并且具有明确的实施计划和目标；第三，终身学习计划主要通过资金资助为动力，通过欧盟及国家层面相关机构的合作共同实施。基于这些认识可以得出这样一个结论：终身学习计划已经成为欧盟教育政策的一项核心内容，尤其从21世纪以来，终身学习计划实际上已成为欧盟实现其教育治理的主要途径，而且该政策将被欧盟在未来致力于欧盟统一的过程中长期坚持和沿用。

欧盟已然成为一个终身学习联盟，其各项推动终身学习的理念和做法，可供全球各国借鉴学习。

从长远来看，欧盟教育政策仍将以终身学习计划为主要手段。这一方面是因为终身学习计划经过多年发展已经从理念和实践两个层面为欧盟教育治理树立了良好的口碑和形象；另一方面是因为终身学习本身对当前及未来知识经济和多元文化社会的发展具有很强的适应性。换句话说，无论从世界范围还是从"欧洲维度"来看，当前的一个主要的时代特征是知识经济取代传统的工业经济，迅速发展的信息和通信技术及高科技技术改变了传统的认知方式，要适应这些变化只能通过不断学习和交流，而这正是终身学习理念的精髓所在。

从哲学层面来看，这是人类理性选择的必然结果。对欧盟而言，将终身学习作为其长期的教育政策还具有明显的功能主义的价值偏向。这可以从欧盟当下面临的各种挑战和危机以及其长远的政治目标两个方面来分析：一方面，21世纪以来欧盟面临人口、经济、政治和文化等方方面面的危机，其中有些问题和挑战可以通过单纯的经济手段来解决，但人力资本的积累、认同危机的消解、文化冲突的平息需要长期的综合治理才可以实现。这种长期的社会治理根本上是对人的改造和治理，需要通过教育这一手段来完成。因此，有人认为欧盟面临的危机实际上是教育的危机，因为从教育的价值和功能来看，它具有化性起伪的功能，但欧盟的教育及其政策在这方面显然未达到目的。因此，从治理的角度充分利用教育的社会融合功能才能帮助欧盟走出当前的困境。另一方面，欧盟的长远目标是实现真正的欧洲统一，一种政治的统一和文化的统一，而不仅仅是目前经济领域的统一。但从目前来看，欧盟显然不具备这种能力，尤其在安全、外交、军事等涉及国家核心主权的领域，欧盟仍是力不从心。甚至在教育及文化领域，欧盟也只具有辅助、协调和补充的权能，因此，欧盟不得不采取更具有弹性的手段或政策对欧盟国家教育及文化发展进行干预。而终身学习作为一种国际共识本身并不具有明确的政治意图，它可以降低欧洲民族主义者或国家主义者对欧盟涉足国家主权的警惕。因此，欧盟将长期采取终身学习这种隐蔽的、间接的、弹性的政策推进其"欧洲维度"或"欧洲认同"的政治目的的实现。

第六章 欧盟教育政策的成效分析和经验借鉴

政策作为人类社会活动最重要的特性就是要实现一定的价值目标或诉求，教育政策也不例外。而一项教育政策的生效实际上包含了制定、执行和评估三个基本环节。从欧盟教育政策历史发展进程中挖掘和萃取具有针对性的借鉴和参考，对于我们应对教育政策发展面临的挑战，指引教育政策未来走向具有重要意义。本章主要内容包括欧盟教育政策的成效分析和欧盟教育政策的经验借鉴两方面。

第一节 欧盟教育政策的成效分析

欧盟在不同的发展阶段，制订了不同的教育政策方面的计划，这些计划又通过多年的发展演进，对欧盟各成员国的教育政策产生了不同程度的影响。对欧盟教育政策的成效进行分析，有助于我们了解欧盟教育政策的具体实施情况，进而借鉴欧盟教育政策的发展经验。

一、伊拉斯谟计划的成效

（一）在学生流动方面

随着教育国际化的发展，越来越多的学生选择出国留学或者参加国外教育机构提供的短期留学项目。而伊拉斯谟计划为这些学生提供了便利，伊拉斯谟奖学金为那些想要出国留学但是家庭经济一般的学生提供了经费保障。据预测，仅立陶宛一国，到 2025 年参加交流的学生数量将高达 720 万人次，甚至 1500 万人次，可见出国留学对学生的吸引力之大。

自从伊拉斯谟计划在 1987 年实施以来，参加流动项目的学生人数逐年增长，在 2008—2009 学年，已经有 200 万学生受益于该计划。从第一代伊拉斯谟计划到第五代伊拉斯谟计划的实施可以看到其实施成效：法国、意大利在学生输出和输入上人数最多。这在一定程度上说明了这两个国家对其他国家学生的吸引力是很大的，其原因在于这两个国家本身就是欧洲教育强国，其教育质量一直为人们所信服。而在输出人数上占据前两位，这也说明了这两个国家的学生对参加伊拉斯谟计划的积极性较高，政府也相对较支持。而一些国家在学生流动数量上不是很多，这与其本国的经济发展及学生自身原因有关，如对国外留学高成本的考虑、对语言要求较高等因素。因此欧盟委员会要考虑到不同国家的国情，采取针对性较强的措施，鼓励欧盟各国的学生积极参与到伊拉斯谟计划中，并使国家流向分布更平衡。

（二）在教师流动方面

教师流动是为教育机构的教师提供去国外大学任教或者学习的机会。目的在于通过将高级人才的教学能力汇聚在一起，提高教育质量。同时，在课程中引进"欧洲维度"，使那些不能参加国外留学活动的学生也能感受到国外的教学模式。通过教师的交流，开发联合课程或是研究项目，能够促进今后教育机构间的合作。从数据的增长来看，伊拉斯谟计划的教师流动在过去的十几年中取得了很大的成效，但从国家流向和学科分布上还存在不平衡。一些发达国家如德国、西班牙在教师流动中比较受欢迎，但总体而言比学生流动的地区不平衡现象要好很多。在学科分布上，还存在明显的不平衡情况："人文"和"社会科学、商业和法律"这两类是最受欢迎的，而一些学科，如"农业和兽医学"要冷门许多。

（三）在伊拉斯谟世界计划方面

伊拉斯谟世界计划旨在促进欧洲高等教育与第三方国家的交流和合作，是面向全世界的计划。大部分得到资助的学生来自发展中国家，尤其是亚洲国家。欧洲伊拉斯谟世界计划的奖学金授予主要以发展中国家的学生和教师为主。而在学科选择上，商贸专业仍然是留学生最为青睐的学科，其次是语言哲学、社会科学等。而教师在学科选择上则多是语言、哲学、工程技术、商贸等学科。由此可见，在学科选择上，学生更倾向于选择易于就业的学科，而教师则更多的是从自身的专业发展需要出发。总体而言，伊拉斯谟世界计划对欧洲高等教育和世界各国的高等教育机构的合作和交流起到了非常大的促进作用。通过该计划，欧洲不仅向全世界展示了其世界领先的高等教育质量，同时又提升了欧洲高等教育的声誉和在世界高等教育中的地位，大大提升了对欧洲以外国家的学生和教师的吸引力。

二、达芬奇计划的成效

（一）达芬奇计划第一阶段成效

1. 达芬奇计划第一阶段的实施给各成员国带来的影响

欧盟各成员国在参与达芬奇计划的过程中，通过与其他国家的沟通和交流以及对比，发现本国教育体系的不足，针对不足之处做了有效的改革。比如，丹麦改革了其教育管理体系，在一些学院建立了开放的学习环境，让学生可以选择自己觉得更合适的学习方式，以提高学生的学习积极性。各成员国结合本国的教育特色，将达芬奇计划的很多项目本地化也是第一阶段达芬奇计划在各国有效开展的一个重要方面。

2. 计划中具体的跨国流动项目和示范项目对参与者带来的影响

有相关调查报告总结并分析了从各参与国回收的有效调查问卷，其中反馈评价最高的就是跨国流动项目和示范项目。参与项目的学员反映，通过跨国流动项目的学习，他们提高了语言技能，了解了其他国家的文化，增强了作为欧洲公民的认同感，在获得相应职业技能的同时也增强了找到更好工作的信心，提升了就业竞争力。项目的实施和组织者则反映，参与欧盟开展的此类项目，项目比较规范，开展质量比较高。而且因为有相应的经费拨款，项目组织者的积极性较高，愿意主动创新。项目合作各方的最终合作关系也都较为愉快。

3. 第一阶段达芬奇计划对中欧和东欧的非欧盟国家带来的影响

不同于欧洲的发达国家，20 世纪 90 年代初的中东欧国家，如捷克、波兰、匈牙利、罗马尼亚等国，刚刚开始从计划经济向市场经济转型。这些国家过去的教育体系往往是学校和经济部门直接挂钩，比如，将毕业生分配到国有企业工作。

但是随着计划经济的结束，这种教育体系的弊端就显现出来，如毕业生无法适应市场的真实需求、就职者"吃大锅饭"、效率较低等。因此，中东欧国家教育改革的首要问题是完善劳务雇佣的相关法律政策，大力发展劳动市场。或者说，不同于德国、法国那些高投入、多项目式的教育项目的发展，这些国家更多需要的是方法和制度上的引进和学习。

达芬奇计划第一阶段的实施，正好为这些国家提供了一个改革实验的良好机会。通过小规模地参与达芬奇计划，中东欧国家有机会培养教育方面的人才，帮助人们逐渐转变价值观念，同时也摸索着学习如何制定有效的政策法规来管理市场化后的本国劳动力市场。

4. 对促进社会公平竞争，提高就业带来的影响

第一阶段达芬奇计划的项目尤其关注劳动力市场中的低技能弱势人群，如妇女和残障人群。欧盟各成员国相继开展了许多专门帮助妇女获取劳动技能的项目，而且考虑到妇女群体的特殊性，达芬奇计划项目资金还为妇女提供参加培训之外的资金支持，比如，儿童的照管费用、往返的路费等。这些活动的开展使妇女在专业技术的掌握方面有很大提高。一些基础知识较好的年轻母亲经过培训，先后进入了公共事业管理、医疗、教育等服务性岗位。增加弱势人群接受教育培训的机会，促进社会的教育公平和就业公平是第一阶段达芬奇计划产生的一个显著的社会影响。

（二）达芬奇计划第二阶段成效

首先，该计划的实施提升了欧洲各国公民，尤其是青年人的职业技能。达芬奇计划大力开展的跨国流动性项目，十几年来帮助了数十万的学员提高了工作技能。与此同时，加强了他们在外语沟通方面的能力。这些宝贵的跨国经历有效地缓解了欧盟各成员国的失业问题，并提升了学员的自信心和责任感，增加了他们对欧盟他国文化的认同度。这大大推动了欧盟社会的不断融合，更对受教育程度较低、自信心不足、社会排斥感较高的青年人产生了巨大的正面效应。

其次，达芬奇计划发展了职业教育与培训的形式，使信息技术在职业教育与培训中多维度应用。随着知识经济的到来，欧盟的工作岗位对技能要求不断提升，个人在职业生涯发展中需要多次重新参加职业培训。达芬奇计划的实施，促使很多高校相继开展了高水平的职业教育课程，以满足越来越多的高级别在职工作者对于职业教育与培训的需求。远程教育和网络资源在整个欧洲实现共享，这极大丰富了职业教育与培训的内容和形式，发展了公民终身学习的理念，提升了职业教育的社会地位。

最后，达芬奇计划提升了教育对创新的贡献度，促使一些世界著名的教育机构不断优化改革，为学员提供不同于传统教育环境的更为活跃的学习环境，为欧洲的经济繁荣注入新的活力。达芬奇计划诸多极具创新性示范项目的开展，鼓励学员发挥主动性，积极掌控自己的学习过程。学员不再是通过枯燥的书本和单一的实践来获得相关的知识技能，而是通过学习课件和视频，使教育方式从"喂羊吃草"走向"放羊吃草"。

三、终身学习政策的成效

欧盟一直致力于推进终身学习，从理念到政策，从理论到实践，欧盟的终

身学习探索一直处于世界前列。实践是检验真理的唯一标准，我们可以从理念、政策和实践三个层面的实施效果来检验其终身学习政策的成效。

（一）终身学习理念得以深入贯彻

终身学习作为一种理念最早出现在欧洲，20世纪70年代后受到广泛关注。在联合国教科文组织、经济合作与发展组织和欧盟等国际组织的推崇下，发布了一系列倡导终身学习的文件，如欧洲议会的《终身教育》、经济合作与发展组织的《终身学习战略》。影响最广泛的是联合国教科文组织的《学会生存——教育世界的今天和明天》。20世纪90年代后，随着知识经济时代的到来，终身学习理念更是受到越来越多国家的重视，许多国家制定了政策措施，保障欧洲终身学习事业的发展。如1994年欧盟发布的《发展、竞争和就业》，首次明确了"终身学习"在欧盟的定位，将之定位为欧盟的一项"战略性计划"，并鼓励和倡导各成员国将终身学习作为教育发展的总目标。1995年，欧盟发布的《教与学：迈向学习社会》也确定了要进一步落实和推进终身学习的计划，同时将1996年定为"欧洲终身学习年"，使得终身学习理念得以进一步深入贯彻。2000年，欧盟委员会发表《实现终身学习化的欧洲》宣言，将终身学习作为全方位、跨领域的社会系统工程进行建设，终身学习的战略地位进一步提升。

虽然各成员国间存在各种差异，但在欧盟终身学习政策的推动下，终身学习理念获得了各国的关注。法国是终身教育思想的发源地，法国政府十分重视国民的终身教育，颁布了一系列可操作性较强的法令政策，如《朗之万‐瓦隆教育改革方案》等，完善的法律有力地保障了法国终身学习事业的发展。

（二）个性化终身学习政策纷纷出台

由于欧盟终身学习政策的对象是各成员国，所以要想研究欧盟终身学习政策的实施成效，就必须研究各成员国终身学习的发展情况以及各成员国的年度评估报告，从而了解各成员国所取得的成效。欧盟成员国众多，各国国情、文化大不相同，所以各成员国推行终身学习政策的基础存在极大差异，进而导致各成员国所采取的政策也存在较大的差异。

1. 个性化的政策

由于欧盟各成员国的国情不同，所以各国在欧盟委员会的指导下，根据各国的具体情况制定了推动终身学习发展的一系列政策，个性化的政策确保了终身学习理念在不同国体、不同国情下都能够顺利实践。下面以法国、德国等为代表，简述其终身学习的发展情况。

　　法国是终身学习的发源地，也是世界上首先对继续教育立法的国家。法国在发展本国终身学习事业的过程中，建立了一整套严密、全面、科学的管理体系，颁布了一系列成人教育、终身教育法令政策，被称为"法国模式"。1971 年，法国国民议会通过了《终身继续教育法》，这是一部比较完整的成人教育法，明确了继续教育在国民教育体系中的作用和地位，而且就相关政策进行了明确规定，如带薪教育、休假制度等。1984 年，法国又通过了《职业继续教育法》，该法针对带薪学习和接受培训的假期问题做了限制性的补偿规定。

　　终身学习在德国一直处于被重视的地位。1959 年，德国就制定了关于学校制度改革和统一的综合计划书。1960 年，德国确认成人教育和学校教育一样，是国家公共教育的一部分。1969 年，德国政府对《德意志联邦共和国基本法》进行修改，重点强调政府对教育政策的决策权，并首次在政府机构设立教育部。这些举措在建立协调统一的终身学习体系方面起到了重要作用。

　　欧盟其他成员国也纷纷行动，丹麦、芬兰和瑞典等国在 1997 年和 1998 年就已经开始实施全面的终身学习战略；爱尔兰等国家也在同一时期启动了终身学习战略并形成了国家计划，只是没有形成全面的终身学习战略；卢森堡、奥地利、比利时发布了相应的终身学习目标和计划，这些国家有着高质量的教育培训系统，在开展终身学习全面性战略方面有一定的基础；希腊、西班牙、意大利和葡萄牙等国教育和培训的基础较差，需要进行机构和体制的调整和改革。

　　2. 不同的实施机制

　　20 世纪 70 年代，法国建立了继续教育实施组织——地区高等中学群体，即在同一地区选择 10 所愿意为继续教育提供协助的学校组成地区高等中学群体，然后在继续教育专门顾问的指导下，为本地区成人教育提供各种人力、物力的援助。之后，为了对地区高等中学群体的具体运作提供帮助，又成立了继续教育专门委员会和继续教育专门中心。据 1984 年有关资料统计，当时全法国约建立了 400 个地区高等中学群体，参加的学校有 5000 多所，专门顾问1200 多人。随着终身教育事业的发展，各类终身教育机构和组织相继建立，这些机构和组织具体负责法国终身教育的实践工作，极大地推动了法国终身教育的发展。德国终身教育的实施机构很多，其中规模最大的是高等教育学校的成人教育机构，其服务主要是针对成人提供各种学习机会和课程内容。

　　3. 多样化的参与模式

　　根据欧盟各成员国在终身学习实践领域的参与主导方的不同，可将其分为三类。第一类是以法国为代表的国家指导模式，以国家制定的相关法律为依据，其又受社会各部门自愿签订的协议的影响。第二类是以德国为代表的社会合作模式，如德国的学徒制是一种典型的由联邦政府、州政府、职业学校、企业和行会共同控制，在相互协调和合作的基础上得以实施的终身学习制度。第三类是以英国为代表的市场指导模式，在这种模式下，政府不强制管理终身学习，而是起一个倡导和指挥的作用，将具体的终身学习交由市场驱动。

（三）终身学习实践取得明显成效

由于欧盟的终身学习政策主要是通过各种行动计划落实的，所以检验欧盟各成员国终身学习政策取得的成效，主要可从欧盟教育经费的投入和终身学习行动计划的落实情况来分析。

1. 教育经费大幅增加

终身学习事业的发展离不开充足经费的保障，欧盟为推动终身学习的发展投入了巨额的经费，而且经费投入不断增加。欧盟早期的教育行动计划中最有影响力的是苏格拉底计划和达芬奇计划。苏格拉底计划是针对普通教育的，该计划分为两个阶段：第一阶段是 1995—1999 年，欧盟为其投资了 8.5 亿欧元；第二阶段是 2000—2006 年，欧盟为其投资 18.5 亿欧元。达芬奇计划是针对职业教育的，也是分为两个阶段；第一阶段为 1995—1999 年，投入 7.27 亿欧元；第二阶段为 2000—2006 年，投入 11.5 亿欧元。由此可见，1995—2006 年，欧盟的主要教育投入翻了两倍。2006 年，欧盟为 2007—2013 年终身学习行动计划投入高达 70 亿欧元的经费，其中为夸美纽斯计划投入近 7 亿欧元，有效促进了欧盟学前教育和小学教育的发展；为伊拉斯谟计划投入近 28 亿欧元，加强了大学生跨国学习和交流；为达芬奇计划投入近 17.5 亿欧元，促进了欧盟职业教育与培训的发展；等等。2011 年，欧盟委员会提交了《2014—2020 年财政预算建议案》，其中，教育经费预算从之前的 87.6 亿欧元上升到 152 亿欧元，在财政预算中增加最多。欧盟各成员国在发展本国终身学习过程中，都在财政经费方面给予了大力支持。当前欧盟各国终身学习的支出保证在 GDP 的 5% 以上，瑞典、奥地利等经济合作与发展组织国家比例更高。欧盟委员会强调，今天投资教育和青年，就是投资欧洲未来的经济增长。

2. 教育行动计划成效显著

2010 年，欧盟委员会举办了纪念达芬奇计划的工作会议。在该会议上讨论总结了达芬奇计划实施的经验和教训。自 1995 年达芬奇计划实施以来，欧盟累计为超过 60 万的青年人提供了出国培训的机会，资助了 11 万人参加相关行业的交流活动，为超过 3 万个职业教育项目提供帮助和支持。达芬奇计划保障了 50% 以上的高中生有机会接受职业教育和专业培训。该会议在总结过去取得成就的同时，对未来的终身学习事业进行了展望，指明终身学习事业是一项持久的社会大工程，需要各成员国继续努力，不断促进终身学习在本国的发展。

欧洲委员会会继续实施达芬奇计划，并逐步加大投资力度，用以支持所有欧洲国家的教育与培训现代化建设。2011 年，欧盟委员会公布了《夸美纽斯教学助理项目绩效研究》的报告。夸美纽斯教学助理项目是夸美纽斯计划的一个重要组成部分，这个项目主要是为了提升见习教师的教学技能。通过该项目，各成员国每年约有 1100 名见习教师得到资助，有机会去国外学校实习 3～10个月，以更好地了解其他国家的教学过程，提升自身的外语水平。该报告指出，夸美纽斯教学助理项目不仅提升了见习教师的个人素质和专业技能，对接受实习的学校也产生了很多积极的影响，增加了校方的"欧洲特色"。

2012 年，欧盟庆祝伊拉斯谟计划实施 25 周年。伊拉斯谟计划旨在加强各成员国大学之间的交流与合作，促进各国大学生的流动，以及各成员国大学之间的学历互认体系的建立与发展。经过 25 年的发展，伊拉斯谟计划已累计资助了约 250 万名大学生，为大学生提供了一次了解国外生活、学习国外知识的机会，加快了欧洲高等教育国际化的进程，促进了各成员国高校的组织管理、教育教学体制的升级和完善，保障了各成员国院校之间进一步的交流与合作。

总而言之，欧盟的终身学习政策使各成员国更加深刻地认识了终身学习理念，纷纷出台了个性化的终身学习政策，积极落实欧盟教育行动计划，并取得了显著的成效。但是在这个过程中也面临各种矛盾和问题。

第一，欧盟内部教育一体化与各国教育多样化的矛盾日益凸显。欧盟终身学习政策的核心目标是实现其政治经济一体化。但是"一体化"与"多元化"的矛盾始终是欧洲一体化不可回避的问题。一方面，欧盟的一体化趋势日渐加强，从起初的经济一体化发展到后来的政治经济文化一体化，一体化的趋势使欧盟在国际舞台上的影响力逐渐递增；另一方面，各成员国的经济基础、文化传统、法律制度等存在很大的差异，因此，这种一体化趋势与多样化差异之间的矛盾日益凸显。第二，欧盟内部教育合作与各国竞争的矛盾突出。在欧洲层面，欧盟与其成员国之间存在一体化与多元化的矛盾；在国家层面，各成员国之间也存在合作与竞争的矛盾。一方面，为了应对激烈的国际竞争，提升欧盟整体的国际地位，各成员国必须加强沟通合作，以提升整体实力；另一方面，由于各成员国之间经济和政治发展水平以及教育文化发展水平等方面都存在差异，所以各成员国间也存在竞争问题。如何协调合作与竞争之间的矛盾，在合作的基础上促进各成员国共同发展成为欧盟的又一难题。第三，欧盟内部教育统一与各国教育不平衡的矛盾日渐激烈。随着欧洲一体化进程的不断深化，欧盟希望教育一体化尽快实现，但是由于欧盟大部分的终身学习政策是以建议、意见、白皮书、绿皮书等形式发布的，对各成员国不具备法律约束力，加之各国国情不同，教育领域的发展水平也不尽相同，所以各国对欧盟层面政策的响应程度各不相同。正所谓前途是光明的，道路是曲折的。

第二节　欧盟教育政策的经验借鉴

欧盟成功整合带给欧洲半个世纪以来的繁荣与和平，通过教育的合作与交流，欧盟也能将欧洲的文化价值发扬于国际，促进欧洲与国际政治、经济关系的发展。借鉴欧盟教育政策的成功经验，对我国教育政策的改革和发展，应对经济全球化的挑战具有重要意义。

一、保持价值目标的一致性

教育政策的实质是一种价值选择，不同的价值选择会产生不同的政策实践。也就是说，教育政策的制定、执行和评价都是具有一定价值观念的主体活动，这些主体在教育政策的实践过程中对各种教育发展要素之间的关系，面对各种利益相关者的利益追求，根据所要处理的各种事务之间的价值等做出一定的政策选择。教育政策的活动主体做出选择的依据就是其价值观念和价值标准，因此，可以将价值选择作为分析教育政策过程的前提和基础。

欧盟教育政策历经几十年的发展，在各个历史阶段始终坚持的一个价值选择就是通过教育的一体化推进实现欧洲的一体化。这种价值目标的选择有其深远的历史积淀，更是第二次世界大战后欧洲国家之间、欧洲作为一个整体与世界其他国家和地区之间各种现实冲突关系在教育领域的表现。经过20世纪五六十年代经济的恢复和高速发展，这一价值目标在教育政策中的表现就是20世纪70年代欧洲共同体明确提出"欧洲维度的教育"这一政策目标，以促进在"欧洲认同"基础之上的政治一体化进程。在此后的《单一欧洲文件》《马斯特里赫特条约》《欧盟宪法条约》《里斯本条约》等欧盟基础性法律文件中，以"欧洲维度的教育"促进一体化这一价值目标逐步得以强化和落实。当前，对欧盟而言无论是从区域竞争的角度来看，还是从应对各种危机和挑战的现实需求来看，实现欧洲政治一体化已成为而且在未来相当长时间内仍将成为欧盟发展的必然趋势。这也决定了欧盟教育政策的最高价值目标始终还是欧洲一体化这样一种相对稳定和明确的政策价值目标，为欧盟教育政策实践取得令人瞩目的进展奠定了基础。这一方面表现在欧盟教育政策强调国家合作的理念对欧洲各国以及世界其他国家和地区已经产生的显著影响，另一方面表现在欧盟教育政策在实践过程中创立的"开放式协调法"、欧洲学分转换体系、欧洲终身学习资格框架等致力于教育一体化的具体措施和程序的建立及其对欧洲认同的重要促进作用。另外，值得我国教育政策研究和实践借鉴的是欧盟教育政策在长远政策远景——欧洲一体化之下十分注重政策推荐的渐进性，尤其将政策目标的实现看作一个不断拓展和深化的过程。这可以从欧盟教育政策从单一到全面，从职业教育到高等教育、基础教育、教师教育逐步延伸和外化的历史进程中得到证明。这样一种政策目标的实现路径在很大程度上可以避免大而不全、急功近利等问题。

在我国，教育政策的价值目标习惯上采用"教育方针"这一概念来表述教育方针是最高的教育价值追求，体现党的执政理想和目标，是教育基本政策的总体概括。从各个历史时期教育方针的演变可以看到，我国教育政策的价值目标经历了不断调整和凝练的过程。总体来看，我国教育方针在指导教育实践方面发挥了巨大作用。首先，实现了教育在不同时期为国家政治、经济和文化发展服务的目的。教育的本质是提高整个国民素质，提高国家和民族的创新精神和创造能力，提高国家的发展能力和水平。新中国成立以来，教育方针根据国家政治、经济和文化建设的需要，及时调整了教育的发展方向和内容，有力地保障了各个阶段中心任务的顺利完成。其次，进一步明确了教育事业发展中的根本问题，即"为谁培养人、培养什么样的人、怎样培养人"的问题。在教育政策的发展历程中，教育方针也一直在围绕这个主题进行着调整与改革。当前，我国正处于构建和谐社会和建设人力资源强国的重要发展时期，教育方针也要与时俱进，不断发展和完善。具体而言，就是要突出以人为本，突出人才培养的质量和规格，要按人才培养的规律来发展教育，推进教育发展。同时，根据社会需求，进一步细化、调整教育方针的内容，更加突出时代感、民族性、国际化与现代化，这样才能真正实现教育事业的全面、协调、可持续发展。通过欧盟教育政策价值目标的历史考察可以看到，一个相对稳定、明确并能够具体化和操作化的政策价值取向是教育政策取得进展并获得成功的前提保障。

二、发展与周边地区的教育合作交流与学分认证

我国在推行高等教育的合作交流方面，不能仅仅将注意力放在遥远的欧洲发达国家，还需要多方关注周边的国家。欧盟各成员国以及其他国家根据一定

的国际形势和国家的实际情况，将高等教育国际合作的重点首先放在区域范围之内，他们以非常积极主动的态度，通过推动区域内的高等教育国际合作来应对经济全球化带来的挑战，而不是各行其是，各自寻求区域之外的合作与交流，这种战略决策是很有远见的，也是实事求是的。虽然我们与其他国家尤其是西方国家在政治上和意识形态上存在很大差异，但是知识与教育是没有国界的，只要是成功的经验，并且适合我们的都应该为我所用。以欧洲为鉴，我们也不能只把合作交流的目标放在欧洲高等教育发达的国家，而应利用地缘文化等优势，加强与周边地区的交流，实现更密切的合作。

与欧洲相比，亚洲地区在政治和经济一体化方面存在很大的差距，人员和知识的自由流动尚未实现，高等教育的合作还处于较低水平。但这并不意味着我国与东亚地区各国家的合作不能进一步发展，相反，中国以非常积极主动的态度参与地区的经济政治合作，尽管我们与其中大多数国家的社会制度不同，但是在文化教育传统上却有着许多的共同之处。我国与大多数国家都深受儒家文化和佛教文化的影响，存在诸多共同的文化渊源，并且拥有共同发展地区社会经济、维持地区和平的共同愿望。区域经济合作的现实基础和文化传统的共性为我国和东亚在教育领域的密切交流和合作提供了良好的机遇和条件。借鉴欧洲教育一体化中的一些措施，如统一的资格框架、具有可比性的学位互认以及联合学位等，推动东亚地区高等教育合作交流水平的提升，为本地区未来可能的自由跨国学习和就业做好准备，从而将区域内的高等教育合作与区域经济和政治合作更紧密地结合起来，促进多层次多领域的共同发展。

20 世纪 90 年代以来，随着东南亚区域经济的发展，我国同东盟各国（菲律宾、新加坡、马来西亚、泰国、越南、印度尼西亚、缅甸、柬埔寨、文莱、老挝）都意识到应该加强彼此在各个方面的合作，双方签订了一系列的教育合作协定，加强了在教育领域中的合作与交流。为了进一步发展中国与东盟各国的高等教育合作，我们可以从以下方面付诸努力。

第一，在中国—东盟自由贸易区合作机制框架下加强高等教育国际合作的对话。通过建立中国—东盟教育部长会议机制、中国—东盟教育服务贸易委员会对话机制等切实发挥中国—东盟教育领导人年度会晤功能，以多种方式保持双方高层的交往与教育对话，并不断完善和加强各级别的定期和不定期的磋商机制，以维护中国—东盟教育合作关系的稳定性和连续性，还可以通过建立中国—东盟教育博览会机制、中国—东盟教育论坛机制等形式，建构中国—东盟的教育联络形式及合作平台，不断开拓教育合作的新模式。

第二，成立中国—东盟高等教育合作与交流专门机构。为协调并推动中国同东盟高等教育国际合作，应成立中国—东盟高等教育合作与交流的专门机构或组织，由其负责协调中国与东盟国家的双边教育合作与交流，包括起草、商谈、签署和执行中国与东盟国家政府间双边教育合作与交流协议、行动计划，组织实施和管理协调政府间教育合作项目，发展各国高等教育体制的共同参考架构，对高等教育国际化活动进行组织协调和专门研究，实现专业和课程内容国际化，实现师生互换与交流，制定一套学分认证系统，使校际合作颁发联合学位、中外合作办学等一系列活动具体化、规范化和系统化。高校依法自主地与国外高校、科研机构进行科研、学术、教学、师资培训等方面的合作、交流，可以迅速把握国外高等教育的教学和科研方面的改革与发展成果，提高我国高校的教学、科研水平及师资质量。积极稳妥地开展联合办学是促进高等教育合作交流的一种重要方式。国际联合办学在我国是近几年才出现的，在上海、南京、广州、郑州等大城市已开办了一批中外合作的学校，今后应进一步解放思想，建立和健全有关法规、政策，扩大中外合作办学的领域和规模，引进师资、教材设备、先进的教学方法和管理经验，为我国培养各类人才服务。

第三，争取与更多国家签署学历、学位互认协议。由于中国与东盟各国教育体制不同，涉及的因素复杂，长时间以来，学位、证书、学分的对等互认具有相当大的难度。中国应该在继续加强与东盟区域合作的基础上，重点发展同主要合作伙伴国的学历、学位和学分互认。即使是签署了协议的国家，要做到真正的无障碍认证也有一定难度，在具体的执行过程中仍然存在阻力。要实现学位与学历的互认，一个重要前提就是学分的互认，欧洲学分转换系统为欧盟各国学位和学历的互认奠定了良好的基础。欧洲学分转换系统对我国而言有很高的参考价值。目前我国部分高校已经开始了这方面的尝试。为促进中国与东盟各国高等教育之间的课程与学分互认，中国与东盟各国应在现有的高等教育国际合作机制框架下，积极主动地就高等教育的统一资格框架、课程与学位互认等问题进行协商，争取有所突破。

第四，在建立经济联系与高等教育合作的基础上，更加需要国家之间真正意义上文化的进一步交流与发展。中国与东盟国家之间应以包容、开放的态度，加强在文化领域的合作，在文化上相互借鉴、求同存异，这会使中国更深入地了解东盟各国的文化资源、潜力以及与中国开展文化合作的愿望，同时也使东盟各国全面而准确地理解中国的文化和中国人民崇尚和平、平等和共同发展的理念。消除相互猜疑和防范的心理，消除地理、历史和意识形态等方面的障碍，是中国与东盟各国经贸合作和文化交流的前提。因此，中国与东盟各国在建立一个强大的经济区域的同时，需要加强文化的交流与合作，相互借鉴、取长补短，为经济的运行和自身的发展，创造和谐的发展环境。另外，文化交流同时也是经贸合作的重要组成部分，而且随着经济的发展，文化交流的地位也越来越重要。虽然这方面的内容目前还很薄弱，但我们必须把它纳入我们的战略考虑中，建立中国—东盟文化产业合作区正是基于这样的战略构想而提出的。建立了中国—东盟文化产业合作区，我们就可以充分利用这一区域的优势和条件，相互促进，共同发展，把民族文化传承与发展、保护与创新相结合，携手展现亚洲文化的风貌，以新的形象立于世界文化的舞台上。

三、注重决策参与者的角色分工

欧盟作为一个超国家组织，在经济、贸易等领域实际上已经形成了国家同盟，行使着类似于国家的对外权力，但在政治、安全、教育、文化等方面还只是一个松散的协议机构，远未获得在这些领域的"主权"。欧盟与我国相较有明显的差异。但正是这样的差异使我们可以从欧盟教育政策中获得一些互补性启示。

当前，国际上比较流行并被认可的政策决策模式是政策决策者角色分工模式，即将参与政策决策的人员分为"研究者""决策者""第三方"。其中，"研究者"主要负责对政策问题进行确认、判断和分析，并就政策问题的解决进行研究，制定解决的策略和方式，最终向"决策者"提供政策建议和咨询。"决策者"主要对"研究者"提交的政策研究报告或建议进行审议和抉择，并最终采纳、形成和发布相关政策。"第三方"是"研究者"和"决策者"的中间人，主要负责二者之间的联系和沟通，如政策研究专家团队的组建，政策研究和制定过程中经费的管理、运作，政策研究结果的论证等。这样一种"三边"模式的最大优势就是使不同角色在政策决策当中可以充分发挥各自的研究视野和功能，同时削弱行政权力对政策制定的过多主观干预，提高政策决策的科学性和合理性。

通过对欧盟教育政策的历史研究可以发现，欧盟在政策决策和制定这个环节十分注重参与各方的角色分工。在体制方面的差异决定了欧盟政策决策并不完全由最高的权力机构——欧洲议会决定。在政策出台之前，欧盟会通过课题研究的形式向所有政策研究机构或个人征询有关教育问题的调查和研究状况。

四、促进本国各区域间教育的合作交流以实现和谐发展

欧洲通过各国政府的大力支持和推行，教育机构越来越积极地参与教育改革，落实欧盟相关政策来增加教育学位的透明度和各领域的合作，尤其是通过

促进学生、教师、科研人员的流动，提高了教育的活力，使教育机构在相互合作和资源共享中增强了参与全球竞争的能力。

反观我国，虽然教育投入、地方财政支持等客观因素导致区域间的教育发展不平衡，但这些因素形成的问题在短时间内尚难以解决。因此，加强区域间的交流与合作，充分利用有效优质的教育资源，发挥区域内学校比较集中的地域优势，开展校际灵活多样的合作办学与合作研究，这是改善区域间教育发展不平衡现状的有效途径。

我国发展水平较高的教育机构在对外交流方面往往各行其是。如何在共同的教育体制之下，通过沟通和合作，实现教育的区域相对平衡发展，是我国面临的主要问题。目前，我国高等教育的质量水平在世界上还落后于发达国家，单靠个别教育机构单枪匹马地参与国际竞争毕竟获利有限，如果可以效仿欧盟，通过建设同一经济区域内或不同经济区域间的教育区，在教育教学资源的利用上建立共享平台，建立相应的教学联合体，开放选课系统，开展学生校际交流与联合培养，为学生创造能够多校就读的机会，为学生和教师提供相互学习和开拓事业的机会，为学校发展注入新的活力。那么，我国的教育必然会取得学术质量和招生数量的双赢，在国际上的整体水平也会随之提升。

教育的校际合作可以有多种方式，同在一个经济区域的学校可以根据自身发展的需要，在政府主导下组建区域学校联盟组织，学校间可以通过定期举行教育合作交流、联合办学、联合攻关等，来推进优质教育资源共享，推动区域内教学、科研公共网络的形成，最大限度地整合区域内优质的教育资源，发挥优质教育资源的辐射作用，形成整体品牌效应，提高区域内各学校的学术声誉和社会地位，扩大各学校在教学、科研和社会服务方面的产出能力。例如，对于长江三角洲经济区内的南京大学、复旦大学、浙江大学和上海交通大学等重点大学，要通过自身努力跻身世界一流大学或高水平大学，全力以赴拓展与世界著名大学的交流与合作。

纵观世界一流大学发展的历史，凡是有所建树并为世界其他国家和地区所效仿与学习的大学，最初都是努力适应并积极参与所在区域的发展，而且，世界一流大学的创建，有赖于所在国家和地区经济社会的蓬勃发展。因此，这些大学应创建一个具有中国特色的高等教育区，整合优质高等教育资源，实现区域高等教育资源共享，提升自身教育质量，提升对国际知名大学的吸引力，作为与其合作交流的平台，进而形成有中国特色的世界一流大学。长三角地区的其他高等学校，可以在长三角地区教育互动的大背景下，利用区域影响力和丰富的教育资源，通过参与区域内教育项目的实施，加强与优质高校的交流和合作，提升本校的办学质量和水平，从而实现区域内高校之间的良性互动、相互促进。如此，一个高等教育区的创建就需要政府的政策主导和经费支持，避免区域高等教育合作流于形式。

我国区域间经济发展水平不同，由于经济、社会、地域等诸多因素的影响，在发达省区与欠发达省区之间开展区域教育合作时，会使合作更复杂多变，要长期维持合作关系就需要建立跨区域教育合作的利益补偿和激励机制，以保证区域教育合作的顺利开展。在利益激励方面，应承认并且充分重视合作关系中不同个体的局部利益，通过有效的评价手段，引导个体为实现局部利益最大化而努力。在利益补偿方面，应设计一套制度安排，把区域合作建立在中央对地方区域与另一区域的利益互补的基础上。我国东西部之间、发达地区与欠发达地区之间的合作，由于优势不对称，这种合作关系中的动力必须来自中央或上级组织利益补偿的政策供给，如政府的财政性转移支付、税收优惠措施等，以达到发挥区域优势、弥补不足、和谐互动、均衡发展的目的。

教育的区域合作交流不仅要有宏观的教育制度设计和机制创新，还需要微观的课程建设、学分互认和师生交流等一系列相关项目的依托，要从务虚到务实，使合作得以真正实现。例如，建立区域内教授、学者专家库，实行同层次高校之间的教授互聘制度，设置区域内教育评估机构，实行学术成果、优秀教学成果的评审。若是区域内十几所重点学校携手合作，那么改革就有了氛围，也有了力度和影响。又如，在不同区域间，利用暑假实行"三学期制"进行同层次学校之间的学生或教师流动，针对我国一些省区优质教师数量不足、教育科研能力较低的问题，采取设立联合教授的措施等，既可以共享优质资源，又能体验不同的校风、学风。另外，通过网络、传媒等各种渠道定期发布合作区域内的教育信息，接受公众的监督、查询和评价，最大限度地减少由于信息不对称而导致的合作风险。通过区域内和区域间的教育合作与交流，既能提升学校的办学水平与社会声誉，又缩小了区域内和区域间各校的差距，协调教育区域发展的不平衡状态，从而培养更多高质量的人才，提升区域教育的综合实力。

五、强调政策执行的灵活性

一般认为，一个完整的教育政策过程应当包括教育政策问题的认定、教育政策方案的选择、教育政策的出台、教育政策的执行、教育政策的评估、教育政策的反馈、教育政策的调整、教育政策的终结，这既是一个政策循环的过程，也是一个政策不断丰富、螺旋上升的过程。在这个过程中，每个不同的环节都有其自身存在的价值和意义。而教育政策执行作为一个承前启后的关键环节更是具有不可替代的重要作用。这是因为，一方面它是教育政策理想得以实现的唯一手段，另一方面也是检验教育政策在解决相关问题时所具有的针对性和有效性的最好办法。

从教育政策执行与外界关系来看，它是一个处在外部环境中，并不断与外部环境进行能量交换的系统。这个系统的运行和发展涉及外界的诸多因素，如上述的国家或区域的经济发展水平、观念形态、文化传统，甚至地理气候条件等，这些复杂多变或差异迥然的外部因素决定了政策执行过程的不确定性和复杂性。为了解决这种复杂性和不确定性导致的政策执行低效的问题，欧盟采取的策略是灵活应对各种政策执行的环境，以"开放式协调法"为政策执行的核心机制，借助同伴学习活动来强化政策宣传和政策的理解与操作两个重要环节。

通过对欧盟教育政策历史发展的考察不难发现，对政策本身的宣传和理解对政策执行起着非常重要的作用。对政策执行和参与的各方而言，如果能够及时、准确地被告知并理解政策的目标和具体内容，那么政策执行滞后的可能性相对就会大大降低。欧盟正是认识并高度重视这一环节和因素，所以采取了多项措施对政策进行宣传。其中影响最大、效果最明显的是欧盟从 20 世纪 70 年代就采用的"开放式协调法"。2000 年，里斯本欧洲峰会专门针对"开放式协调法"的内容和表格进行了说明和确认，指出"开放式协调法"设计的初衷是帮助成员国发展本国的政策。其内容主要包括：设定欧盟层面的统一原则和目标，同时针对各成员国实际情况制定实现政策目标的近期、中期和长期时间表；参照世界最高发展水平，同时针对各成员国以及不同领域的差异建立相应领域的定量和定性指标，并以此作为相互参照的最佳途径；在充分考虑国家和区域差异性的基础上，通过设定特别目标和适用手段，将这些欧洲层面的原则和目标转化为国家或区域政策；定期考察、监督和评估政策实施情况并作为相互学习的过程。事实上，"开放式协调法"与欧洲议会传统决议已经形成一种方法论层面的对比，并越来越热衷于发布一些实用和实际的合作成果。而这种对比可能源于欧盟对新方法的尝试和渴求，因此，这种方法也呈现出一些明显的特征，其中最显著的就是其灵活性。"开放式协调法"并不旨在定义唯一的、适合用于所有对象的目标，而是拟定一些"指导意见"或是"参考标准"，每个成员国可以根据自身的特定情况将其转化为具体的行动计划。有学者认为，这种反映成员国国内特殊环境的尝试可以通过政策领域中将要实行的政策中的问题和差异得到很好的解释，如经济合作与发展组织以及其他国际组织在欧洲层面能够实施的各种政策。

另外，不同国家内部的社会保护体系中存在许多差异，而一种固定或单一的社会保护模式要适应这种差异显然是非常困难的。因此，欧洲议会在涉及这些差异性问题的时候会不可避免地多次强调辅助性原则。在辅助性权限范围内，欧盟利用"开放式协调法"，组织各成员国相关领域的支持参与者或执行者对政策进行学习和交流，其中重要的一种活动形式就是同伴学习活动。比如，为了宣传和提高教师教育政策执行的效率，从 2005 年开始欧盟组织了多次同伴学习活动以加强各国政策执行者对教师教育政策的理解和操作。通过国家间的开放合作机制以及具体宣传操作层面的同伴学习活动的开展，欧盟教育政策执行的效率大大提高。

欧盟在政策执行的过程中采用资金资助的方式推进项目计划的做法也是值得我国教育政策执行借鉴和参考的。欧盟与我国最大的不同之处在于其只是一个国家联合体，在教育政策领域的权限仅仅是"支持、协调和补充"，而我国政府对教育政策的执行具有权威性。这样的体制差异决定了教育政策执行途径的不同。从 20 世纪 70 年代开始，欧盟确立了资金资助下计划项目的政策执行模式。这种模式在政策推行方面没有强制性，而是通过经费支持，以项目计划的方式签订合同来强调政策执行在总体目标、统一标准、共同程序、原则之下的差异性，各成员国可根据本国情况做适当调整。经过几十年的实践和完善，这样的政策执行模式已经证明其对政策有效性的保障具有决定性的作用。一方面，欧盟通过设立各种教育计划并提供直接的资金资助对各成员国的教育活动进行一种间接的干预和引导，在一定程度上达到了消解超国家和国家间冲突的政策目标；另一方面，成员国国家政府或教育机构通过申请并实施欧盟资金资助的教育计划或项目大大加快了本国教育改革与发展的步伐，同时加强了与超国家机构之间的合作。这样一种具有"双向选择"性质的政策执行模式成为欧盟教育政策（包括其他辅助性原则之下的社会政策）取得成效的重要保障。

六、确保我国教育的品质吸引更多国内外教育资源

提升欧洲教育整体在国际上的竞争力和吸引力是欧盟教育合作交流的主要目标之一，一系列项目计划的推出就是为了实现这个目标，如建设欧洲教育质量保证体系、加强教育与研究的合作等。反观我国的教育体系，在汲取他国经验的基础上创建并经过百余年的发展，虽然已成规模并还在逐步向前发展，但在国际上的竞争力明显不如许多欧洲国家，其中有客观因素，但更多的还是主观原因。为了引进国外优质教育资源和资金，学习国外先进的办学观念、办学模式，促进我国教育质量的提升，推动教育与研究合作的快速发展。针对主要问题，我们也可以从欧盟教育合作交流中获取些许启示。

　　首先，建立和完善我国教育质量保证体系。实行与国际接轨的质量认证制度，完善教育质量保证体系，稳步实现教育国际化。我国推进高等教育大众化而导致质量下滑的问题一直很受重视，这也直接导致我国高等教育显现出竞争力不足的现象。因此，怎样既能普及高等教育又能保证质量成为各类教育工作者的关注焦点。与欧洲国家相比，我国教育质量的保障更倾向于使用评估的方法。教育部前部长周济在普通高等学校本科教学评估工作经验交流和评估专家组组长工作研讨会上明确表示，"今后一个时期我国高等教育的主要任务是提高教育质量"，"教学评估是提高教育质量的关键举措"。中国的国情和近年来的改革发展促进了中国高等教育在投资主体、办学模式、体系结构、培养目标等方面越来越向多层次、多元化发展。因此，如何建立一个由政府、学校、机构多方评估组成的，以国家的基本标准为底线或参照的，分门别类地设置质量标准和评估指标的质量保证体系是关键所在。

　　第一，从政府行政教育部门层面看，应建立健全高等教育质量保证政策，明确质量保证程序，建立科学合理的评估指标体系，采用多样的评估方式。大众化高等教育意味着高等教育机构办学方式的多样化，因此评估方式也应向多样化的方向发展。国家在对评估指标的制定方面，应更体现出对学校特色的评价，并为质量评估提供一定的经费、人员培训，定期向学校或其他社会评估机构提供评估所需的信息数据，建立评估专家库、信息库，以及为高等院校提供咨询服务，总结和传播各地质量保证工作的良好做法等。第二，从院校层面看，在高等学校内部，应建立校级、院系级质量保证机构，人员由校内各学科专家组成，经常性地或定期开展自我评估活动。为了保证评估的客观性和科学性，还有必要聘请校外专家参与学校内部的评估工作，将内部自我评估和外部评估相结合。高等教育质量保证应该以学校的自我评估为基础，因为学校对自己的实际情况是最了解的，这样做也有利于调动学校的积极性，促进学校更好、更快地改善教育质量。而我国高校虽也进行了自评，但是这种自评是在教育部评估机构的直接督促下进行的，还没有转化为一种自发的行为，而且尚未形成体系。第三，从社会层面看，我国应发展多元化的高等教育评估体系，充分调动社会各方面的积极性，共同促进高等教育质量的保持和提高。建立有效的中介组织并充分发挥其作用，主要有两种组织方式：一种是由学术团体、专业协会等社会组织自下而上自发形成的，这种中介机构的专业性、独立性强，有较高的社会声誉，能获得社会、政府的信任与支持；另一种是在政府的推动下自上而下建立起来的，它们联系政府与学校，作为政府宏观管理和缓解相互间矛盾与冲突的监控和协调机构。当然，我国的国情决定了教育评估的中介机构应该是在政府的推动下自上而下建立的。一方面，依靠政府能获得必要的资助和足够的委托评估项目；另一方面，加强自身建设能维护和提高自身的独立性和专业性，面向教育大市场拓展自身的发展空间。此外，还可以发挥大众媒介在质量保证中的作用，如某些研究院或报刊推出的大学排名等，有助于社会对高校办学进行动态的监督，为社会公众提供高等教育质量信息，促进高校之间的公平竞争，从而提高整体的教育质量。

其次，加强高等教育与研究的合作，构造新优势。《柏林公告》强调了研究的重要性，认为欧洲高等教育区与欧洲研究区是构建"知识欧洲"的两大支柱，积极促进欧洲高等教育区与欧洲研究区的密切联系并将研究作为欧洲高等教育的有机部分，将博士培养纳入高等教育，鼓励有关院校增加博士研究和年轻研究人员的培训内容。这里值得注意的是，欧洲所提倡的教学与研究合作，更注重的是硕博士研究生和青年学者层面的研究能力的提升，而非我国普遍意义上的高等院校教授层面的教学和科研结合。之前欧洲一些规模很大的研究中心脱离大学而成为国家级的研究中心，现在这种趋势正好相反，研究中心又回到了大学。现在，在很多欧洲国家，大学再一次成为研究的中坚力量。这些研究机构又回到大学的原因是大学具有三点优势：第一，大学里可以通过多学科结合的方式做研究，这在其他的研究中心或国家研究中心很难做到；第二，大学能提供安全而有保障的学习研究环境；第三，青年大学生较容易发挥创新精神，能很快学会知识转移和进行创业所必需的技能，这也是其他研究机构不具备的条件。在大学里，教育过程和发挥创新精神是密切结合在一起的，可以通过教学培养新一代，同时又让他们尽量发挥创造能力。

我国大学的科研水平目前相对落后，一流学术人才短缺，学术资源利用浪费，科研组织主体缺失，学术考评中的形式主义泛滥，等等，这些高校普遍存在的问题既是中国大学科学研究落后现状的表现，也是制约大学进一步发展的因素。它们作为影响大学综合竞争力的重要变量，导致了中国大学科学研究竞争力的弱势地位。目前，我国博士培养虽然大多在高校进行，并承担一定的研究工作，但学生在学术研究上缺乏积极性和创造性，开展创新性的研究较少，部分博士研究生在大学培养期间不具备应有的研究能力，这也会直接影响整个大学的科研潜力和科研竞争力。因此，对提升我国大学的科研竞争力而言，要树立新的观念，把培养研究生和青年学者的研究能力放在重要位置，而不仅仅是聚焦于教授的科研成果和科研效益，要充分挖掘青年人的潜力，同时加强导师队伍的建设，保障研究生的学习和研究权益。此外，还可以通过建立研究激励等机制，调动研究生的研究和创造的积极性。

七、追求政策评价的科学性

关于教育政策评价的理解，由于人认识的立场、方法和目的等的差异而各不相同。但综观纷繁复杂的各种定义或解释，国内比较有代表性的观点有华东师范大学教授袁振国所做的界定，他认为，教育政策评价是按照一定的教育价值准则，对教育政策对象及其环境的发展变化以及构成其发展变化的诸多因素所进行的价值判断。在此基础上，南京师范大学张乐天教授对教育政策的作用和功能进行了进一步阐述，他认为，教育政策评价是依据一定的评价标准，对教育政策运行的全过程进行系统的、综合的分析与判断，总结政策运行的成绩和经验，揭示存在的问题与不足，从而为修订和完善教育政策，并为实现教育政策的良性运行服务。

基于此，本书将教育政策评价界定为，在一定的教育政策环境下，教育政策评价主体按照一定的标准和程序，采用特定的方法对教育政策的质量和结果进行的价值判断活动。教育政策评价的科学化是教育政策评价的价值所在，但由于评价本质上是一种价值判断，教育政策评价能不能科学化，是有争议的。本书认为，教育政策评价科学化是可能的，也是必要的，评价科学化是保证教育政策决策科学化的重要基础。教育政策评价科学化的核心是按照科学的精神，即实事求是的精神来组织和进行评价，根据可靠的评价信息和合理的价值标准来做出评价。

教育政策评价科学化至少有以下四个要求：第一，评价的标准体系是合理的、有科学依据的，正确地反映教育政策价值主体的需要，符合教育发展的规律。第二，所选择的评价主体能正确把握教育政策价值主体的需要和利益。不同的评价主体可能有不同的价值标准，对教育政策也有不同的利益要求。就理想而言，应该选择能正确反映政策价值主体需要的评价主体，但在现实中，很难确定谁最能代表价值主体的利益要求。所以，一个可行的选择就是评价主体的多元化，既有内部评价，也有外部评价，以评价的民主化来保证评价的科学化。第三，教育政策评价的程序是规范的，方法是适当的，所形成的对政策客体、主体的认识，对政策环境的分析是可靠的，评价信息是全面的、真实的。第四，在运用教育政策评价的事实标准进行判断的基础上，依据评价的价值标准，在分析、比较、权衡以后，做出正确的价值判断。这样，教育政策评价的结论才具有正当性，至少可以减少出错的机会和降低评价失误的概率。

欧盟教育政策在追求真正评价的有效性方面可以说是成效卓著，值得我们借鉴。欧盟在教育政策的评价上主要通过四个方面来保障和提高其科学性。

　　一是及时评价。欧盟每一项教育政策出台以后，欧盟的相关机构都会对政策的执行情况进行专门的评价。这种评价一般以项目年度报告、中期报告和项目总结报告等形式呈现出来。

　　二是第三方评价。欧盟对政策评价十分强调第三方的参与，这样一种做法的主要目的，一方面是避免政策制定者、执行者和评价者各类角色的混杂而导致的主观性和片面性；另一方面是强化政策研究机构、社会各领域对教育政策决策和执行的共同监督和约束。

　　三是可操作性评价。这里所谓的可操作性评价主要是指，欧盟教育政策在评价的过程中具有可操作的参照标准。这些标准既包括近期检测目标，也包括中长期战略目标。例如，欧盟 2010 战略和欧盟 2020 战略中所提出的各项目标。此外，欧盟还为各项政策的推行提供具体的执行标准。比如，为了提升基础教育质量，欧盟制定和发布了学生能力标准和教师能力标准。通过标准化策略，欧盟的各项政策评价有了明确的、可操作的参照程序和路径，成效因此得以大大提升。

　　四是组织和建设专门的评价机构和信息平台，为教育政策的评价提供专业的评价人员和真实的数据信息。除了经济合作与发展组织和欧洲统计局等机构专门设立教育政策（项目）评估机构之外，欧盟还与各种专门的研究机构合作，共同对其教育政策进行科学评价，如欧洲大学协会、欧洲职业培训发展中心、欧洲国际培训中心等。

参考文献

［1］苟顺明. 欧盟职业教育政策研究 [M]. 北京：人民出版社，2014.

［2］窦现金，卢海弘，马凯. 欧盟教育政策 [M]. 北京：高等教育出版社，
2011.

［3］孙河川，高鸿源，刘扬云. 从薄弱走向优质：欧盟国家薄弱学校改进之路
[M]. 北京：高等教育出版社，2006.

［4］徐亦行. 文化视角下的欧盟成员国五国研究：西班牙、葡萄牙、意大利、
希腊、荷兰 [M]. 上海：上海外语教育出版社，2014.

［5］曹德明. 文化视角下的欧盟研究 [M]. 上海：上海外语教育出版社，
2009.

［6］邹东升. 公共治理视域的欧盟职业教育与培训研究 [M]. 北京：世界图书
出版公司，2017.

［7］周晓梅. 欧盟促进语言多元化教育与中国少数民族语言教育的比较研究
[M]. 昆明：云南教育出版社，2013.

［8］刘虹. 欧盟创业教育政策和发展战略 [J]. 世界教育信息，2016（21）：
27-33.

［9］林迎娟. 从伊拉斯谟项目发展解读欧盟国际教育政策走向 [J]. 改革与开放，
2018（9）：52-55.

［10］段丽华. 欧盟创业教育政策的历史嬗变、特征与借鉴 [J]. 齐齐哈尔大学
学报（哲学社会科学版），2020（1）：168-170，181.

［11］林海亮. 欧盟基础教育政策的实施研究 [J]. 外国中小学教育，2016（1）：
11-20.

［12］许倩倩. 欧盟学前教育政策动向及启示 [J]. 全球教育展望，2016（3）：
71-80.

［13］肖凤翔，于晨，肖艳婷. 欧盟教育治理向度及启示：基于职业教育政策

分析 [J]. 教育科学，2015（6）：70-76.

［14］孔令帅，赵芸. 新世纪以来欧盟教师教育政策的演变、现状及启示 [J]. 徐州工程学院学报（社会科学版），2015（3）：104-108.

［15］李英. "伊拉斯谟 +"计划：欧盟高等教育政策新进展 [J]. 高等教育研究，2014（12）：89-94.

［16］冉源懋. 论欧盟早期教育政策的影响 [J]. 教育学术月刊，2014（9）：67-71.

［17］王小海，刘凤结. 欧盟教育政策中的"欧洲维度"与欧洲认同建构：对两岸三地身份认同建构的启示 [J]. 广东外语外贸大学学报，2014（3）：105-108.

［18］林海亮. 欧盟基础教育政策的主要内容、实施路径及影响 [J]. 基础教育，2013（6）：89-102.

［19］王云彪. 欧盟教育政策及对我国教育事业发展的启示 [J]. 河南社会科学，2013（7）：72-75.

［20］廖维. 欧盟教育政策对欧盟集体文化认同的促进 [J]. 中国成人教育，2012（14）：95-97.